金融数学教学丛书

投资学教程

吴　臻　张德涛　聂天洋　王树军　编著

科学出版社

北　京

内 容 简 介

本书是金融数学教学丛书中的投资学教材, 综合了现代投资学、金融数学、随机控制等基本原理, 具有理论深度并兼顾中国实践. 本书是由导论、基础知识、投资理论三大主题组成的, 共分为六章. 其中第 1 章 "导论" 涵盖了投资的概论, 包括投资的含义、要素、分类、作用等要点, 介绍了现代投资学的发展以及投资学的研究方法等; 基础知识部分由第 2 章 "投资学基础" 和第 3 章 "概率论与随机过程基础" 组成, 涵盖了投资领域主要概念、金融市场和证券交易等基础知识以及概率论相关基础概念与结论, 离散与连续时间随机过程及随机控制初步等内容; 投资理论部分涵盖了第 4 章 "投资组合选择理论"、第 5 章 "资本市场均衡" 和第 6 章 "不确定条件下的投资", 分别就各部分的知识要点、分析工具、决策方法和相关市场及中介机构进行系统梳理和阐释.

本书可作为高等学校金融数学、金融工程等相关专业高年级本科生与研究生的教材, 也可作为相关专业高校教师与科研工作者的参考用书.

图书在版编目 (CIP) 数据

投资学教程 / 吴臻等编著. -- 北京 : 科学出版社, 2024. 11. -- (金融数学教学丛书). -- ISBN 978-7-03-079249-5

I. F830.59

中国国家版本馆 CIP 数据核字第 2024LU1272 号

责任编辑: 张中兴 梁 清 孙翠勤 / 责任校对: 杨聪敏
责任印制: 师艳茹 / 封面设计: 蓝正设计

科 学 出 版 社 出版

北京东黄城根北街 16 号
邮政编码: 100717
http://www.sciencep.com

天津市新科印刷有限公司印刷
科学出版社发行 各地新华书店经销
*
2024 年 11 月第 一 版 开本: 720×1000 1/16
2024 年 11 月第一次印刷 印张: 14 3/4
字数: 297 000

定价: 59.00 元
(如有印装质量问题, 我社负责调换)

"金融数学教学丛书"编委会

丛 书 序

从 20 世纪 90 年代中期开始, 随着数学在金融领域中的应用不断深入, 有关金融数学的学术研究和企业实践在我国迅速发展起来, 各行各业对于金融数学人才的需求愈发强烈, 金融数学人才培养工作也开始受到社会各界的重视.

北京大学是国内开创金融数学人才培养先河的高校之一. 1997 年, 在姜伯驹院士的倡导下, 北京大学数学科学学院建立了国内第一个金融数学系, 并在短短几年内快速建成了从本科生到博士生的完整教学体系. 尽管当时数学专业受欢迎程度远不如现在, 但金融数学专业的设立, 在提高数学专业的新生质量、改善数学专业毕业生的就业环境、拓宽数学的应用范围等方面, 无疑起到了重要的推动作用. 随后, 国内越来越多的高等院校陆续建立金融数学系, 开始了金融数学方向的本科生和研究生培养. 目前, 全国已经有 100 多所高校设置了金融数学专业, 每年招收本科生和研究生数千人, 为我国金融业培养了一大批既具备良好数学和统计学基础又懂现代金融的复合型金融人才, 在我国金融业现代化、国际化的进程中发挥了越来越大的作用.

北京大学在培养金融数学人才方面也有着鲜明的特色. 数学科学学院的新生在入学后的前两年里不分专业, 所有学生的必修基础课程相同. 这样一来, 学生即使在第三年选择了金融数学专业, 在这之前也能建立扎实的数学基础, 因此在金融数学高年级或研究生阶段的专业学习中, 往往能取得事半功倍的效果. 北京大学的做法已经在众多高校中得到推广, 数学、统计学以及计算机科学的基础理论教学在金融数学专业的人才培养中不断得到加强.

然而, 作为近年来才发展起来的学科方向, 我国金融数学在教材建设方面还存在很大的进步空间. 金融数学在国外大多是研究生阶段才学习的专业, 因此国外出版的教材大多是研究生教材. 我国的金融数学教学大多采用国外教材的中译本, 这对我国现阶段培养金融数学人才发挥了重要作用, 但也存在一些弊端, 例如金融市场的交易规则以及主要的案例和数据等都来自国外, 并不完全适合我国金融业的实际; 部分课程的预备知识不完全与我国本科生的学习背景相匹配; 等等.

为尽快改善这一局面, 北京大学、山东大学、同济大学、华东师范大学、对外经济贸易大学等国内较早开展金融数学教学的高等院校, 已开始组织一线教师编写符合我国金融数学人才培养规律的高水平教科书. 今天与读者们见面的这套金融数学教学丛书, 既引入了国内金融业的许多生动案例和真实数据, 也蕴含着一线教师总结积累的丰富教学经验, 体现出他们对于金融数学知识体系的理解与设

计, 可以说凝聚了他们多年的心血. 我相信, 这套丛书的出版, 必定会对规范国内
金融数学专业教学工作、提升金融数学人才质量, 产生非常积极的作用.

最后, 可以预见的是, 随着国家综合实力的不断增强, 我国金融业必将迎来更
为广阔的发展前景, 也会为金融数学专业提供新的发展机遇. 鉴于我国在经济环
境、政策导向以及市场规模等方面的独特性, 必然会有越来越多具有中国特色的
金融课题值得深入研究, 而这些研究工作也是金融数学后备人才进行专业学习的
重要案例. 为此, 希望金融数学专业的教学与科研工作者们顺应时代呼唤, 积极探
索创新, 更好地推进研教结合, 将有价值的最新研究成果和案例及时纳入教材, 逐
步加以完善, 形成一套更符合国内金融数学专业需求的教学丛书, 为我国金融数
学专业以及金融业的发展注入不竭动力.

张毅

2020 年 3 月

前　　言

全面建设社会主义现代化国家必须扎实推进高质量发展, 必须完整、准确、全面贯彻新发展理念, 坚持社会主义市场经济改革方向. 党中央、国务院明确要求, 扎实做好 "六稳""六保" 工作, 促进有效投资. 一方面, 我国 2023 年增发 1 万亿元国债、2024 年拟发行 1 万亿元超长期特别国债, 外加中央预算内投资、地方政府专项债券, 这几个方面资金总规模超过 6 万亿元, 发挥好政府投资对全社会投资的带动作用. 另一方面, 国家发展和改革委员会将按照党中央、国务院决策部署, 以更大力度、更实举措促进民间投资发展, 着力稳定和扩大民间投资, 努力保持民间投资稳定增长态势. 由此可见, 投资在我国经济建设历程中起到不容忽视的关键作用. 如何指导高质量投资, 从而促进经济、金融市场高质量发展, 需要高质量培养模式和高质量教材来支撑. 因此, 建设兼具中国实情和一定理论高度的高质量投资类教材十分必要.

投资学是经济学、金融学、管理学、金融数学与金融工程等相关专业的核心课程, 在整个学科体系中举足轻重, 兼具理论性和实践性的特点也使其成为大多数初学者最感兴趣的一门课程. 然而, 在我国, 投资学作为世纪之交刚刚发展起来的产物, 国内市场上流通的相关教材建设尚不完善, 其中一部分教材为外文著作的译本, 与我国投资环境不相匹配; 一部分教材虽涉及部分理论的讲解, 但缺乏与实践的结合.

为了打造一本符合中国投资实情同时理论逻辑深入的高质量教材, 创作团队充分利用了自身在金融数学与金融工程、数学、经济学、管理学等专业领域的教学科研经验、部分从业经验、投资实践经历以及对相关案例的研究成果, 将其融入教材的编写. 总体来说, 本书具有如下特点: 一是符合我国国情. 本书着重描述了我国的投资环境, 我国的金融市场构成和证券交易方式, 以及我国的基金与投资公司类型, 案例及数据均来自近几年我国资本市场. 二是理论深入且前沿. 本书给出了部分数学基础理论, 同时由离散到连续逐步递进, 深入浅出地渗透了随机控制、倒向随机微分方程的理论前沿, 并解析了 Black-Scholes 资产定价模型与这些理论的内在逻辑. 三是通过简单的投资案例描述了不确定条件下的投资问题. 重点介绍在未来不确定情况下, 企业如何进行投资决策的新的理论方法——实物期权法, 真正做到将金融的期权思想与企业投资活动相结合, 这也是绝大部分现存的投资类教材没有涉及的部分.

本书是 "金融数学教学丛书" 中的一本, 可作为高等学校数学、金融数学、金融工程学、经济学、管理学等相关专业高年级本科生与研究生教材, 也可作为相关方向高校教师与科研工作者的参考书. 本书注重透过数理公式理解模型背后的金融思想, 追根溯源, 并从根本上理解模型的理论逻辑. 因此, 数学理论在本书中发挥了重要的支撑作用. 为了提高书籍的趣味性, 减少枯涩之感, 使同学们更亲近地了解发现定理的著名数学家们, 本书插入 "走近数学家" 模块, 介绍了多位数学家生平及学术贡献等, 不仅包括高斯、泊松、柯尔莫哥洛夫等早期著名数学家, 还包括伊藤清、布莱克、彭实戈等近现代数学家. 本书注重理论与实践的结合, 在介绍经典理论的同时, 也侧重对证券市场的产品、制度、监管以及证券分析方法的介绍. 除此之外, 本书在每章末配备了习题, 便于读者检验学习效果, 并引发读者对理论联系实践的思考.

　　本书的整体架构和内容框定由吴臻教授完成, 吴臻教授在山东大学任教二十余年, 具有丰富的教学经验, 多次获国家级教学成果奖, 同时注重金融的科技前沿与实践, 担任山东省政府金融咨询专家. 全书共包括六章. "投资组合选择理论" "不确定条件下的投资" 两章由张德涛教授完成, 张德涛教授在山东大学经济学院任教, 在经济、金融学科具有丰富的教学科研经验, "概率论与随机过程基础" 一章由聂天洋教授完成, 聂天洋教授在山东大学数学学院任教, 长期从事随机分析与金融数学前沿理论研究, "资本市场均衡" 一章由聂天洋教授、王树军副教授合作完成, "导论" "投资学基础" 两章由王树军完成, 王树军在山东大学管理学院任教, 之前在国有投资公司从事投资运营等工作, 具备丰富的投资实践经验. 创作团队成员分工协作, 优势互补, 经过反复打磨, 《投资学教程》一书得以顺利完成. 在写作过程中, 丛书主编王铎教授、丛书副主编吴岚教授以及编委老师们都对本书给予了很大帮助, 提出宝贵意见建议. 尤其是王铎教授, 认真审阅书稿各章节, 细致入微, 从语言到结构, 由点及面, 提出几十处修改意见, 这对本书的质量提升至关重要.

　　本书在山东大学数学学院、中泰证券金融研究院研究生教学中进行了一轮试用, 金融数学与金融工程、概率统计专业一年级研究生们对本书书稿进行了校对, 协助纠正了一些错误, 并从读者的角度提出了修改建议. 此外, 本书已在山东大学管理学院工商管理实验班教学试用, 通过教学实践和学生反馈, 编者团队不断修改完善教材内容. 学生们的反馈和协助, 对本书的完善起到重要作用.

　　最后, 感谢科学出版社的付出和支持, 以及各位读者对本教材的选择和信任. 如果您有关于教材内容的相关建议和意见欢迎与我们联系, 以便教材的进一步修订完善. 我们将努力奉献一本专业性强、时效性好、亲和度高的高质量教材, 并为之不懈努力.

吴　臻　张德涛　聂天洋　王树军

2024 年 5 月

目　　录

丛书序
前言
第1章　导论 …………………………………………………………………1
　　1.1　投资概论 …………………………………………………………1
　　　　1.1.1　投资的含义 …………………………………………………1
　　　　1.1.2　投资的要素 …………………………………………………2
　　　　1.1.3　投资的分类 …………………………………………………3
　　　　1.1.4　投资的作用 …………………………………………………5
　　1.2　现代投资学的发展 …………………………………………………5
　　　　1.2.1　投资学与现代金融学 ………………………………………5
　　　　1.2.2　现代投资学理论体系的发展 ………………………………6
　　1.3　投资学的研究方法 …………………………………………………8
　　1.4　本书分析框架 ………………………………………………………9
　　课后练习 …………………………………………………………………10
第2章　投资学基础 …………………………………………………………11
　　2.1　投资环境 ……………………………………………………………11
　　　　2.1.1　金融资产 ……………………………………………………11
　　　　2.1.2　金融市场与经济 ……………………………………………12
　　　　2.1.3　投资过程与投资流程 ………………………………………15
　　　　2.1.4　市场参与者 …………………………………………………16
　　2.2　金融市场与金融工具 ………………………………………………17
　　　　2.2.1　货币市场 ……………………………………………………17
　　　　2.2.2　债券市场 ……………………………………………………18
　　　　2.2.3　权益证券 ……………………………………………………19
　　　　2.2.4　股票与债券市场指数 ………………………………………20
　　　　2.2.5　金融衍生工具 ………………………………………………20
　　2.3　证券交易 ……………………………………………………………24
　　　　2.3.1　证券发行 ……………………………………………………24
　　　　2.3.2　证券交易 ……………………………………………………25

2.3.3　新交易策略 ·· 28

2.3.4　保证金交易 ·· 29

2.3.5　证券市场监管 ·· 29

2.4　基金和其他投资公司 ·· 31

2.4.1　投资公司的类型 ······································ 31

2.4.2　基金的分类 ·· 31

2.4.3　基金的募集和交易 ··································· 33

2.5　证券投资基本分析和技术分析 ···························· 36

2.5.1　证券投资的基本分析 ······························· 36

2.5.2　证券投资的技术分析 ······························· 43

课后练习 ·· 47

第 3 章　概率论与随机过程基础 ··································· 49

3.1　概率论基础 ··· 49

3.1.1　概率空间 ·· 49

3.1.2　随机变量 ·· 51

3.1.3　数字特征 ·· 54

3.1.4　极限定理 ·· 57

3.2　离散时间随机过程 ·· 60

3.2.1　基本概念 ·· 60

3.2.2　离散时间鞅与停时 ··································· 62

3.2.3　泊松过程 ·· 64

3.2.4　马尔可夫链 ·· 69

3.3　连续时间随机过程 ·· 74

3.3.1　基本概念 ·· 74

3.3.2　布朗运动 ·· 75

3.3.3　伊藤随机分析 ·· 78

3.3.4　马尔可夫过程 ·· 85

3.4　随机控制初步 ··· 88

3.4.1　确定性控制系统 ······································· 88

3.4.2　随机最优控制 ·· 94

3.5　倒向随机微分方程理论及性质 ···························· 97

3.5.1　倒向随机微分方程解的存在唯一性 ·············· 97

3.5.2　倒向随机微分方程的主要性质 ··················· 99

课后练习 ··· 100

第 4 章　投资组合选择理论 ······································ 103

4.1 收益与风险 · 103

    4.1.1 收益率 · 103

    4.1.2 收益率的期望和风险 · 105

    4.1.3 无差异曲线 · 107

4.2 资产组合的收益与风险及有效前沿 · 110

    4.2.1 现代资产组合的理论假设 · 111

    4.2.2 证券组合的若干概念 · 111

    4.2.3 证券组合的收益及风险 · 111

    4.2.4 两种证券组合的可行集及有效组合 · · · · · · · · · · · · · · · 113

    4.2.5 n 种证券组合的可行集及有效组合 · · · · · · · · · · · · · · 118

    4.2.6 有效前沿与无差异曲线的切点组合 · · · · · · · · · · · · · · · 119

4.3 均值–方差模型 · 120

4.4 无风险资产与风险资产投资组合 · 125

    4.4.1 一种无风险资产与一种风险资产的投资组合 · · · · · · 126

    4.4.2 允许借款情形 · 127

    4.4.3 一种无风险资产与多种风险资产的投资组合 · · · · · · 127

4.5 连续时间随机投资组合及消费问题 · 131

课后练习 · 134

第 5 章　资本市场均衡 · 135

5.1 资本资产定价模型 · 135

    5.1.1 资本资产定价模型概括描述 · 135

    5.1.2 市场投资组合和资本市场线 · 136

    5.1.3 证券市场线 · 139

    5.1.4 CAPM 假设和延伸 · 142

    5.1.5 资本市场均衡理论 · 145

    5.1.6 证券市场风险结构 · 146

5.2 指数模型与套利定价理论 · 148

    5.2.1 指数模型 · 148

    5.2.2 套利定价理论 · 154

    5.2.3 多因素套利定价理论 · 158

    5.2.4 法玛–弗伦奇三因素模型 · 159

5.3 有效市场理论与行为金融 · 160

    5.3.1 随机游走与有效市场假说 · 160

    5.3.2 有效市场理论 · 162

    5.3.3 行为金融 · 166

　　　5.3.4　行为金融对有效市场理论的挑战 ·········· 171
　5.4　期权定价 ································ 172
　　　5.4.1　期权介绍 ························· 172
　　　5.4.2　二叉树模型 ······················ 181
　　　5.4.3　Black-Scholes 期权定价模型 ·········· 185
　　　5.4.4　倒向随机微分方程在金融中的应用 ········ 188
　　课后练习 ·································· 195
第 6 章　不确定条件下的投资 ···················· 196
　6.1　通过简单的例子阐释思想 ················· 197
　　　6.1.1　简单例子 ························· 197
　　　6.1.2　投资新观点——实物期权理论 ········· 198
　　　6.1.3　实物期权的特征 ···················· 200
　　　6.1.4　投资不确定性的其他来源 ············· 205
　6.2　最佳投资时机 ························· 208
　　　6.2.1　基本模型 ························· 208
　　　6.2.2　确定情形下的投资规则 ·············· 209
　　　6.2.3　随机情形下的投资规则——期权定价法 ··· 210
　6.3　最佳投资时机以及延迟期权价值的影响因素 ···· 214
　6.4　其他的随机过程——均值回归过程 ·········· 218
　　课后练习 ································· 221
参考文献 ····································· 222

第 1 章 导　论

　　"投资" 在经济和金融方面有着多重含义, 本章首先简要阐述了投资涉及的几个主要方面, 包括含义、要素、分类、作用等; 然后介绍了投资学与现代金融学的关系, 着重从马科维茨的投资组合理论出发阐述了现代投资学理论体系的发展; 最后给出了投资学的研究方法.

1.1　投 资 概 论

1.1.1　投资的含义

　　投资是社会经济活动的重要内容之一, 也是经济学的基本范畴之一. 投资一般是指经济主体为了在未来可预见的时期内获得收益或是资金增值, 在一定时期内向一定领域投放足够数额的资金或实物的货币等价物的行为. 实际上, 人们对投资的概念有着不同的理解.

　　约翰·伊特韦尔 (John Eatwell)、默里·米尔盖特 (Murray Milgate)、彼得·纽曼 (Peter Newman) 编的《新帕尔格雷夫经济学大辞典》对 "投资" 的概念进行了详尽的阐述: "投资就是资本形成——获得或创造用于生产的资源. 资本主义经济中非常注重在有形资本——建筑、设备和存货方面的企业投资. 但是政府、非营利公共团体、家庭也进行投资, 它不但包括有形资本, 而且包括人力资本和无形资本的获得. 原则上, 投资还应包括土地改良或自然资源的开发, 而相应地, 生产度量除包括生产出来用于出售的商品和劳务外, 还应包括非市场性产出. " 该解释对投资内涵、投资形式、投资主体等进行了经典概括.

　　保罗·萨缪尔森 (Paul Samuelson) 和威廉·诺德豪斯 (William Nordhaus) 著的《经济学》对投资的概念有了另一个解释: "对经济学者来说, 投资总是意味着实际资本形成——存货的增加量, 或新生产的工厂、房屋或工具." 实际上, 这个定义强调实物资本的形成过程. 这与现在我们常说的固定资产投资非常类似.

　　威廉·F·夏普 (William F. Sharpe)、戈登·J·亚历山大 (Gordon J. Alexander)、杰弗里·V·贝利 (Jeffery V. Bailey) 著的《投资学》认为: "从广义上讲, 投资是为未来收入货币而奉献当前的货币. 投资一般具有两点特征: 时间和风险. 奉献是当前发生的、确定的, 要是有回报的话, 也是以后才有的, 而且数量是不确定的." 该定义侧重于从时间的概念以及投资形式转变的角度阐释投资的概念.

从上述不同版本的定义可以看出，"投资"这个名词在经济和金融方面有着多个相关的意义，它涉及财产的累积以求在未来得到收益. 在我国，"投资"的内涵和外延，是随着实际经济生活内容的不断变化，以及这一领域理论的发展而不断变化发展的，其发展大致可以分为三个阶段.

第一阶段是新中国成立到 20 世纪 70 年代. 这一时期我们在经济管理体制上比较多地借鉴了苏联模式，同时引进了"基本建设"的概念和管理体制. 在那时，"基本建设"这一概念基本上可以满足当时的实际管理工作及理论研究的需要，主要特征表现为：在高度集中的统收统支的财政体制下，企事业单位的一切收入要上缴财政，一切扩大再生产的支出和流动资金都由财政统一拨付，国家是唯一的投资主体. 企业是政府的附属物，不具备自主投资的权利和能力. 同时，建设项目的投资决策权集中在政府，投资管理采取以指令性的投资计划、行政审批制度为中介的政府直接管理方式.

第二阶段是 20 世纪 80 年代到 90 年代初. 进入 80 年代以后，人们逐步认识到，在技术进步的前提下，随着内生式扩大再生产的不断增加，现有企业的设备更新和技术改造越来越重要. 为适应当时管理更新改造资金的需要，理论界提出了固定资产投资的概念，不仅包括基本建设，而且包括更新改造及其他固定资产投资. 与此相对应，1982 年 1 月 18 日，《国务院关于对现有企业有重点、有步骤地进行技术改造的决定》提出，改变过去以新建企业作为扩大再生产主要手段的做法，实行以技术改造作为扩大再生产主要手段的方针.

第三阶段是 1992 年以后. 随着国家经济体制改革的不断深入，社会各界对于投资概念、投资范围的认识也不断深化. 同时证券市场和房地产市场方兴未艾，又出现了证券投资、房地产投资的概念，投资的定义也得到进一步延展. 它既指将一定数量的有形的或无形的资产投放于某种对象或事业上，以取得一定财务收益或社会效益的经营活动，也指为获得一定财务收益或社会效益而投入某种经营活动中的资金. 随着社会主义市场经济的发展，企业与个人投资比重的上升，人们越来越注意到融资在整个投资活动中的重要作用，因此理论界对于投资的研究进一步扩展到投资与融资领域.

1.1.2　投资的要素

在投资定义及构成一项投资活动的全过程中可以看出，投资须具备四个基本要素，包括投资主体、投资客体、投资目的、投资方式.

投资主体. 投资主体即投资方、投资者，是指从事投资活动，具有一定资金来源，享有投资收益的权、责、利三权统一体，即决策主体（拥有投资决策权）、责任主体（承担政治、法律、社会道德等风险）、利益主体（享受收益权，包括营利性的收益和非营利性的收益）. 投资主体的实质是经济要素所有权在投资领域的人格化, 可以是自然人、法人或政府.

投资客体. 投资客体即投资对象、目标, 是投资主体在投资活动中权利和义务所共同指向的对象, 主要包括资产和证券两方面. 经过一定的时间, 投资总要依附到具体的物质形态上去, 这种具体的物质形态就构成了各类投资的投资客体. 投资客体通常是各种资产或证券.

投资目的. 投资目的是指投资者的意图及所要取得的效果 (或效益). 投资目的在于预付货币和其他资源, 保证投资完整, 通过运作实现价值的增值, 获得一定的收益或效益. 投资的效益包括经济方面的效益, 同时还包括社会效益等, 细分来看包括投资微观财务效益、投资宏观国民经济效益、社会效益. 投资微观财务效益是投资效果的微观效益, 表现为投资项目的盈利能力、投资回收能力、偿债能力等. 投资宏观国民经济效益指投资项目对国民经济的贡献, 表现为项目对增加社会产品和国民收入的能力. 社会效益是投资项目对社会的贡献, 它表现为国家民族、教育科学、公益福利、生态环境、身心健康等.

投资方式. 投资方式又称出资方式, 是指投入资金运用的形式与方法. 投资可以运用多种方式, 直接投资和间接投资是投资的两种重要方式. 前者是形成实物资产的过程, 后者是形成金融资产的过程, 二者定义将在后面投资的分类中具体给出.

1.1.3 投资的分类

投资分类的目的是认识不同投资的性质和活动的特点, 以便采取相应的措施, 对投资活动进行科学管理. 根据不同的划分标准, 可以对投资进行不同的分类.

(1) 按投资的方向划分, 可分为**实物投资**和**金融投资**.

实物投资是指投资者将资金用于购置固定资产和流动资产, 直接用于生产经营, 并以此获得未来收益的投资行为. 金融投资, 也叫证券投资, 是指投资者以获得未来收益为目的, 预先垫付一定的资金并获得金融资产. 投资者用自己的货币购买股票、公司债券或国债等有价证券, 然后凭有价证券获取收益, 由有价证券的发行者去进行实物投资. 由于投资者主要在金融市场上购买有价证券, 又是以金融的方式进行的, 所以称为金融投资. 实物投资与证券投资的根本区别在于前者是社会积累的直接实现者, 即通过实物投资最终完成和实现社会的积累, 而后者只是一种间接的过程, 投资者以最终获得金融资产为目的, 至于这些资金怎样转化成实物形态则与证券投资者没有关系.

(2) 按是否具有参与投资企业的经营管理权划分, 可分为**直接投资**和**间接投资**.

直接投资是指投资者直接将资本用于购买生产资料、劳动力或其他企业一定比例的股份, 通过一定的经营组织形式进行生产、管理、销售活动以实现预期收益. 直接投资按其性质不同, 又可分为固定资产投资和流动资产投资.

间接投资通常是指投资者以购买他国或本国债券、股票的方式所进行的投资. 间接投资者按规定收取利息或红利, 但无权干预投资的具体运用, 也不享有任何特权. 间接投资按其形式, 主要可分为股票投资和债券投资. 股票投资和债券投资统称证券投资或有价证券投资. 它是投资者用积累起来的货币购买股票、公司债或国债等有价证券, 借以获得收益的投资活动.

(3) 按投资在扩大再生产中所起作用的方式不同, 可分为**外延性投资**和**内涵性投资**.

外延性投资是指用于扩大生产经营场所, 增加生产要素数量的投资, 它代表投入生产的资本不断增长; 其投资形式如直接开厂设店中的新建、改建、扩建等建设形式. 内涵性投资是指用于提高生产要素的质量, 改善劳动经营组织的投资, 它代表资本使用的效率不断提高; 其投资形式如挖潜、革新、技术改造等.

(4) 按经营目标的不同, 可分为**经营性投资**和**政策性投资**.

经营性投资又称营利性投资, 西方国家中也常称为商业投资, 是指为了获取盈利而进行的投资. 政策性投资又称非营利性投资, 是指用于保证社会发展和群众生活需要而不能或允许不能带来经济盈利的投资. 政策性投资虽然不能带来经济盈利, 但却能带来社会效益. 政策性投资分两种类型: 一类是本身就不属于生产经营, 因而不存在盈利可言的项目投资; 另一类本身是生产经营性支出, 存在着潜在的营利性. 政策性项目社会效益显著, 是社会经济发展及人民生活水平不断提高所必不可少的物质基础设施, 其投资水平的高低和投资规模的大小对全社会经济的繁荣和发展及人民生活水平的不断提高具有全面而又深远的促进或制约作用.

(5) 按投资的经济用途划分, 可分为**生产性投资**和**非生产性投资**.

生产性投资是指直接用于物质生产或直接为物质生产服务的投资. 在我国, 它是按投资项目中单项工程的直接用途来确定的. 如在新建工厂投资中, 用于生产车间、实验室、办公室、其他生产用建筑物以及生产用机械设备等固定资产的购置和安装的投资.

非生产性投资是指在一定时期内用于满足人民物质和文化生活需要以及其他非物质生产的投资. 按现行统计制度规定, 包括住宅建设的投资; 公用事业、居民服务和咨询服务建设的投资; 卫生、体育和社会福利方面建设的投资; 教育、文化、艺术和广播电影电视事业建设的投资; 科学研究建设的投资; 金融、保险业建设的投资; 国家机关、党政机关和社会团体建设及不属于上述各类的其他非生产性建设的投资. 非生产性建设的投资是在一定时期内直接用于改善人民生活状况和发展教育、科研事业的投资.

1.1.4 投资的作用

1. 投资对经济增长的影响

投资与经济增长的关系非常紧密. 在经济理论界, 西方和我国有一个类似的观点, 即经济增长情况主要由投资决定, 投资是经济增长的基本推动力, 是经济增长的必要前提. 只有增加一定量的投资, 才可为经济发展提供必要的要素和动力. 同时由于投资的乘数效应, 一定量的投资可以引起数倍于它的收入和总值的增长. 投资是国民经济持续快速健康发展的关键因素.

2. 投资对技术进步的影响

投资是促进技术进步的主要因素. 一方面, 投资是技术进步的载体, 任何技术成果应用都必须通过某种投资活动来体现, 它是技术与经济之间联系的纽带. 另一方面, 技术本身也是一种投资的结构, 任何一项技术成果都是投入一定的人力资本和资源 (如试验设备等) 等的产物. 技术进步的产生和应用都离不开投资.

3. 投资对企业发展的影响

企业是国民经济的细胞, 而投资是社会和经济生活的血液, 二者的关系极为密切, 从生产力角度来考察, 投资是企业发展的第一原动力. 因为企业的建立和企业的发展都离不开投资, 而且企业的发展和运行也离不开投资活动.

4. 投资对人民生活水平的影响

一方面, 投资为改善人民物质文化生活水平创造了物质条件. 生产性投资可以扩大生产能力, 促进生产发展, 直接为改善人民生活水平提供物质条件; 非生产性投资则可以促进社会福利和服务设施的建设, 从文化、教育、卫生、娱乐等方面提高人民生活水平. 另一方面, 由于投资具有促进企业发展和经济增长的作用, 因此投资可以创造更多的就业机会, 增加劳动者收入, 从而使人民生活水平得到改善和提高.

1.2 现代投资学的发展

1.2.1 投资学与现代金融学

金融学是研究价值判断和价值规律的学科, 主要包括传统金融理论和演化金融理论两大领域, 是现代经济社会的产物. 在微观金融层面, **投资学**研究如何把个人、机构的有限资源分配到诸如股票、国债、不动产等 (金融) 资产上, 以获得合理的现金流量和风险收益率, 其核心是以效用最大化准则为指导, 获得资产配置的最优均衡解. **现代金融学**, 是以 20 世纪中期开始兴起的金融经济学为主要的理论基础, 它建立在有效市场假说 (the efficient markets hypothesis, EMH) 的基础上, 以资本资产定价理论和现代资产组合理论为基础, 着重研究理性假设条件下的价格发生机制和金融效率问题, 其实质就是如何在不确定的环境下通过资本市场对资源进行跨时期的最优配置. 就这一点而言, 现代金融学的研究必然以实现市场均衡和获得合理的金融产品价格体系为其理论目标和研究体系. 约翰·伊特韦尔、默里·米尔盖特、彼得·纽曼编的《新帕尔格雷夫经济学大辞典》将现代金融学定位为 "基本中心点是资本市场的运营、资本资产的供给和定价" 的一门科学, 主要研究以下四个基本命题: 一是有效的市场, 该市场范例是大多数金融研究的支柱, 作用毫无疑问, 但像很多经济学理论一样, 主要是一种直觉, 分析性表述没有观点本身令人信服; 二是风险和收益, 包括均值方差资本资产定价模型、套利定价理论、对资产定价模型的经验检验等; 三是替代和套利、期权定价, 这一理论将金融的主要分支联结起来; 四是公司金融, 整体是部分的总和. 围绕现代金融学基本命题, 产生了投资学、金融市场学、公司金融学、数理金融学、金融计量经济学、金融工程学、金融经济学、货币银行学、国际金融学等一系列金融学科.

尽管金融学科划分为宏观金融和微观金融两大层次, 但随着金融体系的发展, 现代金融理论则越来越呈现微观化发展趋势, 金融理论微观化的基本动力就是处于现代经济体系中心的资本市场的不确定性, 尤其是在金融体系中资本市场成为核心部分的情况下, 金融风险则更多地来自金融微观结构的设计和安排, 来自市场的不确定性或者与市场不确定性有关的各种风险, 这是金融理论微观化的根本原因. 处于微观金融核心地位的投资学, 其研究对象是资本市场的资产定价与资产配置, 决定了这门学科在现代金融学中相当重要的位置. 因此, 投资学与金融市场学、公司金融学一起, 构成了现代金融学的三大基本方向.

1.2.2 现代投资学理论体系的发展

尽管投资者早就知道分散化可以降低风险, 并且约翰·希克斯 (John Hicks) 于 1935 年提出过分散化理论, 但总体来说, 1952 年之前是缺少如何进行分散化理论的. 1952 年, 哈里·马科维茨 (Harry M. Markowitz) 在开拓性论文《投资组合选择》中, 用均值–方差 (the mean-variance) 方法分析了不确定性条件下的投资决策, 标志着不确定性条件下金融资产的配置——现代投资组合理论 (MPT) 的开端. 1959 年, 马科维茨在《投资组合选择: 投资的有效分散化》一书中对此进一步充实. 现在, 马科维茨的方法已成为现代投资理论的一个重要的基础, 他在证券组合理论方面的贡献引发了大量的对现代证券组合的分析工作. 在均值–方差模型中, 马科维茨假设投资者是预期效用最大化者, 假设证券组合未来收益率的概率服从正态分布, 可用预期收益率和方差这两个参数来刻画. 以此假设为基础, 马科维茨证明了证券组合的风险分散效应——马科维茨定理: 随着证券组合中包含的证券的数目增加, 单个证券的风险对证券组合的风险的影响越来越小, 证券之间的相互作用成为证券组合风险的主要来源; 给定证券组合, 证券之间的相关程度越小, 证券组合的风险分散效应越大. 如果投资者基于证券组合的预期收益率和方差进行投资决策, 那么根据均值–方差模型, 投资者运用效用最大化的决策准则, 可在所有可能的投资方案集中求出最优投资组合.

鉴于马科维茨的方法在计算上较为复杂, 1963 年, 马科维茨的学生威廉·夏普对证券组合理论进行了简化, 提出了资本资产定价模型 (CAPM), 这是一种单指数模型. CAPM 的意义之一是建立了证券收益与风险的关系, 揭示了证券风险报酬的内部结构, 即风险报酬是影响证券收益的各相关因素的风险贴水的线性组合, 而各相关因素的风险贴水是证券市场对风险的报酬, 它们只与各个影响因素有关, 与单个证券无关. CAPM 建立了单个证券的收益与市场资产组合收益之间的数量关系, 同时把证券的风险分成了系统风险与非系统风险.

由于 CAPM 在应用研究方面有一定的局限性, 所以, 斯蒂芬·罗斯 (Stephen Ross) 于 1976 年提出了套利定价理论 (APT). 这一理论认为预期收益率和风险密切相关, 按照 "无套利" 均衡原则利用套利概念定义市场均衡, 以资产回报率形成的多指数模型为基础, 利用证券独立性以及大数定律理论, 导出风险–回报率关系, 即没有任何一个投资者可以通过套利创造无限财富.

套利定价理论在概念上明显与传统投资理论不同. 在这种情形中, 对经济主体的偏好没有任何限制. 研究均衡状态下的定价规则的基础是经济学中的一个基本概念, 即均衡状态下完全替代品都是以相同的价格进行交易. "一价定律" 成为后来许多价格关系被研究揭示出来的理论基础. 或许这方面最著名的例子应该是布莱克–斯科尔斯 (Black-Scholes, B-S) 期权定价模型. 实际上, 巴舍利耶 (Bachelier) 1900 年在《投机理论》中最早提出了期权定价的雏形, 1973 年, 布莱克和斯科尔斯通过 Black-Scholes 期权定价模型对该问题进行了深入研究, 取得了突破性进展. 他们认为通过同时持有期权和标的股票的头寸就可以创建一个无风险的套期保值组合. 同年, 默顿 (Merton) 发表《合理的期权定价理论》, 也发现了同样的公式及许多其他有关期权的有用结论. 所以, Black-Scholes 期权定价模型亦可称为布莱克–斯科尔斯–默顿 (Black-Scholes-Merton) 定价模型.

套利的概念在研究金融市场中一些简单的价格关系时也是非常有用的, 从这个角度看, 净现值使得一连串的现金流量的单个组成部分能够分开出来独立交易时, 总的净现值也就简单地变成了多个单独的市场价格之和. 套利模型的这种 "线性特征" 使得我们能够更加深入地研究一些复杂的金融索偿权的定价问题. 均衡状态下这个复杂的金融索偿权的价格将是这些不同组成部分价格的线性总和.

与资产定价密切联系的, 是现代投资学发展的另一条主线, 即证券市场的有效性问题. 有效市场假说是现代西方微观金融理论的基本范式, 也是现代投资理论的核心思想之一. 效率市场理论的起源至少可追溯到 20 世纪初巴舍利耶的先驱性理论贡献和 30 年代考尔斯的经验研究. 之后, 经过许多学者对资本市场证券价格的时间序列的统计分析, 建立了投机价格随机游走的标准模型. 1965 年, 尤金·法玛 (Eugene F. Fama) 的博士论文在《商业周刊》上发表, 提出了著名的有效市场假说: 市场上存在众多的、理性的、拥有充分信息的投资者在不断地寻找被低估的证券. 一旦投资者找到这类证券, 他们就会进行相应的交易并牟取投机利润. 而这一不断搜寻和交易的过程, 则将不可避免地对该证券的价格产生影响. 可以说某时刻任何一种证券的价格实际上都反映了所有投资者的集体决策. 如果信息可以有效地反映在证券价格中, 那么通过任何形式的证券分析都不可能 "战胜" 市场. 该理论提出后的十几年里, 大量的实证检验显示市场是高度有效的, 这直接导致大量的证券投资基金不再试图击败市场, 因为基金经理认为这是在浪费宝贵的时间和金钱, 而是试图模仿与跟踪市场表现, 从而指数基金顺势而起.

上述经典的投资理论 CAMP 和 APT 都是以人的理性预期、风险回避、效用最大化以及相机抉择等假设为前提, 同时承认市场是有效的, 理性的投资者总是能抓住每一个由非理性投资者创造的套利机会淘汰非理性投资者. 在此假设条件下, 运用均值-方差的风险衡量方法最终可以确立投资者的最优决策, 由此构成了标准投资理论的范式基础. 但是行为金融理论的范式认为, 人的实际决策过程并不能很好地遵从最优决策模型. 因此, 我们不仅需要讨论人们应该如何做最优决策, 而且需要建立一套能够正确反映投资者实际决策行为和市场运行状况的描述性模型来讨论投资者行为.

在行为金融理论的范式中, 市场中的参与者是不完全理性的, "市场选择" 的结果是不确定的, 其机制常常会失灵, 非理性交易者完全有可能在市场中生存下来, 而非理性交易者的持续存在将证明 "市场选择" 理论的不完全性. 标准金融范式虽然也承认非理性投资者的存在, 但却认为 "市场选择" 机制是有效的, 胜者必定是具有完美理性的投资者.

行为金融发展至今, 尚未形成一个完整的理论体系, 但是行为金融理论的先行者在行为金融理论的范式基础上, 也进行了一些理论创新. 毫无疑问, 行为金融学对传统的投资理论产生的巨大的冲击, 将心理决策因素重新引入投资理论的模型中, 必将为现代投资理论的发展带来一个新的契机, 尽管目前行为金融理论还有很多缺陷, 研究的范围还相对狭窄, 缺乏完整的理论体系, 但行为金融理论是顺应科学范式的转换趋势的, 代表了金融学一定的未来发展方向.

1.3 投资学的研究方法

投资学是一门综合学科, 确定投资学的研究方法一般需要考虑以下几个方面.

1. 宏观研究与微观研究相结合

投资学的研究范围是社会再生产资金运动的全过程, 这个范围大至整个社会再生产领域, 小到企业再生产及项目管理, 因此必须综合运用宏观与微观的研究方法. 要把投资活动作为一个系统, 既要分析投资系统与国民经济的关系, 又要分析投资系统内部各种元素之间的关系.

2. 理论研究与应用研究相结合

投资学的理论性在于它揭示了投资及其运动的客观规律性和有关投资的基本原理. 其应用性在于它总结、概括、引进的一系列投资决策和管理方法对不同投资主体具有直接的运用价值. 投资学研究切忌从理论到理论而置实际于不顾, 还应防止停留在对现行投资政策的解释上, 而应从理论与实际相结合上下功夫, 来研究投资活动的运动规律.

3. 定量分析与定性分析相结合

任何经济现象与经济规律都是质与量的统一. 一方面具有质的规律性, 另一方面具有一定的数量关系. 研究投资学必须将定性分析与定量分析相结合. 定性分析是基础, 只有在定性分析的前提下, 定量分析才能充分说明问题. 摸清经济现象的性质对于保证投资的正确方向, 高效益、按比例地发展经济是十分重要的. 因此, 必须把定性分析与定量分析结合起来, 才能说明投资经济现象、掌握投资经济规律.

4. 投资策略与我国国情相结合

研究投资学, 必须从我国的国情出发, 同时也要重视和借鉴国外有益的先进经验. 西方发达的市场经济国家, 其投资经济理论和管理实践有些是资本主义生产建设过程中特有的, 当然不能照搬. 但对于那些反映现代化、社会化大生产规律的东西可以借鉴过来, 以推动我国投资建设的发展.

1.4 本书分析框架

在篇章规划上, 本书由导论、基础知识、投资理论三大主题组成: 导论涵盖了投资的概论, 包括含义、要素、分类、作用等要点, 介绍了现代投资学的发展以及投资学的研究方法等; 基础知识部分涵盖了投资学和概率论与随机过程基础, 覆盖了投资领域主要概念、金融市场和证券交易等内容以及概率论基础概念与结论, 离散与连续时间随机过程以及随机控制初步等; 投资理论部分涵盖了投资组合选择理论、资本市场均衡理论和不确定投资理论, 分别就各部分的知识要点、分析工具、决策方法和相关市场及中介机构进行系统梳理和阐释. 本书结构框架见图 1-1.

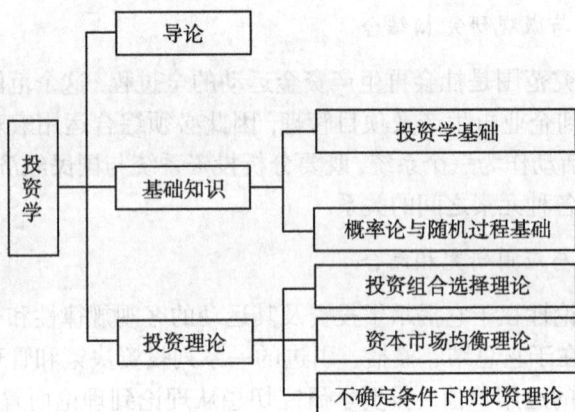

图 1-1　本书的结构框架

课 后 练 习

1. 简述投资的含义.
2. 简述投资的要素.
3. 投资的分类有哪些?
4. 简述投资的作用.
5. 经典的投资学理论有哪些?
6. 简述投资学的研究方法.

第 2 章　投资学基础

在了解了投资基本概论后, 本章着重介绍投资学涉及的具体内容. 虽然本书重点在于金融资产方面的投资, 如股票、债券、期权、期货等, 但大部分内容适用于各种类型的投资分析. 在投资学中, 金融资产有哪些种类? 经济的飞速发展是我国综合国力提升的体现, 在经济发展的背后是以健全的金融体系作为支持的. 如何体现金融市场在我国经济发展中的重要作用? 我国的证券是如何交易的? 基金和投资公司具有什么特点? 带着这些问题, 本章首先介绍投资环境中涉及的金融资产、我国金融市场与经济发展的特点、投资过程以及市场参与者等; 然后详细阐述了金融市场与金融工具的特点, 使读者对我国金融市场与金融工具有全面的了解和直观的认识; 最后通过对证券发行、交易、监管等诸多细节以及基金和其他投资公司的阐述, 更全面地介绍证券和基金交易的内涵.

2.1　投资环境

2.1.1　金融资产

在实务中, 税务处理和证券市场对金融资产的概念有着不同的界定. 如《国家税务总局关于完善关联申报和同期资料管理有关事项的公告》规定 "金融资产包括应收账款、应收票据、其他应收款项、股权投资、债权投资和衍生金融工具形成的资产等", 《私募投资基金监督管理暂行办法》规定 "金融资产包括银行存款、股票、债券、基金份额、资产管理计划、银行理财产品、信托计划、保险产品、期货权益等". 在投资学中, 金融资产可以分为三类: 固定收益型、权益型和衍生金融资产.

固定收益型金融资产是按预先规定的比率进行支付的金融资产, 承诺支付一系列固定的现金流. 如某种金融资产可能会向持有者承诺按国库券利率上浮 3% 来支付利息. 固定收益型金融资产发行方如无破产情况, 持有者将获得固定收益或按某特定公式计算的收益. 因此, 固定收益型金融资产的收益受发行方财务状况的影响较小.

固定收益型金融资产主要包括债券、优先股、商业票据、银行承兑票据、回购协议、大额可转让存单以及抵押贷款担保证券等多种债务性工具. 其中债券是最重要的一种, 货币市场交易的债券期限短、流动性强且风险小, 如国库券和银行存单. 资本市场则以中长期债券交易为主, 如长期国债, 以及地方政府、公司发行的债券. 这些债券有的违约风险较低, 相对比较安全 (如长期国债、地方政府债), 而有的风险相对较高 (如部分公司发行的高收益债券).

固定收益型金融资产一般代表债权, 而**权益型金融资产**代表了资产持有者对公司的所有权. 权益型资产持有者未被承诺任何的特定收益, 但他们可以获得公司分配的股利, 并按相应的比例拥有对公司实物资产的所有权. 如果公司发展良好, 经营成功, 股价就会上升, 资产价值上升; 如果公司发展不利, 经营失败, 股价就会下降, 资产价值下降. 因此, 权益型金融资产价值与公司经营成败密切相关, 该类资产投资比固定收益型金融资产投资的风险要高.

衍生金融资产 (或衍生证券) 是一类价值依赖于其他更基本的标的的资产. 衍生证券主要包括远期合约、期货、期权、互换等在内的金融衍生品, 如股票期权. 如果某公司股价一直低于每股 35 元的行权价格, 其看涨期权价值为零, 但当股价高于行权价格时, 看涨期权就会变得有价值.

衍生证券已成为投资环境中不可或缺的一部分, 规避风险是其最主要的用途之一. 例如, 某基金按监管要求需要持仓保持在 60% 以上, 并且只能持有大型而富有流通性的能源类股票. 该经理人根据调研分析, 认为未来半年内能源类股票趋势不乐观, 所以他在持仓 60% 的情况下, 使用 15% 的现金购买了看跌期权, 当股票下跌时候, 他所持有的期权价值呈非线性增长, 这样就弥补了部分损失, 减少了亏损, 实现了对冲. 在投资组合构建以至整个金融系统中, 衍生证券会继续发挥至关重要的作用. 本书后面章节会继续讨论这一话题.

2.1.2 金融市场与经济

虽然实物资产决定了经济中的净财富量, 金融资产只是建立在实物资产之上的一种金融索取的权利, 但**金融资产**和**金融市场**在经济发展过程中起到至关重要的作用.

1. 金融市场的信息作用

股价是投资者对公司当前业绩和未来前景综合评价的反映. 当市场对公司更为乐观时, 股价上升. 此时公司更容易筹集资金, 投资也会变得更加活跃. 在市场经济中, 证券价格通常在资本配置中发挥着主要作用, 引领资本流向最具增长潜力的企业和领域.

在实际金融活动中, 存在着两类严重的信息问题. 一是信息的不对称问题, 即信息在市场参与者之间分布的状态不均衡. 往往发行人及金融机构处于信息的有利地位, 而处于劣势地位的投资者要想获得与金融机构相同的信息量, 就必然要付出非常高昂的成本. 二是信息的不完全问题, 发行人或金融机构往往出于自身利益的考虑而不提供真实、充分的信息, 或是将重要信息掺杂在浩如烟海的无关信息之中, 投资者亦需耗费极高的成本, 才能获取、了解全部信息.

上述这些成本很可能大大高于投资者从金融产品中获得的收益或从金融服务中所获得的效用, 从而导致市场出现 "逆向选择" 和 "道德风险" 问题, 扭曲了资金价值, 影响了市场资源配置功能的正常发挥. 因此, 证券市场信息披露要以真实性、准确性、完整性和及时性为原则, 为证券市场投资者提供最大范围的信息要求.

2. 消费时机

在经济社会中, 有的人收入比消费多, 有的人消费比收入多, 那么如何才能把购买力从高收入期转移到低收入期? 通过购买金融资产来 "储存" 财富是一种有效方法. 即在高收入期把储蓄资金投资于股票、债券等金融资产, 然后在低收入期卖出这些金融资产以供消费, 这样可以调整消费时机以获得最大的满足. 因此, 金融市场可以使人们的现实消费与收入相分离.

3. 风险分配

所有实物资产都有一定的风险. 金融市场和金融产品可以使偏好风险的投资者承担风险, 使厌恶风险的投资者规避风险. 这样资本市场便把投资的固有风险转移给了愿意承担风险的投资者. 这种风险分配方式对于需要筹集资金以支持其投资活动的公司而言也是有利的. 当投资者可以选择满足自身特定风险——收益偏好证券时, 每种证券都可以最合适的价格出售, 这加速了实物资产证券化的进程.

4. 所有权和经营权分离

对于公司而言, 所有者是股东; 经营者是管理层, 具体经营企业, 决定如何支配股东 (所有者) 的资金. 现代企业制度一个重要特征就是, 大多数股东不参与日常经营, 仅仅持有股票、享有分红等权利, 而经营权集中在管理层, 这就是所谓的**所有权和经营权分离**. 詹森 (Jensen) 和麦克林 (Meckling)(1976 年) 以及阿尔钦 (Alchian) 和德姆塞茨 (Demsetz)(1972 年) 的文章中指出, 企业由企业主构成, 企业主可以将自己对企业的所有权出让一部分, 这样企业主成为经营者 (可以拥有一部分所有权), 而购买公司股票的投资者成为所有者, 于是所有权和经营权分离, 由此产生代理人问题, 即经营者用股东的资金满足个人私利而非所有者 (股东) 的利益, 从而损害到所有者. 法玛于 1980 年有针对性地解释了为什么现代企业应该分离所有权和经营权. 通俗地说, "不要把鸡蛋放在一个篮子里". 对于风险承担者而言, 投资企业具有风险, 科学的选择是不要仅仅投资一个公司, 而是投资一个投资组合, 这样会分散所面临的个体风险. 如果分散化做得足够好, 几乎可以做到让自己的投资组合不存在个体风险而只存在系统风险. 法玛认为, 正是因为这些风险承担者具有投资分散化的要求, 所有权和经营权需要分离.

此外, 外部劳动力市场可以规范经营者 (经理) 的行为, 使得所有权和经营权可以分离. 二者综合, 使得经营权和所有权分离成为现代企业制度的重要特征. 非常重要的一点是, 所有权和经营权分离, 需要有一个活跃的劳动力市场和充分的资本市场的存在. 也就是说, 市场可以较为容易地以低成本获知公司的经营状况和经营者 (经理) 的信息, 股票价格比较准确地反映公司未来的现金流.

5. 公司治理和公司治理伦理

公司治理是建构在企业所有权层次上的, 是科学地向职业经理人授权, 科学地对职业经理人进行监管. 公司价值聚焦的 "顶点" 是股东会, 公司价值的实现主要依靠董事会、总经理和监事会三个利益 "角位点", 三个点相互制衡形成 "三角形". "顶点" 和 "三角形" 构成 "三棱锥", 这是公司治理结构的标准模型. 股东判定公司安全性和成长性的基准是董事会、总经理和监事会, 三个利益 "角位点" 不能重合或者处于同一直线, 更不得与 "顶点" 重合或处于同一平面. 一旦出现这些状况, 表示该公司处于特定时期或危机状态. 董事会、总经理和监事会根据各自利益趋向争取权利和最大利益, "三角形" 版图面积逐渐变大, 这正是企业实力不断增强的体现, 反之亦然. "三棱锥" 的高度体现了企业发展战略的高度, 体积体现了企业的市场竞争力.

公司治理伦理是公司伦理与公司文化的基本组成部分, 是公司治理行为所遵循的价值准则和道德规范的总称, 其核心是通过确立主导的价值判断, 解决公司治理过程中所面临的各种道德选择问题. 公司治理伦理的目标是以伦理为导向设计和完善公司治理制度, 提升公司的伦理水准, 从而保障与协调各利益相关者的利益.

案例一　2020 年我国对外投资市场发展现状

从存量市场来看, 2020 年末, 我国对外直接投资存量 25806.6 亿美元, 较上年末增加 3817.8 亿美元.

从具体产业来看, 2020 年末, 我国对外直接投资存量的近八成集中在第三产业 (即服务业), 金额为 20287.1 亿美元; 第二产业 5398 亿美元, 约占中国对外直接投资存量的 20.9%; 第一产业 (农/林/牧/渔业, 但不含农/林/牧/渔服务业)121.5 亿美元, 约占中国对外直接投资存量的 0.5%.

从国民经济行业分类来看, 2020 年末, 中国对外直接投资覆盖了国民经济所有行业类别, 存量规模上千亿美元的行业有六个, 分别是租赁和商务服务业、批发和零售业、信息传输/软件和信息技术服务业、制造业、金融业及采矿业, 六个行业存量合计 21986.8 亿美元, 占中国对外直接投资存量的 85.2%.

资料来源: 商务部、国家统计局、国家外汇管理局、前瞻产业研究院.

2.1.3 投资过程与投资流程

1. 投资过程

投资过程是指对资金或资产进行管理, 以实现投资目标的过程. 根据投资目标, 选择与投资者风险承受能力相适应的资产或证券组合可以认为是制定投资策略的过程. 在制定投资策略时, 投资者需对资产配置策略、资产选择策略等进行决策.

资产配置是指根据投资需求将投资资金在不同资产类别之间进行分配, 通常是将资产在低风险、低收益证券与高风险、高收益证券之间进行分配. 资产配置是投资过程中最重要的环节之一, 也是决定投资组合相对业绩的主要因素.

资产选择是用于确定各类资产中投资者最需要的证券的投资决策过程. 一个"自上而下"的投资者首先会确定如何在大类资产之间进行配置, 然后确定在每一类资产中选择哪些证券. 与"自上而下"的投资组合管理相对的是"自下而上"策略. 使用"自下而上"策略时, 投资组合的构建是通过更多地选择那些最具有吸引力的投资机会, 尤其是被市场低估的证券, 而不需要过多地考虑投资组合构建的结果而进行资产配置.

2. 投资流程

投资是动态的、连续的过程, 从微观层面看, 投资一般包含以下几个环节: 一是**项目储备**, 选择合适的投资对象, 设立投资项目储备库. 二是**项目立项**, 项目单位根据当初设立的投资目标和投资计划对新增投资项目立项. 三是**调研论证**, 项目单位立项后对投资项目开展全面尽职调查, 进行项目可行性研究论证. 四是**评审决策**, 相关评审部门会根据项目单位提报的项目相关材料就项目定位、财务分析、资金来源、投后管理、法律与风险等方面进行评审. 五是**签订投资协议和出资**, 经批准的投资项目, 完成有关法律文件的签署. 法律文件签署后, 进行出资. 六是**跟踪管理及退出**, 在完成出资后, 按既有规定对投资项目进行跟踪管理, 及时掌握投资项目的重大事项、决策信息等经营情况. 退出时机成熟时, 对投资项目退出方案进行决策. 投资流程见图 2-1.

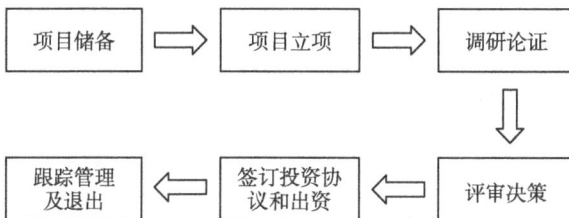

图 2-1 投资流程

2.1.4 市场参与者

市场参与者是指市场的参与主体. 在金融市场中主要分两类: 一类是真正的买者和卖者, 即交易主体; 一类是金融中介, 又称金融市场媒体. 金融参与者还可分成家庭、企业和政府, 这些主体都是金融市场上的主要的资金供给者或资金需求者, 因而是金融市场的交易主体.

金融中介主要包括商业银行、证券公司、保险公司、信托公司、投资公司等. 商业银行是通过存款、贷款、汇兑、储蓄等业务, 承担信用中介的金融机构; 证券公司是从事证券发行、承销、交易、企业重组、兼并与收购、投资分析、风险投资、项目融资等业务的非银行金融机构; 保险公司收取保费, 将保费所得资本投资于债券、股票、贷款等资产, 运用这些资产所得收入支付保单所确定的保险赔偿; 信托公司以信任委托为基础、以货币资金和实物财产的经营管理为形式, 主要包括委托和代理两个方面的内容; 投资公司是一种将个人投资者的资金集中起来, 投资于众多证券或其他资产之中的金融中介机构.

由于规模经济的重要性, 中介机构的资产和负债是高度专业化的, 这种专业化提高了他们的竞争能力, 有助于增加他们生存的机会. 信息经济学和交易成本理论者认为是不确定性及交易成本的存在导致金融中介机构的出现, 并使得金融中介机构具有了降低交易成本、消除不确定性及由此带来的风险的种种功能.

案例二 我国的金融中介机构体系

目前, 我国已经形成了多层次的金融中介机构体系, 包括: 股份制商业银行、城市商业银行、农村商业银行、跨国银行、农村信用社在内的多层次银行机构体系; 以证券公司、期货公司和证券投资基金为主, 各类投资咨询中介、信托机构为辅的多元化投资中介体系; 还有人寿保险公司、财产保险公司、再保险公司以及提供多种多样保险服务的保险中介体系.

按照申万宏源研究所的 A 股投资者结构五分法, 2021 年一般个人投资者是 A 股最大的投资者类别, 持有流通股比例达到 34%, 产业资本紧随其后, 持股占比 31.2%, 专业投资者、个人大股东、政府持股比例分别达到 22.4%、7.2%和 5.3%.

在投资者结构上, 主要减少的是产业资本和政府持股. 国资改革加速推动竞争类国有企业的混合所有制改革, 导致 2021 年末产业资本和政府持股合计占比由 2018 年超 50%下降至 36.4%, A 股股权结构更加社会化.

此外, 近年来随着资本市场规模扩容和制度改革, 个人投资者不断入市, 一般个人投资者继 2015 年之后再次成为持股比例最高的投资者类别. 中国证券登记结算有限责任公司数据显示, 2021 年新增自然人投资者数量达到

1958 万人, 较 2020 年提升 9%, 在历史上仅低于 2015 年.

资料来源: 申万宏源、中国证券登记结算有限责任公司.

2.2 金融市场与金融工具

金融市场又称为资金市场, 它是由许多不同的市场组成的一个庞大体系, 一般根据金融市场上交易工具的期限, 把金融市场分为货币市场和资本市场两大类. **货币市场**是融通短期 (一年以内) 资金的市场, **资本市场**是融通长期 (一年以上) 资金的市场. 货币市场工具主要包括期限短、变现能力强、流动性好、风险低的债务类证券, 有时被称为现金等价物, 或简称为现金. 资本市场包括中长期信贷市场和证券市场. 和其他市场相比, 金融市场的特征有

(1) 金融市场是以资金为交易对象的市场.

(2) 金融市场交易之间不是单纯的买卖关系, 更主要的是借贷关系, 体现了资金所有权和使用权分离的原则.

(3) 金融市场可以是有形市场, 也可以是无形市场.

2.2.1 货币市场

货币市场是指期限在一年以内的金融资产交易的市场. 该市场的主要功能是保持金融资产的流动性, 以便随时转换成可以流通的货币, 具有期限短、流动性强和风险小的特点. 根据不同的借贷或交易方式, 可分为以下几种.

1. 银行短期信贷市场

它是指国际银行同业间的拆放, 以及银行对工商企业提供短期信贷资金的场所. 该市场是在资本国际化的过程中发展起来的, 其功能在于解决临时性的短期流动资金的不足. 短期信贷市场的拆放期是长短不一的. 最短为日拆, 一般多为 1 周、1 个月、3 个月和 6 个月, 最长不超过 1 年. 拆放利率以伦敦银行同业拆放利率 (LIBOR) 为基础. 该市场交易方式较为简便, 存贷款都是每天通过电话联系来进行的, 贷款不必担保.

在我国, 银行短期信贷市场集中在上海的全国银行间同业拆借中心, 其利率称为上海银行间同业拆放利率 (SHIBOR), 被称为中国的 LIBOR, 发行共有隔夜、1 周、2 周、1 个月、2 个月、6 个月、9 个月、1 年等八个品种.

2. 短期证券市场

它是指进行短期证券发行与买卖的场所. 其期限一般不到 1 年, 这里的短期证券包括国库券、可转让定期存单、商业票据、银行承兑票据等, 它们的最大特点是具有较大的流动性和安全性.

国库券是指国家财政当局为弥补国库收支不平衡而发行的一种政府债券. 中国国库券的期限最短的为 1 年, 而西方国家国库券品种较多, 一般可分为 3 个月、6 个月、9 个月、1 年期四种. **可转让定期存单**是指银行发行对持有人偿付具有可转让性质的定期存款凭证. 凭证上标有发行的金额、利率以及偿还日期和方法. **商业票据**是指信用良好的工商企业为筹集短期资金而开出的票据. 它可通过银行发行, 票面金额不限, 期限一般为 4 至 6 个月, 交易按票面金额贴现的方式进行. **银行承兑票据**是指经银行审查同意承兑的商业票据. 票据一经银行承兑, 其信用就得以提高, 从而易于流通. 由于银行信用较高, 故银行承兑票据的流动性比商业票据更强.

3. 贴现市场

它是指对未到期票据, 通过贴现方式进行资金融通而形成的交易市场. 贴现市场的主要经营者是贴现公司. 贴现交易的信用票据主要有政府国库券、短期债券、银行承兑票据和部分商业票据等. 贴现利率一般高于银行贷款利率.

2.2.2 债券市场

债券市场是发行和买卖债券的场所, 是金融市场的一个重要组成部分. 债券市场主要包括国债、地方政府债、央行票据、金融债、公司债 (包含可转债/可交换债)、企业债、非金融企业债务融资工具等.

按发行主体可以分成两大类: **利率债** (政府机构发行) **和信用债** (企业发行), 其中利率债包括国债、地方政府债、央行票据、政策性银行金融债等. 信用债包括普通金融债、公司债 (含可转债/可交换债)、企业债、非金融企业债务融资工具等.

国债是中央政府为筹集财政资金而发行的中央政府债券, 具有最高的信用度. **地方政府债**是地方政府机构发行的债券, 通常包括一般债券和专项债券. 信用度较高, 较为接近国债. **央行票据**由中国人民银行发行, 为调节商业银行超额准备金而向商业银行发行的短期债务凭证, 目的是减少商业银行可贷资金量, 其实质是中央银行债券. 具有短期限特点, 通常为 3~12 个月, 目前最长的也只有 3 年. 信用度较高, 跟国债水平相近. **金融债**是政策性银行、商业银行、证券公司、保险公司及其他金融机构发行的债券, 其中政策性银行金融债 (中国农业发展银行、中国进出口银行) 信用等级跟国债相近. **公司债**是公司 (除地方政府融资平台公司) 发行的债券, 如我们常说的 "大公募" (面向公众投资者)、"小公募" (面向合格投资者), 非公开发行的称为私募债. **企业债**是企业发行的债券, 发行主体与公司债无本质差别, 主要是监管机构不同, 公司债的监管机构为证监会, 企业债的监管机构为国家发展和改革委员会. 新修订的《中华人民共和国证券法》2020 年 3 月 1 日起施行后, 公开发行的企业债和公司债均是注册制. **非金融企业债务融资工具**是指具有法人资格的非金融企业在银行间债券市场发行的债券, 发行主体跟公司债、企业债并无本质区别, 由交易商协会监管, 实行注册制. **可转债**与**可交换债**属于公司债, 可转债指债券持有人可按照发行时约定的价格将债券转换成公司的普通股票的债券; 可交换债指上市公司或新三板公司的股东发行的可交换其公司股票的债券. 可转债与可交换债在沪深交易所市场实施 "T+0", 且没有涨跌幅限制, 引发大量投资者参与交易, 具有较强的股票属性. **资产证券化**主要由 3 种组成, 分别来自于上述的金融债、公司债、非金融企业债务融资工具, 分别为央行和国家金融监督管理总局主管的金融机构信贷资产证券化、证监会主管的企业资产证券化以及交易商协会主管的资产支持票据.

2.2.3 权益证券

1. 普通股

普通股是享有普通权利、承担普通义务的股份, 是构成公司资本的基础, 是股票的一种基本形式, 也是发行量最大、最为重要的股票. 目前在上海和深圳证券交易所中交易的股票, 都是普通股.

股份有限公司根据有关法规的规定以及筹资和投资者的需要, 可以发行不同种类的普通股. 按股票有无记名, 可分为记名股和不记名股; 按股票是否标明金额, 可分为面值股票和无面值股票; 按投资主体的不同, 可分为国家股、法人股、个人股等; 按发行对象和上市地区的不同, 又可将股票分为 A 股、B 股、H 股和 N 股等.

普通股股票持有者按其所持有股份比例享有一些基本权利, 如参与公司经营的表决权, 参与股息红利的分配权, 优先认购新股的权利, 请求召开临时股东大会的权利, 公司破产后依法分配剩余财产的权利等. 普通股股东的剩余财产分配权在债权人及优先股股东之后.

2. 优先股

优先股是普通股的对称, 是股份公司发行的在分配红利和剩余财产时比普通股具有优先权的股份. 优先股也是一种没有期限的有权凭证, 优先股股东一般不能在中途向公司要求退股 (少数可赎回的优先股例外). 与普通股相比, 优先股股东不参与日常管理, 一般情况下不参与股东大会投票. 优先股的股息收益一般是固定的, 收益稳定, 风险较小. 同时, 优先股在公司利润和剩余财产的分配上享有优先权.

优先股的种类很多, 包括累积优先股与非累积优先股, 参与优先股与非参与优先股, 可转换优先股与不可转换优先股, 可收回优先股与不可收回优先股等.

2.2.4　股票与债券市场指数

我国主要有三大指数系列①, 包括上海证券交易所开发的上证指数、深圳证券交易所开发的深证指数以及中证指数有限公司开发的中证指数.

1. 上证指数

作为国内外普遍采用的衡量中国证券市场表现的权威统计指标, 由上海证券交易所编制并发布的**上证指数**系列是一个包括上证 180 指数、上证 50 指数、上证综合指数、A 股指数、B 股指数、分类指数、债券指数、基金指数等的指数系列, 其中最早编制的为上证综合指数.

2. 深证指数

深证指数是指由深圳证券交易所编制的股价指数, 该股票指数的计算方法基本与上证指数相同, 其样本为所有在深圳证券交易所挂牌上市的股票, 权数为股票的总股本. 深圳证券交易所股价指数有综合指数, 包括深证综合指数、深证 A 股指数、深证 B 股指数、深证行业分类指数; 成份股指数, 包括深证成份股指数、深证成份 A 股指数、深证成份 B 股指数; 行业指数以及深证基金指数等.

3. 中证指数

中证指数有限公司成立于 2005 年 8 月 25 日, 是由上海证券交易所和深圳证券交易所共同出资发起设立的一家专业从事证券指数及指数衍生产品开发服务的公司. **中证指数**是由中证指数有限公司开发的, 主要包括沪深 300 指数、中证 100 指数、中证 200 指数、中证 500 指数、中证 700 指数、中证 800 指数、中证南方小康产业指数、中证流通指数等.

2.2.5　金融衍生工具

金融衍生工具是在货币、债券、股票等传统金融工具的基础上衍化和派生的, 根据当前约定的条件, 在未来规定的时间, 就约定的金融资产, 进行交易的标准化合约. 金融衍生工具可以分为远期、期货、期权、互换等.

1. 金融远期合约

金融远期合约是指双方约定在未来的某一确定时间, 按确定的价格买卖一定数量的金融资产的协定. 在合约中固定在将来买入标的物的一方称为多头, 而在未来卖出标的物的一方称为空头. 合约中规定的未来买卖标的物的价格称为交割价格.

---

① 本书涉及的我国金融数据, 均未包含港澳台金融数据.

2. 金融期货合约

金融期货合约是指协议双方同意的将来某个日期按约定的条件 (包括价格、交割地点、交割方式) 买入或卖出一定数量的某种金融资产的标准化协议. 合约中规定的价格就是期货价格.

期货合约与远期合约有很多区别, 包括标准化程度不同、交易场所不同、违约风险不同、价格确定方式不同、履约方式不同、合约双方关系不同、结算方式不同等.

期货市场的功能主要包括以下两点. 一是转移价格风险, 这是期货的最主要功能. 有了期货交易, 市场主体可利用期货多头或空头把价格风险转移出去, 从而实现避险目的. 二是价格发现功能. 相对于现货市场, 期货市场的定价效率通常高于现货市场, 可以影响甚至决定现货价格, 从而发挥价格发现功能.

3. 金融期权

金融期权是指其持有者在规定期限内按双方约定的价格购买或出售一定数量某种金融资产的合约.

按期权买者的权利划分, 期权可分为看涨期权和看跌期权. 凡是赋予期权买者购买标的资产权利的合约就是看涨期权; 赋予期权买者出售标的资产权利的合约就是看跌期权.

按期权买者执行期权的时限划分, 期权可分为欧式期权和美式期权. 欧式期权的买者只能在期权到期日执行期权, 美式期权允许买者在期权到期前的任何时间执行期权.

4. 金融互换

金融互换是约定两个或两个以上当事人按照商定条件, 在约定的时间内交换一系列现金流的合约, 主要包括利率互换和货币互换两大类.

利率互换是指双方同时交换的一定期限内根据同种货币的同样的名义本金交换现金流, 其中一方的现金流根据浮动利率计算, 而另一方的现金流根据固定利率计算. 货币互换是将一种货币的本金和固定利息与另一货币等价本金和固定利息进行交换.

5. 信用违约互换

信用违约互换是一种金融合约, 希望规避信用风险的一方 (称为信用保护买方) 定期支付一笔固定费用, 以换取另一方 (称为信用保护卖方) 由信用事件引发的或有性支付.

案例三　2021 年中国金融市场运行情况

1. 债券市场规模稳定增长

2021 年, 债券市场共发行各类债券 61.9 万亿元, 较 2020 年增长 8.0%. 其中, 国债发行 6.7 万亿元, 地方政府债券发行 7.5 万亿元, 金融债券发行 9.6 万亿元, 公司信用类债券发行 14.8 万亿元, 信贷资产支持证券发行 8815.3 亿元, 同业存单发行 21.8 万亿元等.

2. 债券收益率整体震荡下行

如图 1, 2021 年 12 月末, 1 年、3 年、5 年、7 年、10 年期国债收益率分别为 2.24%、2.46%、2.61%、2.78%、2.78%, 分别较 2020 年同期下行 23 个基点、36 个基点、34 个基点、39 个基点、36 个基点. 2021 年末, 中债-国债总指数收盘价为 206.6, 较 2020 年同期上涨 11.4; 中债-新综合全价指数收盘价为 121.5, 较 2020 年同期上涨 2.5.

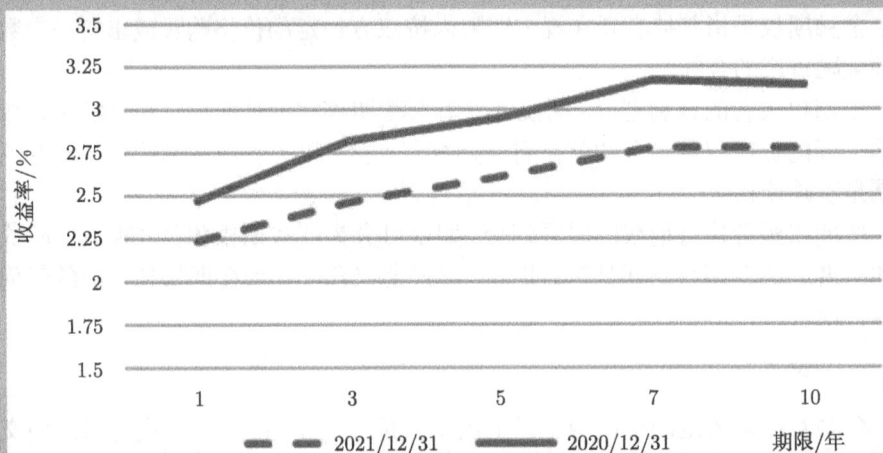

图 1　2020 年和 2021 年国债收益率曲线变化情况

2021 年 12 月, 银行间同业拆借月加权平均利率为 2.02%, 较 2020 年同期上行 72 个基点.

3. 债券市场对外开放稳步推进

截至 2021 年末, 境外机构在中国债券市场的托管余额为 4.1 万亿元, 占中国债券市场托管余额的比例为 3.1%. 分券种看, 境外机构持有国债 2.5 万亿元、占比 61.3%, 政策性金融债 1.1 万亿元、占比 27.3%.

4. 债券市场投资者数量进一步增加

2021 年末, 按法人机构 (管理人维度) 统计, 非金融企业债务融资工具持有人共计 1885 家. 从持债规模看, 前 50 名投资者持债占比 56.8%, 主要集中在基金公司、股份制商业银行、国有大型商业银行和证券公司. 从交易规模看, 非金融企业债务融资工具前 50 名投资者交易占比 67.4%, 主要集中在证券公司、股份制商业银行、基金公司和城市商业银行.

5. 货币市场成交量持续提升

2021 年, 银行间货币市场成交共计 1164.0 万亿元, 同比增长 5.2%. 其中, 质押式回购成交 1040.5 万亿元, 同比增长 9.2%; 买断式回购成交 4.7 万亿元, 同比下降 32.6%; 同业拆借成交 118.8 万亿元, 同比下降 19.2%.

2021 年, 银行间债券市场现券成交 214.5 万亿元, 日均成交 8578.0 亿元; 单笔成交量主要分布在 500 万 ~ 5000 万元, 单笔平均成交量 4995.0 万元. 交易所债券市场现券成交 28.9 万亿元, 日均成交 1190.4 亿元. 柜台债券市场累计成交 170.6 万笔, 成交金额 4988.8 亿元.

6. 银行间衍生品市场成交规模平稳增长

2021 年, 银行间本币衍生品市场共成交 21.4 万亿元, 同比增长 6.5%. 国债期货共成交 27.5 万亿元, 同比增长 4.3%. 互换利率有所下降, 2021 年末, 1 年期 FR007 互换利率收盘价 (均值) 为 2.21%, 较 2020 年末下降 27 个基点; 5 年期 FR007 互换利率收盘价 (均值) 为 2.56%, 较 2020 年末下降 28 个基点.

7. 股票市场主要指数上涨

2021 年末, 上证指数收于 3639.8 点, 较 2020 年末上涨 166.7 点, 涨幅

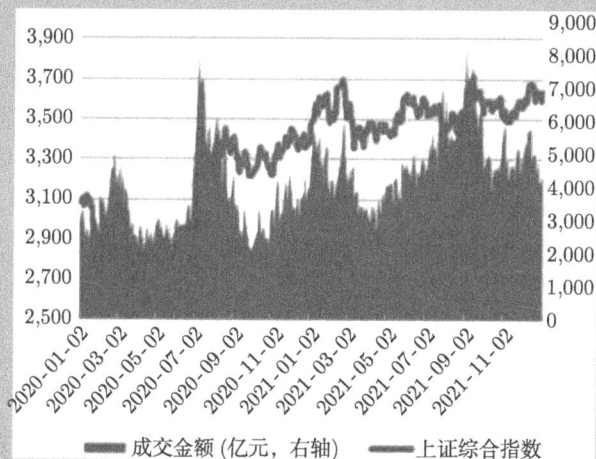

图 2　上交所股票量价走势

资料来源: 上海证券交易所

为 4.8%(图 2); 深证成份股指数收于 14857.4 点, 较 2020 年末上涨 386.7 点, 涨幅为 2.7%(图 3). 两市全年成交额 258.0 万亿元, 同比增长 24.7%.

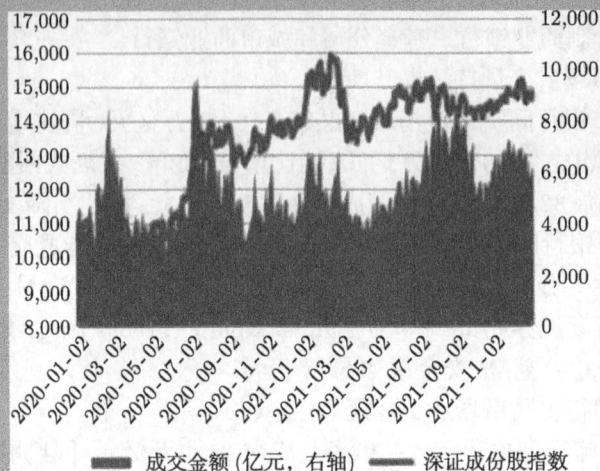

图 3 深交所股票量价走势

资料来源: 深圳证券交易所

资料来源: 中国人民银行.

2.3 证 券 交 易

2.3.1 证券发行

证券发行是指证券发行人以筹集资金为目的, 在证券发行市场依法向投资者以同一条件出售证券的行为. 证券发行分类的方法很多, 经常采用的分类标准有以下几种. ①根据发行对象分类, 可分为公募和私募; ②根据发行方式分类, 可分为直接发行和间接发行; ③根据所发行证券的种类分类, 可分为股票发行、债券发行和基金单位发行; ④根据发行价格和票面面额的关系分类, 可分为溢价发行、平价发行和折价发行三种形式. 证券发行的程序可以划分为以下三种.

1. 证券发行的核准

上市公司发行证券的, 应当符合《中华人民共和国证券法》和《上市公司证券发行注册管理办法》规定的发行条件和相关信息披露要求, 依法经上海证券交易所或深圳证券交易所发行上市审核并报中国证券监督管理委员会注册, 但因依法实行股权激励、公积金转为增加公司资本、分配股票股利的除外.

2. 证券发行的保荐

申请股票、可转换为股票的公司债券或者法律、行政法规规定实行保荐制度的其他证券上市交易, 应当聘请具有保荐资格的机构担任保荐人.

3. 证券发行的承销

证券承销是证券经营机构依照协议包销或者代销发行人向社会公开发行证券的行为. 发行人向不特定对象公开发行证券, 法律、行政法规规定应当由证券公司承销的, 发行人应当同证券公司签订承销协议. 证券承销采取代销或者包销方式.

2.3.2 证券交易

证券交易是指证券持有人依照交易规则, 将证券转让给其他投资者的行为. 证券交易的方式包括现货交易、期货交易、期权交易、信用交易和回购.

1. 交易形式

证券交易一般分为两种形式: 一种形式是上市交易, 是指证券在证券交易所集中交易挂牌买卖. 另一种形式是上柜交易, 是指公开发行但未达上市标准的证券在证券柜台交易市场买卖.

中国股票市场是当今唯一采用 "T+1" 交易制度的市场. 自 1995 年 1 月 1 日起, 为了保证股票市场的稳定, 防止过度投机, 股市实行 "T+1" 交易制度. "T+1" 中 "T" 指的是交易登记日, "T+1" 指的是交易登记日的第二天. 在 "T+1" 交易制度下投资者买入的股票无法当天卖出, 要到下一个交易日才能卖出. 而与 "T+1" 交易制度相对应的是 "T+0" 交易制度, 投资者当日买入的股票可当日卖出.

2. 交易价格

关于证券交易的价格, 证券交易所内的证券交易按 "价格优先、时间优先" 原则竞价成交. ①价格优先. 较高价格买入申报优先于较低价格买入申报, 较低价格卖出申报优先于较高价格卖出申报. ②时间优先. 买卖方向、价格相同的, 先申报者优先于后申报者. 先后顺序按证券交易所交易主机接受申报的时间确定.

目前, 我国证券交易所采用两种竞价方式: 集合竞价方式和连续竞价方式.

1) 集合竞价

所谓**集合竞价**, 是指对在规定的一段时间内接受的买卖申报一次性集中撮合的竞价方式. 根据我国证券交易所的相关规定, 集合竞价确定成交价的原则为: 可实现最大成交量的价格; 高于该价格的买入申报与低于该价格的卖出申报全部成交的价格; 与该价格相同的买方或卖方至少有一方全部成交的价格; 集合竞价的所有交易以同一价格成交, 然后进行集中撮合处理.

2) 连续竞价

连续竞价是指对买卖申报逐笔连续撮合的竞价方式. 按照我国证券交易所的有关规定, 在无撤单的情况下, 委托当日有效. 另外, 开盘集合竞价期间未成交的买卖申报, 自动进入连续竞价. 深圳证券交易所还规定, 连续竞价期间未成交的买卖申报, 自动进入收盘集合竞价.

连续竞价时, 成交价格的确定原则为: 最高买入申报与最低卖出申报价位相同, 以该价格为成交价; 买入申报价格高于即时揭示的最低卖出申报价格时, 以即时揭示的最低卖出申报价格为成交价; 卖出申报价格低于即时揭示的最高买入申报价格时, 以即时揭示的最高买入申报价格为成交价.

除此之外, 我国证券市场交易也遵循涨跌停板制度. 涨跌停板制度是指一种证券在一个交易日中的成交价格不能高于或低于以该证券品种上一交易日结算价为基准的某一涨跌幅度. 在涨跌停板制度下, 前一交易日结算价加上允许的最大涨幅构成当日价格上涨的上限, 称为涨停板; 前一交易日结算价减去允许的最大跌幅构成价格下跌的下限, 称为跌停板. 因此, 涨跌停板又叫每日价格最大波动幅度限制.

熔断机制, 也叫做自动停盘机制, 即在交易时间内, 当某一只个股、指数、期指或者商品价格涨幅或者跌幅达到交易所规定的熔断点时, 为控制股市的风险, 交易便停止一段时间, 类似电力设备中保险丝会自动因为电流过量而熔断, 因此被形象地称为熔断机制. 熔断机制主要分为熔而断和熔而不断这两大类, 国外的证券交易所几乎都采用了熔断机制. 熔而断即涨跌幅触及熔断点后的一段时间内暂停交易, 熔而不断是指涨跌幅触及熔断点后的一段时间内继续进行交易, 但是报价限制在熔断范围之内.

不同的涨跌停板制度中达到涨跌停板价格时的规定不同. 当证券价格达到涨停价格或跌停价格时, 有些市场会停止交易一段时间, 之后便可在涨跌停区间内继续交易, 还有一些市场, 超出该价格范围的交易不能成交, 而在该区间内的交易能够正常进行.

目前, 我国证券市场现行的涨跌停板制度规定, 上市首日之外的交易日里, 股票 (含 A 股、B 股)、基金类证券在一个交易日内的交易价格相对上一交易日收市价格的涨跌幅度不得超过 10%, 超过涨跌限价的委托为无效委托, 无法成交. 其中, 标记为 ST 和 *ST 的股票单日涨跌幅限制为 5% 以内, 创业板、科创板股票单日涨跌幅度则限制在 20% 以内.

3. 证券交易所

对**证券交易所**最直接的理解就是证券交易的场所, 而设立证券交易所的目的就是为了给证券交易提供公平、公正的环境, 让证券交易得以正常进行. 我国的证券交易所包括上海证券交易所、深圳证券交易所、北京证券交易所等.

1) 上海证券交易所

上海证券交易所 (以下简称上交所) 成立于 1990 年 11 月 26 日, 同年 12 月 19 日开业, 受中国证监会监督和管理, 是为证券集中交易提供场所和设施、组织和监督证券交易、实行自律管理的会员制法人. 经过三十多年的快速成长, 上交所已发展成为拥有股票、债券、基金、衍生品四大类证券交易品种、市场结构较为完整的证券交易所, 拥有可支撑上海证券市场高效稳健运行的交易系统及基础通信设施, 以及确保上海证券市场规范有序运作、效能显著的自律监管体系. 依托这些优势, 上海证券市场的规模和投资者群体也在迅速壮大.

2) 深圳证券交易所

深圳证券交易所 (以下简称深交所) 于 1990 年 12 月 1 日开始营业, 是经国务院批准设立的全国性证券交易场所, 受中国证监会监督管理. 深交所立足服务实体经济和国家战略全局, 经过三十多年的发展, 初步建立起板块特色鲜明、监管规范透明、运行安全可靠、服务专业高效的多层次资本市场体系, 市场规模不断扩大, 市场功能稳步增强, 吸引力和影响力持续提升, 多项指标位居世界前列, 正成长为全球最具活力的新兴市场.

3) 北京证券交易所

北京证券交易所 (以下简称北交所) 于 2021 年 9 月 3 日注册成立, 是经国务院批准设立的我国第一家公司制证券交易所, 受中国证监会监督管理. 经营范围为依法为证券集中交易提供场所和设施、组织和监督证券交易以及证券市场管理服务等业务.

4) 证券交易所的主要职责

证券交易所具有一定的职责, 主要包括:

(1) 证券交易所应当为组织公平的集中交易提供保障, 公布证券交易即时行情, 并按交易日制作证券市场行情表, 予以公布.

(2) 证券交易所有权依照法律、行政法规, 以及国务院证券监督管理机构的规定, 办理股票、公司债券的暂停上市、恢复上市或者终止上市的事务.

(3) 因突发性事件而影响证券交易的正常进行时, 证券交易所可以采取技术性停牌的措施; 因不可抗力的突发性事件或者为维护证券交易的正常秩序, 证券交易所可以决定临时停市. 证券交易所采取技术性停牌或者决定临时停市, 必须及时报告国务院证券监督管理机构.

(4) 证券交易所对证券交易实行实时监控, 并按照国务院证券监督管理机构的要求, 对异常交易的情况提出报告. 证券交易所根据需要, 可以对出现重大异常交易情况的证券账户限制交易, 并报国务院证券监督管理机构备案.

(5) 证券交易所应当从其收取的交易费用和会员费、席位费中提取一定比例的金额设立风险基金. 风险基金由证券交易所理事会管理.

(6) 证券交易所依照证券法律、行政法规制定上市规则、交易规则、会员管理规则和其他有关规则, 并报国务院证券监督管理机构批准.

4. 交易费用

证券交易涉及一定费用, 主要包括:

(1) **印花税**　印花税是根据国家税法规定, 在股票成交后对买卖双方投资者按照规定的税率分别征收的税金. 其收费标准是按 A 股成交金额的 0.5‰ 计收, 基金、债券等均无此项费用.

(2) **佣金**　佣金是指投资者在委托买卖证券成交之后按成交金额的一定比例支付给券商的费用. 此项费用一般由券商的经纪佣金、证券交易所交易经手费及管理机构的监管费等构成.

(3) **过户费**　过户费是指投资者委托买卖的股票、基金成交后买卖双方为变更股权登记所支付的费用. 这笔收入属于证券登记清算机构的收入, 由证券经营机构在同投资者清算交割时代为扣收.

(4) **其他费用**　除了常见的交易费用 (如佣金、印花税、过户费等) 之外, 还会产生一些其他费用, 这些费用主要包括以下几个方面: 交易系统使用费、结算费、信息费、监管费、资金费、咨询费、交易中介费用等.

2.3.3　新交易策略

1. 算法交易

算法交易又称自动交易、黑盒交易或者机器交易, 指的是通过使用计算机程序来发出交易指令的方法. 在交易中, 程序可以决定的范围包括交易时间的选择、交易的价格, 甚至包括最后需要成交的证券数量.

算法交易可以被应用于任何投资策略, 包括做市、跨市套利、期现套利和单边投机 (包括趋势追随). 在投资决策和执行的任何一个阶段, 算法交易信号都能够提供良好的技术支持, 甚至整个投资决策和执行可以完全依靠算法交易自动运行.

2. 高频交易

高频交易是指以很高的频率进行交易, 但至今依然没有一个统一定义. 在外汇市场中, 高频交易是指一种伴有高周转率以及高订单率的算法交易. 它通过复杂的算法对市场数据进行实时分析, 在市场发生变化的时候迅速地执行相应的交易策略. 高频交易本身不是一种策略, 它只是借助信息技术利用交易策略获利, 常见的策略包括做市交易、收报机交易、统计套利、新闻交易、低延迟策略等.

高频交易具有以下特征: ①高频交易都是由计算机自动完成的程序化交易; ②高频交易的交易量巨大; ③高频交易的持仓时间很短, 日内交易次数很多; ④高频交易每笔收益率很低, 但是总体收益稳定.

3. 暗池交易

暗池交易是场外交易的一种形式, 在 2005 年由华尔街投行高盛率先推出. 在暗池交易中, 买卖双方匿名配对进行大宗股票交易, 这种交易主要由机构投资者参与买卖, 运作并不透明, 不会展示买卖盘价及报价人士的身份, 也不会向公众披露已执行交易的详情, 这对机构投资者非常有利, 但对公众投资者是不利的. 暗池在交易的事前事后都存在问题: 在交易前, 公众投资者无法获知一部分潜在的交易信息, 而暗池交易员则通过对比公众信息和意向获利; 在交易后, 交易商进行类似于场外柜台交易 (OTC) 的含混信息披露, 使公众投资者无法获得确切交易数据, 这影响了他们的未来投资决策.

2.3.4 保证金交易

保证金交易又称信用交易和垫头交易, 是指证券交易的当事人在买卖证券时, 只向证券公司交付一定的保证金, 或者只向证券公司交付一定的证券, 而由证券公司提供融资或者融券进行交易.

保证金交易分为保证金买入交易和保证金卖出交易两种. 保证金买入交易, 是指价格看涨的某种股票由股票的买卖者买进, 但他只支付一部分保证金, 其余的由经纪人垫付, 并收取垫款利息, 同时掌握这些股票的抵押权. 融资买入证券为"买空".

保证金卖出交易, 是指看跌的某种股票, 由股票的买卖者缴纳给经纪人一部分保证金, 通过经纪人借入这种股票, 并同时卖出. 如果这种股票日后价格果然下跌, 那么再按当时市价买入同额股票偿还给借出者, 买卖者在交易过程中获取价差利益. 融券卖出证券为"卖空".

融资融券与保证金交易类似, 也是一种证券信用交易, 是指投资者提供担保物向证券公司等中介机构借入资金买入上市证券 (融资买入) 或者借入上市证券进行卖出 (融券卖出), 并在约定期限内偿还所借资金或证券及利息、费用的证券交易活动. 其中, 客户向证券公司融资买进证券称为"买多"; 客户向证券公司融券卖出称为"卖空".

2.3.5 证券市场监管

证券市场监管是指证券管理机关运用法律的、经济的以及必要的行政手段, 对证券的募集、发行、交易等行为以及证券投资中介机构的行为进行监督与管理.

1. 我国证券市场法律体系分析

我国目前规范证券市场的法律主要有两个：《中华人民共和国公司法》(以下简称《公司法》) 和《中华人民共和国证券法》(以下简称《证券法》). 由于我国证券市场起步较晚, 发展时间较短, 在制度设计和运行机制等很多方面还存在一定问题, 市场的实践为立法概括抽象提供应有的深度和广度存在一定挑战. 另外, 我国证券市场是在改革中设立与发展的, 法律的内容也难以完全适应证券市场发展的需求.

在我国规范证券市场的法律体系中, 一个突出的问题是在证券市场的很多领域, 法律规范还是空白的. 如投资公司法、证券投资者保护法、投资顾问法等. 此外, 证券市场的法律规范是一个不断修订、不断完善的过程, 证券市场在发展变化, 新的问题、新的矛盾不断出现, 规范证券市场的法律也须适应市场发展的需要做出适当的修订, 而我国正处于对《证券法》《公司法》作出修订的紧迫时机.

2. 证券市场的规章制度分析

我国证券市场的规章制度与行业自律规则由中国证监会、证券业协会、证券交易所、证券商分别制定. 中国证监会是我国的证券监管机构, 制定证券市场监管的各种规章制度, 证券交易所不仅仅是一个交易市场, 也是证券监管机构, 制定有关证券发行上市及证券交易各项具体的制度, 证券商则制定内部风险管理的制度. 它们构成了一个完整的体系, 对证券市场机构、证券市场行为起到全方位的规范作用.

法律法规和制度办法是一个完整的体系. 所有的证券行为都可以用法律法规来规范. 在规范证券市场的法律法规体系中, 各种法律是最高层次的, 我国仍存在法律不健全、缺乏可操作性等问题, 而各种规章、制度、办法则更加全面完整.

3. 健全和完善证券市场法律法规制度的措施

首先, 应加紧 "投资公司法"、"证券投资者保护法" 和 "投资咨询法" 等法律的制定, 健全证券市场的法律体系. 其次, 根据证券市场发展的需求, 对已有的《证券法》《公司法》进行修订, 以增强其适用性和可操作性. 另外, 需进一步明确中国证监会、证券业协会职能, 加强对法律法规的宣传, 使各类证券从业人员、投资者懂法、守法.

> **案例四 我国金融市场的监管体制**
> 中国当前的金融监管体制已经从 "一委一行一总局一会" 转变为 "一行一总局一会", 即中国人民银行、国家金融监督管理总局、中国证券监督管理委员会的综合监管体系.

中国人民银行是我国的中央银行, 主要负责制定和执行货币政策, 维护金融稳定, 同时承担一定的金融服务职能; 国家金融监督管理总局的主要职责是依照法律法规统一负责除证券业之外的金融业监管, 强化机构监管、行为监管、功能监管、穿透式监管、持续监管, 统筹负责金融消费者权益保护, 加强风险管理和防范处置, 依法查处违法违规行为; 中国证券监督管理委员会根据法律、法规和国务院授权, 对全国证券、期货市场实行集中统一监督管理.

2.4 基金和其他投资公司

2.4.1 投资公司的类型

投资公司是一种金融中介, 它从个人投资者手中汇集资金并将这些资金投资于有潜力的、范围广泛的证券或其他资产. 隐藏在投资公司背后的关键理念是资产组合, 每位投资者都对投资公司的资产组合有一个符合自己投资份额比例的要求权. 这样, 这些投资公司就为小投资者们提供了一种联合协作获取大规模投资利益的机制. 对投资者来说, 投资公司发挥记账与管理、资金分散化与可分割性、专业化管理、降低交易成本等重要功能.

根据投资公司的业务内容来区分企业类型, 下面列举几种投资公司类型.

(1) **股权投资公司** 股权投资指通过投资取得被投资单位的股份. 具体来说, 它是指企业购买的其他企业的股票或以货币资金、无形资产和其他实物资产直接投资于其他单位.

(2) **债权投资公司** 债权投资是指为取得债权所进行的投资, 如购买公司债券、购买国库券等, 均属于债权性投资. 投资有限公司进行这种投资是为了获取高于银行存款利率的利息, 并保证按期收回本息.

(3) **证券投资公司** 证券投资是指投资者通过购买股票、债券、基金等有价证券以及金融衍生产品, 以获取红利、利息及资本利得的投资行为.

2.4.2 基金的分类

1. 基金的定义

基金, 广义是指为了某种目的而设立的具有一定数量的资金. 主要包括信托投资基金、公积金、保险基金、退休基金、各种基金会的基金等. 我们提到的基金主要是指**证券投资基金**, 是指通过发售基金份额募集资金形成独立的基金财产, 由基金管理人管理、基金托管人托管, 以资产组合方式进行证券投资, 基金份额持有人按其所持份额享受收益和承担风险的投资工具.

2. 基金的主体

基金的主体构成主要包括基金发起人、基金托管人、基金管理人、基金份额持有人等. 基金发起人是指按照共同投资、共享收益、共担风险的基本原则和股份公司的某些原则, 运用现代信托关系的机制, 以基金方式将投资者分散的资金集中起来以实现预先规定的投资目的的投资组织机构. 基金托管人是指根据基金合同的规定直接控制和管理基金财产并按照基金管理人的指示进行具体运作的基金当事人. 基金管理人是指凭借专门的知识与经验, 运用所管理基金的资产, 根据法律、法规及基金章程或基金契约的规定, 按照科学的投资组合原理进行投资决策, 谋求所管理的基金资产不断增值, 并使基金持有人获取尽可能多的收益的机构. 基金份额持有人是指依基金合同和招募说明书持有基金份额的自然人和法人, 也就是基金的投资人.

3. 基金的分类

1) 按基金的组织方式分为契约型基金和公司型基金

契约型基金又称为单位信托基金, 是指把投资者、管理人、托管人三者作为基金的当事人, 通过签订基金契约的形式, 发行受益凭证而设立的一种基金. 公司型基金是按照公司法以公司形态组成的, 该基金公司以发行股份的方式募集资金, 一般投资者为认购基金而购买该公司的股份, 也就成为该公司的股东, 凭其持有的股份依法享有投资收益. 这种基金要设立董事会, 重大事项由董事会讨论决定.

2) 按基金运作方式分为封闭式基金和开放式基金

封闭式基金是指基金的发起人在设立基金时, 限定了基金单位的发行总额, 筹集到这个总额后, 基金即宣告成立, 并进行封闭, 在一定时期内不再接受新的投资, 又称为固定型投资基金. 开放式基金是指基金管理公司在设立基金时, 发行基金单位的总份额不固定, 可视投资者的需求追加发行.

3) 按投资目标分为成长型基金、收入型基金、平衡型基金

成长型基金是基金中最常见的一种, 它追求的是基金资产的长期增值. 为了达到这一目标, 基金管理人通常将基金资产投资于信誉度较高、有长期成长前景或长期盈余的所谓成长型公司的股票. 成长型基金又可分为稳健成长型基金和积极成长型基金. 收入型基金主要投资于可带来现金收入的有价证券, 以获取当期的最大收入为目的. 收入型基金资产成长的潜力较小, 损失本金的风险相对也较低, 一般可分为固定收入型基金和股票收入型基金. 平衡型基金将资产分别投资于两种不同特性的证券上, 并在以取得收入为目的的债券及优先股和以资本增值为目的的普通股之间进行平衡.

4) 按投资标的分为债券基金、股票基金、货币市场基金、混合型基金

债券基金以债券为主要投资对象, 债券比例须在 80% 以上. 由于债券的年利率固定, 因而这类基金的风险较低, 适合于稳健型投资者. 股票基金以股票为主要投资对象, 股票比例须在 60% 以上. 股票基金的投资目标侧重于追求资本利得和长期资本增值. 货币市场基金是以货币市场工具为投资对象的一种基金. 货币市场基金通常被认为是无风险或低风险的投资. 混合型基金主要从资产配置的角度看, 股票、债券和货币的投资比例没有固定的范围.

5) 按投资理念分为主动型基金和被动型基金

一般主动型基金以取得超越市场的业绩表现为目标. 其基金管理者一般认为证券市场是无效的, 存在着错误定价的股票. 被动型基金一般选取特定的指数作为跟踪对象, 因此通常又被称为指数基金. 不主动寻求超越市场的表现, 而是试图复制指数的表现. 其投资管理者认为, 市场是有效的, 投资者不可能超越市场.

6) 其他特殊类型

交易型开放式指数基金 (ETF) 是开放式基金的一种特殊类型, 它综合了封闭式基金和开放式基金的优点, 投资者既可以向基金管理公司申购或赎回基金份额. 同时, 又可以像封闭式基金一样在证券市场上按市场价格买卖 ETF 份额, 不过, 申购赎回必须以一揽子股票换取基金份额或者以基金份额换回一揽子股票. 上市开放式基金 (LOF) 是一种既可以在场外市场进行基金份额申购赎回, 又可以在交易所进行份额交易的开放式基金. 投资者如果是在指定网点申购的基金份额, 想要上网抛出, 须办理一定的转托管手续, 反之亦然. 国内机构投资者赴海外投资资格认定制度 (QDII) 基金是在货币没有实现完全可自由兑换、资本项目尚未开放的情况下, 有限度地允许境内投资者投资境外证券市场的一项过渡性的制度安排, 这与中国存托凭证 (CDR)、境外机构投资者到境内投资资格认定制度 (QFII) 一样有一定相似之处. 黄金基金是指以黄金或者其他贵金属及其相关产业的证券为主要投资对象的基金. 其收益率一般随贵金属的价格波动而变化. 衍生证券基金是指以衍生证券为投资对象的证券投资基金, 主要包括期货基金、期权基金和认购权证基金等.

2.4.3 基金的募集和交易

1. 基金的募集、认购、申购与赎回

申请募集基金, 拟募集的基金应当具备一定条件, 主要包括: 有明确、合法的投资方向; 有明确的基金运作方式; 符合中国证监会关于基金品种的规定; 基金合同、招募说明书等法律文件草案符合法律、行政法规和中国证监会的规定; 基金名称表明基金的类别和投资特征, 不存在损害国家利益、社会公共利益, 欺诈、误导投资者, 或者其他侵犯他人合法权益的内容; 招募说明书真实、准确、完整地披

露了投资者做出投资决策所需的重要信息, 不存在虚假记载、误导性陈述或者重大遗漏, 语言简明、易懂、实用, 符合投资者的理解能力; 有符合基金特征的投资者适当性管理制度, 有明确的投资者定位、识别和评估等落实投资者适当性安排的方法, 有清晰的风险警示内容等.

1) 基金的募集

基金的募集是指基金管理公司根据有关规定向中国证监会提交募集申请文件、发售基金份额、募集基金的行为. 基金的募集一般要经过四个步骤: 申请、注册、发售、基金合同生效.

基金管理人进行基金的募集, 必须根据《中华人民共和国证券投资基金法》的有关规定向中国证监会提交相关文件. 申请募集基金应提交的主要文件包括募集基金的申请报告、基金合同草案、基金托管协议草案、招募说明书草案、律师事务所出具的法律意见书、国务院证券监督管理机构规定提交的其他文件等.

关于基金注册, 国务院证券监督管理机构应当自受理公开募集基金的募集注册申请之日起六个月内依照法律、行政法规及国务院证券监督管理机构的规定进行审查, 作出注册或者不予注册的决定, 并通知申请人; 不予注册的, 应当说明理由. 中国证监会对常规基金产品, 按照简易程序注册, 注册审查时间原则上不超过20 个工作日; 对其他产品, 按照普通程序注册, 注册审查时间不超过 6 个月.

基金募集申请经注册后, 方可发售基金份额. 基金管理人应当自收到准予注册文件之日起六个月内进行基金募集. 超过六个月开始募集, 原注册的事项未发生实质性变化的, 应当报国务院证券监督管理机构备案; 发生实质性变化的, 应当向国务院证券监督管理机构重新提交注册申请.

基金募集不得超过国务院证券监督管理机构准予注册的基金募集期限. 基金募集期限自基金份额发售之日起计算.

基金管理人应当自募集期限届满之日起 10 日内聘请法定验资机构验资, 向中国证监会提交验资报告, 办理基金备案手续. 基金备案自中国证监会书面确认之日起, 基金合同生效. 基金募集期限届满, 基金不满足有关募集要求的, 基金募集失败. 如募集失败, 基金管理人应当以固有财产承担因募集行为而产生的债务和费用, 并在基金募集期限届满后 30 日内返还投资者已缴纳的款项, 并加计银行同期存款利息.

2) 开放式基金的认购

在基金募集期内购买基金份额的行为通常被称为基金的认购. 开放式基金的认购步骤主要包括: 开户、认购、确认等程序. 投资者于 T 日提交认购申请后, 一般可于 T+2 日后到办理认购的网点查询认购申请的受理情况. 开放式基金的认购采取金额认购的方式, 即投资者在办理认购时, 认购申请上不是直接填写需要认购多少份基金份额, 而是需要填写认购多少金额的基金份额.

3) 开放式基金的申购、赎回

投资者在开放式基金合同生效后, 申请购买基金份额的行为通常被称为基金的申购. 开放式基金的赎回是指基金份额持有人要求基金管理人购回其所持有的开放式基金份额的行为.

申购、赎回具有一定的原则: 对固定净值型货币基金而言, 基金份额价格固定为 1 元, 因此投资者在申购、赎回货币基金时, 按固定价格进行申购、赎回; 对一般开放式基金 (股票基金、债券基金、混合基金等) 而言, 在申购、赎回时则遵循 "未知价" 交易原则, 投资者在申购、赎回一般开放式基金份额时并不能即时获知买卖的成交价格; "金额申购、份额赎回" 原则, 即申购以金额申请, 赎回以份额申请.

2. 开放式基金份额的转换、非交易过户、转托管与冻结

1) 开放式基金份额的转换

它是指投资者将其所持有的某一只基金份额转换为另一只基金份额的行为, 基金转换业务所涉及的基金, 必须是由同一基金管理人管理的、在同一注册登记人处注册登记的基金.

2) 开放式基金的非交易过户

它是指不采用申购、赎回等交易方式, 将一定数量的基金份额按照一定规则从某一投资者基金账户转移到另一投资者基金账户的行为, 主要包括继承、捐赠、司法强制执行、经注册登记机构认可的其他情况下的非交易过户.

3) 开放式基金份额的转托管

它是指基金份额持有人申请将其托管在某一交易账户中的全部或部分基金份额转出并转入另一交易账户的行为.

4) 开放式基金份额的冻结

基金注册登记机构只受理国家有权机关依法要求的基金账户或基金份额的冻结与解冻. 基金账户或基金份额被冻结的, 被冻结部分产生的权益 (包括现金分红和红利再投资) 一并冻结.

3. 封闭式基金的交易

1) 交易规则

投资者买卖封闭式基金必须开立深、沪证券账户或深、沪基金账户及资金账户. 基金账户只能用于基金、国债及其他债券的认购及交易.

封闭式基金的交易时间是每周一 ~ 周五 (我国法定公众节假日除外), 9: 30~11: 30、13: 00~15: 00. 封闭式基金的交易遵从 "价格优先、时间优先" 的原则.

封闭式基金的报价单位为每份基金价格. 基金的申报价格最小变动单位为0.001 元人民币, 买入与卖出封闭式基金份额申报数量应当为 100 份或其整数倍, 单笔最大数量应低于 100 万份.

2) 交易费用

证监会 2024 年 4 月 19 日制定发布了《公开募集证券投资基金证券交易费用管理规定》(2024 年 7 月 1 日起正式实施), 规定 "被动股票型基金的股票交易佣金费率原则上不得超过市场平均股票交易佣金费率, 且不得通过交易佣金支付研究服务、流动性服务等其他费用; 其他类型基金可以通过交易佣金支付研究服务费用, 但股票交易佣金费率原则上不得超过市场平均股票交易佣金费率的两倍, 且不得通过交易佣金支付研究服务之外的其他费用. " 新规下, 我国基金交易佣金大幅下降, 或将不高于成交金额的 0.05%.

2.5　证券投资基本分析和技术分析

2.5.1　证券投资的基本分析

证券投资基本分析是通过分析影响证券未来收益的基本经济要素的相互关系和发展趋势, 判断证券内在价值的一种分析方法. 基本分析注重证券价值的发现, 需要研究影响证券发行公司面临的宏观环境、产业背景以及发行公司的经营状况.

1. 宏观分析

1) 国内生产总值对证券市场的影响

当经济处于持续、稳定、高速增长时, 社会总供给与总需求协调增长, 经济结构逐步合理, 经济增长来源于需求刺激并使得闲置的或利用率不高的资源得以更充分地利用, 表明经济发展的良好势头, 这时证券市场将呈现上升走势; 当经济处于严重失衡状态下的高速增长时, 总需求大大超过总供给, 表现为高的通货膨胀率. 企业经营将面临困境, 居民实际收入也将降低, 证券市场走势下跌.

当国内生产总值呈现出一定时期的负增长, 如果负增长速度逐渐减缓并呈现向正增长转变的趋势时, 则表明恶化的经济环境逐步得到改善, 证券市场走势也将由下跌转为上升. 当国内生产总值由低速增长转向高速增长时, 表明新一轮经济高速增长已经来临, 证券市场也将呈现快速上涨的趋势.

2) 经济周期与证券市场的关系

经济周期的时间有长有短, 形态也多种多样, 可以说没有完全相同的经济周期. 但从证券市场的情况来看, 证券价格的变动大体上与经济周期相一致. 一般的规律是经济繁荣, 证券价格上涨; 经济衰退, 证券价格下跌. 但在时间上, 证券市场价格的变动周期并不与经济周期完全相同. 从实践上看, 证券市场走势大约比经济周期提前几个月到半年, 故证券市场走势对宏观经济运行具有预警作用. 当然, 证券市场的预警作用是就其中长期趋势而言的, 证券市场的每一次波动, 特别是短期波动, 并不表示宏观经济状况的变好或趋坏.

3) 利率变动对证券市场的影响

证券市场对利率水平的变动最为敏感. 一般来说, 利率下降时, 证券的价格就会上涨; 利率上升时, 证券的价格就会下跌. 这是因为:

利率上升, 会增加公司的借款成本, 并可能使公司发生筹资的困难. 这样, 公司就不得不削减生产规模, 而生产规模的缩小又势必会减少公司的未来利润, 公司可供分配的盈利也就减少, 从而股利就会下降, 股票价格就会下降; 反之, 股票价格就会上涨. 对于已经发行的债券来说, 由于其票面利率一般都是固定的, 这样在市场利率上升的情况下, 未来支付的固定利息和本金的现值就会减少, 因而债券价格就会下降. 此外, 利率上升时, 投资股市的资金的机会成本会增加, 会导致一部分资金从股市转向银行储蓄和一部分债券, 从而减少股票市场上的资金供给, 并使股票需求下降, 股票价格出现下跌; 反之, 股票价格就会上涨.

4) 宏观经济政策与证券市场

(1) **货币政策的调整会直接、迅速地影响证券市场**.

当增加货币供应量时, 一方面证券市场的资金增多, 另一方面通货膨胀也使人们为了保值而购买证券, 从而推动证券价格上扬; 反之, 当减少货币供应量时, 证券市场的资金减少, 价格的回落又使人们对购买证券保值的欲望降低, 从而使证券市场价格呈回落的趋势.

当提高再贴现率时, 证券投资的机会成本提高, 同时上市公司的营运成本提高、业绩下降, 从而证券市场价格下跌; 反之, 当降低再贴现率时, 证券市场价格上涨.

中央银行在公开市场上买进证券时, 证券的有效需求增加, 促使证券价格上涨; 中央银行在公开市场上卖出证券时, 证券的供给增加, 引起证券价格下跌.

(2) **财政政策的调整对证券市场具有持久的但较为缓慢的影响**.

财政政策是指政府变动税收和支出以便影响总需求进而影响就业和国民收入的政策. 变动税收是指改变税率和税率结构. 变动政府支出指改变政府对商品与劳务的购买支出以及转移支付. 综合来看, 实行扩张性财政政策, 可增加财政支出、减少财政收入, 增加社会总需求, 使公司业绩上升、居民收入增加, 从而使证券市场价格上涨; 反之, 实行紧缩性财政政策, 可减少财政支出、增加财政收入, 减少社会总需求, 使过热的经济受到抑制, 从而使得公司业绩下滑、居民收入减少, 证券市场价格就会下跌.

2. 产业分析

产业环境决定了企业参与竞争的领域, 产业的发展在一定程度上制约着企业的成长, 所以产业分析是证券分析的重要组成部分.

1) 产业市场结构分析

根据不同市场中厂商的数量、产品差异程度、厂商对价格的控制程度及厂商进入市场的难易程度等因素, 市场结构基本上可以分为四种类型, 即完全竞争、不完全竞争或垄断竞争、寡头垄断和完全垄断. 大多数行业处于完全竞争和完全垄断这两种极端情况之间, 往往既有不完全竞争的特征, 又有寡头垄断的特征, 而且很多行业的产品都有替代品, 需要结合不同类型的市场结构特点综合分析投资风险.

2) 产业竞争结构分析

产业的竞争状况会影响这个产业的整体获利水平. 对产业竞争状况的分析一般采用迈克尔·波特的五种竞争力模型 (简称 "五力模型"). 包括以下五个要素.

(1) **潜在进入者的威胁**　潜在进入者进入一个产业后, 将造成此产业的竞争环境改变, 产业内原有公司的市场占有率将因此有所变动. 当某产业的利润率或发展前景优于其他产业时, 必然会面临潜在进入者的威胁, 而产业的进入壁垒则在一定程度上阻止了新公司的进入.

(2) **买方的议价能力**　如果购买方的议价能力很高, 则公司在销售时处于不利地位, 这将会影响公司的获利能力.

(3) **供应商的议价能力**　如果供应商有较强的议价能力, 供应商可能会通过提高供应价格、降低产品或服务质量、配额供给等手段使生产企业受到一定程度的威胁. 公司在采购原料时将处于劣势, 很可能因供应商而无法有效地降低原材料成本, 最终影响公司利润.

(4) **替代产品的威胁**　从广义上看, 一个产业的所有企业都与生产替代产品的产业竞争. 对产业而言, 替代产品的出现意味着来自相似产业的竞争力量, 消费者在购买上有更大的选择空间, 同时也代表着本产业产品消费量减少的可能.

(5) **现有竞争者的威胁**　当产业中有其他竞争者采取动作时, 将连带影响到同产业其他公司的经营表现. 现有竞争者的威胁大小与产业的竞争结构关系密切.

3) 产业生命周期

产业的生命周期可分为四个阶段: 初创期、成长期、成熟期、衰退期.

(1) **初创期**　由于新产业刚刚诞生或初建不久, 投资这个新兴产业的创业公司为数不多, 而且由于初创期产品带来的研究开发费用和企业创设成本较高、市场需求狭小, 销售收入较低, 企业不但没有盈利, 反而普遍亏损. 同时, 较高的产品成本和价格与较小的市场需求使这些创业公司面临很大的投资风险.

(2) **成长期**　在这一时期, 新产品经过广泛的宣传和顾客的试用, 逐渐赢得了大众的欢迎, 市场需求呈上升趋势. 同时, 由于市场前景看好, 投资于新产业的厂商大量增加, 产品也由单一、低质、高价逐步向多样、优质和低价的方向发展, 因而出现了生产厂商和产品相互竞争的局面, 这一阶段有时被称为投资机会时期. 竞争在促进产品质量的提高和生产成本及价格的降低的同时也导致生产厂商的两极分化, 有些公司逐渐占领和控制了市场, 而更多的公司在竞争中遭淘汰或被兼并. 因此, 在成长期, 产业技术进步迅速, 利润丰厚, 但因竞争激烈, 风险也很大, 股价往往会出现大起大落的现象.

(3) **成熟期** 通过激烈的市场竞争和优胜劣汰而生存下来的少数大厂商基本上垄断了整个产业的市场, 每个厂商都占有一定比例的市场份额, 由于彼此势均力敌, 市场份额比例发生变化的程度较小. 这一阶段的主要特征是产业的集中程度很高, 并出现了一定程度的垄断, 产业的利润因此达到了很高的水平, 风险却因市场比例比较稳定而较低; 进入壁垒高, 新企业很难打入成熟期市场; 虽然市场需求仍在增长, 但增长速度已明显减缓; 产品开始再度无差别化, 需求的价格弹性减小; 由于垄断, 通常会出现合谋价格, 但厂商对于产品的竞争手段已逐渐从价格手段转向各种非价格手段, 如提高质量、改善性能和加强售后服务等. 在成熟期, 产业的发展与国民经济很难保持同步增长. 而在宏观经济衰退时, 处于成熟期的产业还可能遭受较大损失.

(4) **衰退期** 在经过一个较长的成熟期后, 产业就进入衰退期, 衰退期是产业发展的暮年时期. 产业具有与初创阶段相似的一些特征, 如由于新产品和替代品的大量出现, 原有产业的竞争力下降, 市场需求开始逐渐减少, 导致销售下降、价格下跌、利润降低, 再加上其他更有利可图的产业不断涌现, 使得一些厂商不断地从原有产业撤出资金, 原产业的厂商数量减少. 当正常利润无法维持或现有投资折旧完毕后, 整个产业便逐渐解体了.

3. 微观分析

证券投资的微观分析即公司分析, 主要是对公司的财务经营状况和经营管理水平等进行具体分析. 证券市场越成熟, 证券发行公司的经营管理和经营效益状况对证券价格的影响以及对投资者的收益影响越大. 本书主要利用比率分析法介绍公司财务经营状况的分析.

1) 偿债能力分析

偿债能力是指证券发行企业偿还各种短期、长期债务的能力. 企业偿债能力的分析主要是看企业的资金占用结构、财务结构是否合理, 即企业的资金有无足够的流动性.

常用的分析指标有

(1) **流动比率** 它是指全部流动资产与全部流动负债的比率.

$$流动比率 = 全部流动资产 \div 全部流动负债 (倍).$$

流动比率可分析公司的流动资产是否足以偿付流动负债, 是衡量公司提供流动资金、偿付短期债务和维持正常经营活动能力的主要指标. 流动比率过低, 说明公司的偿债能力较差, 流动资金不够充足, 短期财务状况不佳; 而过高的流动比率则表明公司的管理可能过于保守, 将资金过多地使用于流动性较强的资产上, 而放弃了某些获利机会. 一般认为工业企业的流动比率为 2 倍是比较适宜的. 实际上, 对于一个信誉良好、很容易筹措到短期资金的公司来说, 即使流动比率较低也不会影响公司资产的安全性和流动性.

(2) **速动比率** 速动比率又称酸性比率, 是公司速动资产与流动负债的比率.

所谓速动资产, 是指几乎可以立即用来偿付流动负债的流动资产, 即流动资产减去存货. 速动比率是一个比流动比率更严格的、用以衡量企业流动性状况的指标, 它可以更确切地反映企业快速偿付短期债务的能力. 计算公式为

$$速动比率 = 速动资产 \div 流动负债 \ (倍).$$

速动资产不包括存货、流动资产中的预付款以及信用级别低、流动性差的短期证券等. 由于公司的存货包括原材料、在产品和产成品并非都能立即变成现金, 而预付款是企业已经支付并由以后各期分别负担的各项费用, 它的流动性实际上很低, 也难以立即变现.

(3) **现金比率** 现金比率指公司在会计期末拥有的现金余额和同期各项流动负债总额的比率. 用公式表示为

$$现金比率 = 现金余额 \div 流动负债 \ (倍).$$

现金比率是衡量公司短期偿债能力的重要指标, 因为流动负债期限很短, 很快就需要用现金来偿还. 对于债权人来说, 现金比率总是越高越好, 现金比率越高, 说明公司短期偿债能力越强.

(4) **利息倍数** 利息倍数又称利息备付率, 是指企业支付利息和缴纳所得税前的收益与本期应付利息费用的比率.

$$利息倍数 = 利息及所得税前收益 \div 利息费用 \ (倍).$$

由于企业一般从营业收入中直接支付当期的利息费用, 所以利息倍数说明公司当期收益能在多大程度上满足当期利息费用支出的需要, 也可反映公司使用财务杠杆的安全情况. 一般认为利息倍数较大, 公司的偿债能力较强, 持有公司中长期债券的投资者的安全系数大, 收益较有保证. 如果利息倍数较小, 说明其利息负担较重, 很可能过多地使用债权人资金, 财务风险也相应增大. 行业不同对利息倍数的要求也不同, 工业企业的利息倍数一般应达到 5~6 倍, 而公用事业的利息倍数要求较低, 但也不应低于 3 倍. 将公司的利息倍数与本行业的平均水平对比, 可以看出公司债务的安全程度.

(5) **应收账款周转率和平均回收天数** 它是分析和评估企业应收账款的变现速度和企业流动资产周转状况的重要指标.

$$应收账款周转率 = 赊销净额 \div 平均应收账款净额 \ (次),$$

式中,

赊销净额 = 销售收入 − 现金销售收入 − 销售折扣、销货退回和折让,

应收账款净额 = 应收账款总额 − 坏账准备,

平均应收账款净额 = (期初应收账款净额 + 期末应收账款净额) ÷ 2.

有时无法将全部销售收入分解成赊销和现金销售两部分, 也可用销售收入代替赊销净额, 则

$$应收账款周转率 = 销售收入 \div 应收账款平均余额 \ (次).$$

通过对应收账款周转率的深入分析, 可得出应收账款平均收款期, 这一指标可反映企业应收账款的工作效率.

$$应收账款平均回收天数 = 365 \div 应收账款周转率 \ (天).$$

应收账款周转率和回收天数受所售商品种类、当地商业往来惯例、竞争环境等因素的影响, 并无统一标准. 与同行业应收账款平均周转率、平均回收天数比较, 如收款期过长, 应收账款周转率过低, 则说明企业客户的信用状况不佳, 可能隐含着较大的坏账风险, 也说明企业销售和财务人员催收账款不力, 使企业的较多运营资本滞留在应收账款上, 从而影响企业的经营效益. 合理的应收账款周转率和回收天数, 说明企业产品销售后收款迅速、坏账损失少、资产流动性高、偿债能力强, 同时收账费用相应较低.

2) 资本结构分析

资本结构分析主要是分析企业资产与债务、股东权益之间的相互关系, 反映企业使用财务杠杆的程度及财务杠杆的作用.

(1) **股东权益比率** 它是股东权益对总资产的比率, 简称权益比率.

$$股东权益比率 = 股东权益 \div 资产总额 \times 100\%.$$

股东权益包括普通股股本、优先股股本、资本公积金以及保留盈余等. 对股东来说, 股东权益过高意味着企业不敢负债经营, 没有积极地利用财务杠杆作用. 在企业的资本利润率高于融资的固定利率或费用时, 财务杠杆发挥积极有效的作用, 股东权益比率偏低些较好. 但是, 如果企业的资本利润率低于融资成本, 股东权益比率过低则意味着利息负担过重, 财务杠杆发挥消极的负面作用. 对债权人来说, 股东权益比率高意味着企业资金来源中股东投资的比率大, 举债融资的比率小, 债权人的权益受到保护的程度大.

(2) **负债比率** 它是债权人的权益对总资产的比率, 简称负债比率.

$$负债比率 = 债务总额 \div 资产总额 \times 100\%.$$

负债比率可反映债权人提供资金的安全程度. 对债权人来说, 较低的负债比率意味着他们的权益在较大程度上受到保护, 在公司发生财务困难或被迫破产清算时收回本金和利息的可能性较大. 反之, 则债权人的权益受保护程度下降, 风险增大. 同时, 负债比例过高表示公司融资的能力受到很大限制, 除非企业愿意提供比市场利率更高的利率以弥补债权人承担的较大风险.

(3) **长期负债比率**   它是长期负债占固定资产的比率.

$$长期负债比率 = 长期负债 \div 固定资产 \times 100\%.$$

这一比率反映公司固定资产中长期负债占的比率. 这一比率较高, 说明公司过多地依赖长期债务购置固定资产, 由于固定资产流动性较差, 债权人的权益受保护程度小. 这一比率较低, 说明公司尚未充分利用财务杠杆作用, 也说明公司具有较大的潜在借债能力, 特别是在需要用固定资产做抵押时, 可为债权人提供安全保障.

(4) **股东权益占固定资产比率**

$$股东权益占固定资产比率 = 股东权益 \div 固定资产 \times 100\%.$$

由于股东权益主要用于固定资产投资, 所以这一比率可反映公司股东投资是过多还是不够充分. 这一比率与长期负债比率比较, 能够表明公司购置固定资产的两个资金来源以及各占多少比率. 一般情况下, 股东权益占固定资产比率应略大于 50%, 而长期负债比率应略小于 50% 为好.

3) 经营效率分析

企业利用各项资产以形成产出或销售的效率称为经营效率. 经营效率也是企业财务管理和财务分析的重要目标. 经营效率分析可以衡量企业是否实现了资源的优化配置, 发现企业提高产出和销售的潜在能力.

(1) **存货周转率和存货周转天数**

$$存货周转率 = 销售收入 \div 平均存货 \ (次),$$

式中, 平均存货等于 (期初存货 + 期末存货)/2 或是每年、每月的平均存货.

$$存货平均周转天数 = 365 \div 存货周转率 \ (天).$$

(2) **固定资产周转率**

$$固定资产周转率 = 销售收入 \div 固定资产总额 \ (次).$$

(3) **总资产周转率**

$$总资产周转率 = 销售收入 \div 资产总额 \ (次).$$

4) 盈利能力分析

企业盈利能力分析主要反映资产利用的结果, 即企业利用资产实现利润的状况. 通过对盈利能力指标的长期趋势分析, 可判断公司的投资价值.

(1) **毛利率**

$$毛利率 = 毛利 \div 销售收入 \times 100\%.$$

毛利是企业的销售收入与销货成本的差额 (或是营业收入与营业成本的差额). 毛利率是考核公司经营状况和财务成果的重要指标, 通常, 毛利率指标越高越好, 但不同行业间的毛利率相差很大, 而在同一行业中, 各企业的毛利率差距不大.

(2) **净利率**

$$净利率 = 税后净收益 \div 销售收入 \times 100\%.$$

税后净收益是销售收入减去一切生产成本、各项费用和税金后的相对效益, 即每一元销售收入有多少元纯收益. 各行各业的净利率有时相差很大, 可比性很小; 在同一行业中, 净利率高的企业盈利能力强, 股东获利多.

(3) **资产收益率**

$$资产收益率 = 税后净收益 \div 资产总额 \times 100\%.$$

资产收益率又称资产报酬率, 用来衡量企业利用资产实现利润的情况, 即每一元钱的资产能获取多少元净利润. 这一指标可准确、全面地反映企业经营效益和盈利率状况, 是总资产周转率和净利率的结合, 也是投资者十分关心的指标.

(4) **股东权益收益率**

$$股东权益收益率 = 税后净收益 \div 股东权益 \times 100\%.$$

2.5.2　证券投资的技术分析

1. 技术分析概述

技术分析法是根据证券市场的历史交易资料, 以证券价格的动态和变动规律为分析对象, 运用统计技术和图形分析的技巧, 通过对证券市场行为的分析, 判断证券价格变动方向和变动程度的分析方法. 实际上, 技术分析不仅用于证券市场, 还广泛应用于外汇市场、期货市场和其他金融市场.

技术分析法常常用于分析股票的价格趋势, 以便选择最有利的买入或者卖出股票的时间. 在证券市场中, 成交价格、成交量、时间和空间是进行分析的要素, 这几个要素的具体情况和相互关系是进行分析的基础.

2. K 线图分析

K 线, 俗称阴阳线 (蜡烛图), 是一种古老的图表分析方法. 随着时代的发展变化, 蜡烛图分析技术逐渐开始运用于期货、外汇和证券市场, 并表现出极强的测试功能.

K 线图的绘制比较简单, 它由开盘价、收盘价、最高价和最低价四种价格组成. 开盘价与收盘价构成了 K 线的实体, 而最高价与最低价则分别组成 K 线的上影线和下影线. K 线实体的长短决定于收盘价与开盘价的差别, 而最高价与最低价的高低则决定了上影线和下影线的长短. 最高价离 K 线实体越远, 上影线越长; 最低价离 K 线实体越远, 下影线越长.

K 线实体的颜色要视开盘价与收盘价的具体情况而定. 若收盘价高于开盘价, K 线实体用白色或红色绘制, 此时 K 线称为阳线, 表示市场处于涨势; 若收盘价低于开盘价, K 线实体用黑色或绿色绘制, 此时 K 线称为阴线, 表示市场处于跌势. K 线分为日 K 线、周 K 线、月 K 线和年 K 线几种, 分别由日资料、周资料、月资料和年资料进行绘制. 个别场合下 (如用计算机) 还可绘制分时 K 线图.

3. 移动平均线分析法

移动平均线分析法的理论依据是道·琼斯理论的 "平均成本" 概念. 该理论指出, 证券市场的价格波动状况可分为长期运动、中期运动和短期变动三种形式. 其中, 长期运动和中期运动是两种主要的形式, 其技术分析意义最大, 而短期变动的影响相对较小. 为了消除短期变动和其他偶然因素对证券价格变动造成的影响, 确认证券价格的变动趋势, 可将一定时期内的价格或指数加以平均, 即可得到一定时期的平均价格 (指数). 它反映了在这一时期内购买该证券的平均成本. 将证券的当前价格与平均价格进行比较, 可以判断出证券价格的运动趋势. 若证券价格在平均价格 (指数) 之上, 则意味着市场的购买力 (需求) 较大, 其价格将会继续上升; 反之, 当证券价格落到平均价格之下时, 则意味着供过于求, 市场卖压较重, 其价格将会继续下跌.

1) 移动平均的计算方法

根据对数据统计处理方法的不同, 移动平均可分为算术移动平均 (simple moving average, SMA) 线、加权移动平均 (weighted moving average, WMA) 线和指数平滑移动平均 (exponential moving average, EMA) 线三种. 但不管是算术移动平均线还是加权移动平均线, 均需储存大量的数据资料, 且费时费力. 因此, 实际应用中常使用指数平滑移动平均线方法, 这种方法可避免以上弊端.

指数平滑移动平均线的计算公式如下:

$$\text{EMA}_t = C_t \times 1 \div N + \text{EMA}_{t-1} \times (N-1) \div N,$$

式中, C_t 为计算期中 t 日的收盘价; EMA_{t-1} 为 $t-1$ 日的移动平均数.

当指数平滑移动平均线起算基点不同时, 起算基点较晚的计算结果会与起算基点较早的数字有所差异. 但这种差异经过稍长一段时间的平滑运算后会逐渐消失, 两者趋向一致.

根据计算时期的长短, 移动平均线又可分为短期移动平均线、中期移动平均线和长期移动平均线. 通常以 5 日线、10 日线观察证券市场的短期走势; 以 30 日线、60 日线观察中期走势; 以 13 周移动平均线、26 周移动平均线, 研判长期趋势. 西方投资机构非常看重 200 天长期均线, 并以此作为长期投资的依据; 若行情价格在 200 天均线以下, 则属空头市场; 反之, 则为多头市场.

综合短、中、长期移动平均线, 亦可研判市场多空属性. 当短、中、长期移动平均线由上而下依次排列时, 可认为是多头市场 (牛市); 反之, 移动平均线的排列由上而下依次为长、中、短期移动平均线时, 则认为是在空头市场 (熊市). 由于短期移动平均线较长期移动平均线易于反映行情价格的涨跌, 所以一般又把短期移动平均线称为快速移动平均线, 长期移动平均线则称为慢速移动平均线.

2) 移动平均线的特点

移动平均线的基本思想是消除偶然因素的影响. 它具有以下几个特点.

(1) **追踪趋势** 移动平均线能够表示股价的趋势方向, 并追踪这个趋势. 如果从股价的图表中能够找出上升或下降趋势, 那么, 移动平均线将保持与趋势方向一致, 能消除在这个过程中出现的起伏.

(2) **滞后性** 在股价原有趋势发生反转时, 由于移动平均线追踪趋势的特征, 其行动往往过于迟缓, 掉头速度落后于大趋势.

(3) **稳定性** 根据移动平均线的计算方法, 要想较大地改变移动平均线的数值, 当天的股价必须有很大的变化, 因为移动平均线是几天变动的平均值. 这个特点也决定了移动平均线对股价反应的滞后性.

(4) **助长助跌性** 当股价突破移动平均线时, 无论是向上还是向下突破, 股价都有继续向突破方向发展的愿望, 这就是移动平均线的助长助跌性.

(5) **支撑线和阻力线的作用** 移动平均线在股价走势中起支撑线和阻力线的作用, 即移动平均线被突破, 实际上就是支撑线和阻力线被突破.

移动平均线的参数作用实际上是对上述几个特征的加强. 参数选得越大, 上述特征就越明显.

4. 异同移动平均线

异同移动平均线 (moving average convergence and divergence, MACD), 是运用快速与慢速移动平均线及其聚合和分离的征兆, 加以双重平滑运算, 用以研判证券买进与卖出时机的方法.

1) 计算方法

在应用 MACD 时, 以 12 日 EMA 为快速移动平均线, 26 日 EMA 为慢速移动平均线. 首先将计算出的两条移动平均线数值间的离差值 (DIF) 作为研判行情的基础, 然后再求 DIF 的 9 日移动平均线, 即 MACD 线, 来作为买卖时机的判析.

(1) 计算移动平均值 (EMA).

快速移动平均线的计算:

$$今日 \ \mathrm{EMA(12)} = \frac{2}{13} \times 今日收盘价 + \frac{11}{13} \times 昨日 \ \mathrm{EMA(12)}.$$

慢速移动平均线的计算:

$$今日 \ \mathrm{EMA(26)} = \frac{2}{27} \times 今日收盘价 + \frac{25}{27} \times 昨日 \ \mathrm{EMA(26)}.$$

(2) 计算离差值 (DIF).

$$\mathrm{DIF} = \mathrm{EMA(12)} - \mathrm{EMA(26)}.$$

(3) 计算 DIF 的 9 日 EMA.

根据离差值计算其 9 日 EMA, 即离差平均值, 就是所求 MACD 值. 为了不与指标原名混淆, 此值又名 DEM.

$$今日 \ \mathrm{DEM(MACD)} = \frac{2}{10} \times 今日 \ \mathrm{DIF} + \frac{8}{10} \times 昨日 \ \mathrm{DEM}.$$

理论上, 在持续的涨势中, 12 日 EMA 线在 26 日 EMA 线之上, 其间的正离差值 (+DIF) 会愈来愈大; 反之, 在跌势中, 离差值可能变负 (−DIF), 其绝对值也愈来愈大; 如果行情开始回转, 则正或负离差值将会缩小. MACD 就是以正负的离差值与离差值的 9 日平均线的交叉信号作为买卖行为依据的.

为了方便判断, 亦可用 DIF 值减去 DEM 值, 用以绘制柱状图.

2) 运用法则

MACD 在买卖交易的判断上, 有以下几个信号功能:

(1) 若 DIF 和 MACD 在 0 以上, 属多头市场, DIF 向上突破 MACD 是买入信号; 若 DIF 向下突破 MACD, 则只能认为是回档, 作获利了结.

(2) 若 DIF 和 MACD 在 0 以下, 属空头市场. 此时, 若 DIF 向下突破 MACD, 是卖出信号; 若 DIF 向上突破 MACD, 则只能认为是反弹, 可暂时补空.

(3) 当 DIF 跌破 0 轴线时, 为卖出信号, 即 12 日 EMA 与 26 日 EMA 发生死亡交叉的信号. 当 DIF 上穿 0 轴线时, 为买入信号, 即 12 日 EMA 与 26 日 EMA 发生黄金交叉的信号.

(4) 背离信号的判断. 当股价走势出现两个或三个近期低点, 而 DIF(MACD) 并不配合出现新低点时, 可买入; 当股价走势出现两个或三个近期高点, 而 DIF (MACD) 并不配合出现新高点时, 可卖出.

MACD 的优点是除掉了移动平均线频繁出现的买入与卖出信号, 避免了一部分假信号的出现, 用起来比移动平均线更有把握. MACD 的缺点与移动平均线相同, 在股市没有明显趋势而进入盘整时, 失误的时候较多.

5. 乖离率

乖离率 (BIAS) 是测算股价与移动平均线偏离程度的指标, 从而得出股价在剧烈波动时因偏离移动平均趋势而造成的可能回档或反弹, 以及股价在正常范围内移动而继续原有趋势的可信度.

乖离率的技术原理是: 如果股价偏离移动平均线太远, 不管是在移动平均线上方还是下方, 都有可能趋向移动平均线. 乖离率是表示股价偏离趋向指标的百分比值.

1) 计算公式

$$\mathrm{BIAS} = (C_t - \mathrm{MA}_n) \div \mathrm{MA}_n,$$

式中, C_t 为当日指数或收盘价; MA_n 为 n 日移动平均价.

2) 应用法则

一般说来, 乖离率的研判要点如下:

(1) 乖离率分正乖离率和负乖离率. 当股价在移动平均线之上时, 则为正乖离率; 反之, 则为负乖离率. 当股价与移动平均线相交时, 则乖离率为零. 正的乖离率愈大, 表示短期多头的获利愈大, 获利回吐的可能性愈高; 负的乖离率愈大, 则空头回补的可能性愈高.

(2) 个别股因多空双方激战的影响, 股价和各种移动平均线的乖离率容易出现异常现象 (偏高或偏低), 其操作策略也应随之而变.

(3) 在大势上升市场中如遇负乖离率, 则可择机跌价买进; 在大势下跌的走势中如遇正乖离率, 则可以等待回升高价时出脱持股.

对于乖离率达到何种程度方为正确的买入点或卖出点, 目前并无统一的标准, 投资者可凭经验和对行情强弱的判断得出综合的结论.

课 后 练 习

1. 简述金融资产的含义及分类.
2. 简述金融市场在经济发展中的作用.
3. 投资一般包含哪些环节?
4. 市场参与者有哪些?

5. 简述金融市场的组成以及各部分的特征.
6. 金融衍生工具有哪些?
7. 我国的证券交易所有哪些?
8. 简述保证金交易.
9. 什么是基金? 基金有哪些分类?

第 3 章 概率论与随机过程基础

投资总会遇到诸多不确定性, 如股票、债券、期权、期货价格涨跌等, 那么如何刻画这种现象? 从事情的本质来看, "随机性" 正是描述这种不确定性的关键术语. 而在数学上, 概率可以度量这种 "随机性". 因此, 本章首先着重介绍概率论基础, 包括概率空间、随机变量、数字特征、极限定理等; 然后, 更深入地, 从样本空间和时间两个维度同时来考虑, 阐述随机过程基本内容; 其次, 按照时间的不同特点, 这里阐述了离散时间和连续时间两种类型, 作为一种理论延伸和金融应用, 控制问题随即显现, 因此将确定性和随机性控制问题进行对照分析, 详细描述了最大值原理和动态规划原理的特点与区别; 最后, 简要介绍 Black-Scholes 公式的抽象理论模型——倒向随机微分方程理论和基本性质.

3.1 概率论基础

3.1.1 概率空间

1. 事件与概率

1) 事件

一个试验如果满足下述条件, 就称这样的试验是一个**随机试验**:

(1) 试验可以在相同的情形下重复进行;

(2) 试验的所有可能结果是可明确知道的, 并且不止一个;

(3) 每次试验总是恰好出现这些可能结果中的一个, 但在一次试验之前却不能肯定这次试验会出现哪一个结果.

通过随机试验得到的结果的集合, 称为**随机事件**, 简称**事件**. 常用大写字母 A, B, C 等表示. 随机事件的每一个可能的结果, 称为基本事件, 常用 ω 表示. 基本事件的全体称作样本空间, 常用 Ω 表示.

在任一次试验中必然出现的事件称为**必然事件**, 记为 Ω. 反之, 在任一次试验中必然不出现的事件称为**不可能事件**, 记为 $\varnothing$.

2) 事件间的关系及运算

(1) 如果事件 A 发生必然导致事件 B 发生, 则称事件 A 包含于事件 B 中, 事件 B 包含事件 A, 记作 $A \subset B$ 或 $B \supset A$.

(2) 如果有 $A \subset B$ 和 $B \subset A$ 同时成立, 则称事件 A 与 B 相等, 记作 $A = B$.

(3) 如果事件 A 与事件 B 不能同时发生, 则称事件 A 与 B **互不相容**.

(4) "事件 A 与 B 中至少有一个发生", 这样的事件称作事件 A 与 B 的**并** (或称和), 记作 $A \cup B$.

(5) "事件 A 与 B 同时发生", 这样的事件称作事件 A 与 B 的**交** (或称积), 记作 $A \cap B$(或 AB).

(6) "事件 A 发生而 B 不发生", 这样的事件称作事件 A 与 B 的**差**, 记作 $A - B$.

(7) 如果 A 是一个事件, 令 $\overline{A} = \Omega - A$, 则称 $\overline{A}$ 是 A 的**对立事件**或**逆事件**, 即 A 不发生.

事件间的运算满足下述规则:

(1) **交换律** $A \cup B = B \cup A, AB = BA$;

(2) **结合律** $(A \cup B) \cup C = A \cup (B \cup C), (AB)C = A(BC)$;

(3) **分配律** $(A \cup B) \cup C = AC \cup BC, (A \cap B) \cup C = (A \cup C) \cap (B \cup C)$;

(4) **德摩根** (De Morgan) **定理** (对偶原则) $\overline{A \cup B} = \overline{A} \cap \overline{B}, \overline{A \cap B} = \overline{A} \cup \overline{B}$.

在古典概型中, 试验的结果是有限的. 下面将给出当试验结果为无限时, 随机事件域 $\mathcal{F}$ 严格的数学定义.

定义 3.1   设 Ω 为非空集合, $\mathcal{F}$ 为 Ω 的子集的集合, **随机事件域** $\mathcal{F}$ 具有以下性质:

(1) $\varnothing, \Omega \in \mathcal{F}$;

(2) 若 $A \in \mathcal{F}$, 则 $\overline{A} \in \mathcal{F}$;

(3) 若 $A_i \in \mathcal{F}, i = 1, 2, \cdots$, 则 $\bigcup_{i=1}^{\infty} A_i \in \mathcal{F}$.

我们称满足上述条件的 $\mathcal{F}$ 为 **σ-代数** (或 **σ-域**).

3) 概率

定义 3.2   随机事件 A 发生的可能性大小的度量 (数值), 称为 A 发生的**概率**, 记作 $P(A)$.

概率 P 需满足下述性质:

(1) **非负性** $P(A) \geqslant 0$;

(2) **规范性** $P(\Omega) = 1$;

(3) **可列可加性**   若 $A_1, A_2, \cdots, A_n, \cdots$ 互不相容, 则

$$P \left(\bigcup_{i=1}^{\infty} A_i \right) = \sum_{i=1}^{\infty} P(A_i).$$

定义 3.3   由上述的样本空间 Ω、随机事件域 $\mathcal{F}$ 和概率 P 构成的三元组 $(\Omega, \mathcal{F}, P)$ 称为**概率空间**.

由概率的性质可以得到一些推论:

(1) 不可能事件的概率为 0, $P(\varnothing) = 0$.

(2) 概率具有有限可加性, 即若 $A_1, A_2, \cdots, A_n$ 互不相容, 则 $P(\bigcup_{i=1}^{n} A_i) = \sum_{i=1}^{n} P(A_i)$.

(3) 对任一随机事件 A, 有 $P(\overline{A}) = 1 - P(A)$.

(4) 若 $A \supset B$, 则 $P(A - B) = P(A) - P(B)$.

(5)(加法公式) 对任意的两个事件 A, B, 有 $P(A \cup B) = P(A) + P(B) - P(AB)$.

2. 独立性

定义 3.4 若 $(\Omega, \mathcal{F}, P)$ 是一个概率空间, $B \in \mathcal{F}$, 且 $P(B) > 0$, 则对任意的 $A \in \mathcal{F}$, 称 $P(A|B)$ 为 "在 B 发生下 A 的条件概率", 简称**条件概率**, 其中,

$$P(A \,|\, B) = \frac{P(AB)}{P(B)}.$$

定义 3.5 对于任意两个事件 A, B, 若 $P(B) > 0$, 则 $P(AB) = P(B)P(A|B)$, 称为概率的**乘法公式**.

定理 3.1 设 $B_1, B_2, \cdots, B_n$ 是一列互不相容的事件, 且 $\bigcup_{i=1}^{n} B_i = \Omega, P(B_i) > 0, i = 1, 2, \cdots$, 则对任一事件 A, 有

$$P(A) = \sum_{i=1}^{n} P(B_i) P(A \,|\, B),$$

并称上式为**全概率公式**.

定义 3.6 对任意的两个事件 A, B, 若 $P(AB) = P(A) \cdot P(B)$ 成立, 则称事件 A, B 是相互独立的, 简称为**独立的**.

定义 3.7 对任意多个事件 $A_1, A_2, \cdots, A_n$, 如果有以下等式均成立:

$$\begin{cases} P(A_i A_j) = P(A_i)P(A_j), & i < j, \\ P(A_i A_j A_k) = P(A_i)P(A_j)P(A_k), & i < j < k, \\ \qquad\qquad \cdots\cdots \\ P(A_1 A_2 \cdots A_n) = P(A_1) P(A_2) \cdots P(A_n), \end{cases}$$

则称 $A_1, A_2, \cdots, A_n$ **相互独立**.

3.1.2 随机变量

1. 分布函数

定义在样本空间 Ω 上的实值函数 $X = X(\omega)$ 称为**随机变量**, 常用大写字母 X, Y, Z 等表示随机变量, 其取值用小写字母 x, y, z 等表示. 下面给出随机变量严

格的数学定义.

定义 3.8　若 $(\Omega, \mathcal{F}, P)$ 是一个概率空间, 随机变量 X 是定义在 Ω 上的实值函数, 且满足: 对于 $\mathbb{R}$ 的每个博雷尔 (Borel) 子集 B, 由下式给出的 Ω 的子集在 σ-代数 $\mathcal{F}$ 中, 即

$$\{X \in B\} = \{\omega \in \Omega; X(\omega) \in B\} \in \mathcal{F}.$$

定义 3.9　若 X 是概率空间 $(\Omega, \mathcal{F}, P)$ 上的随机变量, 对任意实数 x, 称

$$F_X(x) = P(X \leqslant x) = P(\omega \in \Omega; X(\omega) \leqslant x)$$

为 X 在概率 P 下的**分布函数**, 有时可写作 $F(x)$. 若 X 在概率 P 下的分布函数为 $F(x)$, 称 X 服从 $F(x)$, 记作 $X \sim F(x)$.

定理 3.2　任一分布函数 $F(x)$ 都具有下述性质:

(1) **单调性**　若 $x_1 < x_2$, 则 $F(x_1) \leqslant F(x_2)$;

(2) **有界性**　$F(-\infty) = 0, F(\infty) = 1$;

(3) **右连续性**　$F(x + 0) = F(x)$.

由分布函数的定义可见, 任一随机变量 X(离散的或连续的) 都有一个分布函数, 反之, 满足以上三条性质的函数一定为某个随机变量的分布函数.

如果随机变量 X 仅可能取有限个或可列个值 x_i, 则称 X 为**离散随机变量**, 称 X 取 x_i 的概率 $p_i = P(X = x_i)$ 为 X 的**概率分布列**或**分布列**. 此时, X 的分布函数为 $F(x) = \sum_{x_i \leqslant x} p_i$.

如果存在一非负可积函数 $p(x), x \in \mathbb{R}$, 使得随机变量 X 的分布函数 $F(x)$ 可表示为 $F(x) = \int_{-\infty}^{x} p(t)\mathrm{d}t$, 则称 $p(x)$ 为 X 的**概率密度函数**或**密度函数**或**密度**, 称 X 为**连续随机变量**, 称 $F(x)$ 为 X 的**连续分布函数**.

2. 多维随机变量及其分布

定义 3.10　设 $X_1(\omega), X_2(\omega), \cdots, X_n(\omega)$ 是定义在同一个样本空间 Ω 上的 n 个随机变量, 则称 n 维向量 $(X_1(\omega), X_2(\omega), \cdots, X_n(\omega))$ 为样本空间 Ω 上的 **n 维随机变量**或**随机向量**, 并称 n 元函数

$$F(x_1, x_2, \cdots, x_n) = P(\omega \in \Omega; X_1(\omega) \leqslant x_1, X_2(\omega) \leqslant x_2, \cdots, X_n(\omega) \leqslant x_n)$$

是 n 维随机变量 $(X_1(\omega), X_2(\omega), \cdots X_n(\omega))$ 的**联合分布函数**或**联合分布**或**分布**.

由于从二维随机变量推广到多维随机变量并无实质性困难, 所以我们着重讨论二维随机变量 (X, Y).

定理 3.3　任意二维联合分布函数 $F(x, y)$ 必具有下列基本性质:

(1) **单调性**　$F(x, y)$ 分别对 x 或 y 是单调非减的;

(2) **有界性** 对任意的 x 和 y, 有 $0 \leqslant F(x,y) \leqslant 1$, 且

$$F(-\infty,y) = F(x,-\infty) = 0, F(\infty,\infty) = 1;$$

(3) **右连续性** $F(x,y) = F(x+0,y)$, $F(x,y) = F(x,y+0)$;

(4) **非负性** 对任意的 (x_1,y_1) 和 (x_2,y_2)(其中 $x_1 < x_2, y_1 < y_2$), 有

$$F(x_1 < X \leqslant x_2, y_1 < Y \leqslant y_2) = F(x_2,y_2) - F(x_1,y_2) - F(x_2,y_1) + F(x_1,y_1) \geqslant 0.$$

如果二维随机变量 (X,Y) 只取有限个或可列个数对 (x_i,y_i), 则称 (X,Y) 为二维离散随机变量, 称 $p_{ij} = P(X = x_i, Y = y_i), i,j = 1,2,\cdots$ 为 (X,Y) 的**联合分布列**.

如果存在二维非负函数 $p(x,y)$, 使得二维随机变量 (X,Y) 的分布函数 $F(x,y)$ 可表示为 $F(x,y) = \int_{-\infty}^{x} \int_{-\infty}^{y} p(u,v)\mathrm{d}v\mathrm{d}u$, 则称 (X,Y) 为**二维连续随机变量**, 称 $p(x,y)$ 为 (X,Y) 的**联合密度函数**.

定义 3.11 若已知 (X,Y) 的联合分布函数 $F(x,y)$, 则可以由 $F(x,y)$ 求得 X 和 Y 的分布函数 $F_X(x)$ 和 $F_Y(y)$, $F_X(x) = F_{X,Y}(x,\infty)$, $F_Y(y) = F_{X,Y}(\infty,y)$, 并称其为 $F(x,y)$ 的**边际分布函数**或**边际分布**:

若二维离散随机变量 (X,Y) 的联合分布列为 p_{ij}, 那么 X 的边际分布列为 $p_{i\cdot} = \sum_{j=1}^{\infty} p_{ij}$, $i = 1,2,\cdots$, Y 的边际分布列为 $p_{\cdot j} = \sum_{i=1}^{\infty} p_{ij}$, $j = 1,2,\cdots$. 若二维连续随机变量 (X,Y) 的联合密度函数为 $p(x,y)$, 那么 X 的**边际密度函数**为 $p_X(x) = \int_{-\infty}^{\infty} p(x,y)\mathrm{d}y, x \in \mathbb{R}$; Y 的**边际密度函数**为 $p_Y(y) = \int_{-\infty}^{\infty} p(x,y)\mathrm{d}x, y \in \mathbb{R}$.

定义 3.12 若已知 (X,Y) 的联合分布函数 $F(x,y)$, 则给定 $X = x$ 的条件下, Y 的**条件分布函数**为 $F_{Y|X}(Y \leqslant y | X = x) = \lim_{h \to 0} \dfrac{F_{X,Y}(x+h,y) - F_{X,Y}(x,y)}{F_X(x+h) - F_X(x)}$; 给定 $Y = y$ 的条件下, X 的**条件分布函数**为

$$F_{X|Y}(X \leqslant x | Y = y) = \lim_{h \to 0} \frac{F_{X,Y}(x,y+h) - F_{X,Y}(x,y)}{F_Y(y+h) - F_Y(y)}.$$

若二维离散随机变量 (X,Y) 的联合分布列为 p_{ij}, 那么给定 $X = x_i$ 的条件下, Y 的**条件分布列**为 $p_{j|i} = \dfrac{p_{ij}}{p_{i\cdot}}$; 给定 $Y = y_j$ 的条件下, X 的**条件分布列**为 $p_{i|j} = \dfrac{p_{ij}}{p_{\cdot j}}$. 若二维连续随机变量 (X,Y) 的联合密度函数为 $p(x,y)$, 那么在给定 $Y = y$ 的条件下, X 的**条件密度函数**为 $p(x|y) = \dfrac{p(x,y)}{p_Y(y)}$; 在给定 $X = x$ 的条件

下, Y 的**条件密度函数**为 $p(y\,|\,x) = \dfrac{p(x,y)}{p_X(x)}$.

定义 3.13 设 n 维随机变量 $(X_1, X_2, \cdots, X_n)$ 的联合分布函数为 $F(x_1, x_2, \cdots, x_n)$, $F_{X_i}(x_i)$ 为 X_i 的边际分布函数. $(X_1, X_2, \cdots, X_n)$ **相互独立**当且仅当

$$F(x_1, x_2, \cdots, x_n) = \prod_{i=1}^{n} F_{X_i}(x_i), \quad x_1, x_2, \cdots, x_n \in \mathbb{R}.$$

在离散随机变量场合, 对其任意 n 个取值 $x_1, x_2, \cdots, x_n$, $X_1, X_2, \cdots, X_n$ 相互独立当且仅当 $P(X_1 = x_1, X_2 = x_2, \cdots, X_n = x_n) = \prod_{i=1}^{n} P(X_i = x_i)$; 在连续随机变量场合, 对任意 n 个实数 $x_1, x_2, \cdots, x_n$, $X_1, X_2, \cdots, X_n$ 相互独立当且仅当 $p(x_1, x_2, \cdots, x_n) = \prod_{i=1}^{n} p_{X_i}(x_i)$.

定理 3.4 若 X 和 Y 是两个相互独立的连续随机变量, 其密度函数分别为 $p_X(x)$ 和 $p_Y(y)$, 则其和 $Z = X + Y$ 的密度函数为

$$p_Z(z) = \int_{-\infty}^{\infty} p_X(z - y) p_Y(y) \mathrm{d}y = \int_{-\infty}^{\infty} p_X(x) p_Y(z - x) \mathrm{d}x.$$

上式称为**卷积公式**.

3.1.3 数字特征

1. 期望

定义 3.14 令 F_X 为随机变量 X 的分布函数, 如果 $\displaystyle\int_{-\infty}^{\infty} |x|\, \mathrm{d}F_X(x) < \infty$, 那么称 X 的**数学期望**存在并且有限, 其值为 $EX = \displaystyle\int_{-\infty}^{\infty} x\, \mathrm{d}F_X(x)$.

若 X 是离散随机变量, 其期望为 $EX = \sum_{i=1}^{n} x_i p_i$; 若 X 是连续随机变量, 其期望为 $EX = \displaystyle\int_{-\infty}^{\infty} x p_X(x) \mathrm{d}x$.

定理 3.5 一般场合下, 若随机变量 X 的分布用分布列 $p(x_i)$ 或密度函数 $p(x)$ 表示, 则 X 的函数 $g(X)$ 的数学期望为 (假设以下涉及的数学期望均存在)

$$E\left[g(X)\right] = \begin{cases} \displaystyle\sum_i g(x_i) p(x_i), & \text{在离散场合}, \\[2mm] \displaystyle\int_{-\infty}^{\infty} g(x) p(x) \mathrm{d}x, & \text{在连续场合}. \end{cases}$$

定理 3.6 数学期望的基本性质 (假设以下涉及的数学期望均存在):

(1) 若 c 为常数, 则 $E(c) = c$;

(2) 若 $X \leqslant Y$ a.s., 则 $EX \leqslant EY$;

(3) 若 a, b 为常数, 则 $E(aX + bY) = aE(X) + bE(Y)$;

(4) 若随机变量 X 与 Y 相互独立, 则有 $E(XY) = E(X)E(Y)$.

定义 3.15 令 $k \geqslant 1$, 如果 $E|X|^k < \infty$, 则称 EX^k 为 X 的**第 k 阶矩**, 记作 $m_k = EX^k$.

定义 3.16 假设存在 $t_0 > 0$, 使得当 $|t| \leqslant t_0$ 时, $Ee^{tX} < \infty$. 称 $G_X(t) = Ee^{tX}, |t| \leqslant t_0$, 为 X 的**矩母函数**.

数学期望描述的是随机变量取值的概率平均, 是消除随机性的主要手段. 在数学上称数学期望是分布的一种位置特征数. 下面给出描述随机变量取值偏离平均值的程度的特征数.

2. 方差

定义 3.17 若 $EX^2 < \infty$, 则称 $\mathrm{Var}(X) = E(X - EX)^2$ 为 X 的**方差**. 称 $\sqrt{\mathrm{Var}(X)}$ 为 X 的**标准差**, 记为 $\sigma(X)$ 或 σ_X.

定理 3.7 方差的基本性质 (假设以下涉及的二阶矩存在且有限):

(1) $\mathrm{Var}(X) = 0$ 当且仅当 $X = c$ a.s., 其中 c 为常数;

(2) 令 a, b 为常数, 则 $\mathrm{Var}(aX + b) = a^2 \mathrm{Var}(X)$, $\mathrm{Var}(X) = EX^2 - (EX)^2$;

(3) 若随机变量 X 与 Y 相互独立, 则有 $\mathrm{Var}(X \pm Y) = \mathrm{Var}(X) + \mathrm{Var}(Y)$;

(4) 对任意 $\varepsilon > 0$, 有 $P(|X - EX| \geqslant \varepsilon) \leqslant \dfrac{\mathrm{Var}(X)}{\varepsilon^2}$, 该式称为切比雪夫 (Chebyshev) 不等式.

描述二维随机变量的两个分量间相互关联程度的特征数为协方差, 它的定义如下:

定义 3.18 设 (X, Y) 为二维随机变量, 若 $E[(X - EX)(Y - EY)]$ 存在, 则称其为 X 和 Y 的**协方差**, 记为 $\mathrm{Cov}(X, Y)$. 特别地, $\mathrm{Cov}(X, X) = \mathrm{Var}(X)$.

当 $\mathrm{Cov}(X, Y) > 0$ 时, 称 X 与 Y 正相关; 当 $\mathrm{Cov}(X, Y) < 0$ 时, 称 X 与 Y 负相关; 当 $\mathrm{Cov}(X, Y) = 0$ 时, 称 X 与 Y 不相关.

定理 3.8 协方差的基本性质 (假设以下涉及的特征数均存在):

(1) $\mathrm{Cov}(X, Y) = E(XY) - EXEY$;

(2) 若随机变量 X 与 Y 相互独立, 则 $\mathrm{Cov}(X, Y) = 0$, 反之不然;

(3) $\mathrm{Var}(X \pm Y) = \mathrm{Var}(X) + \mathrm{Var}(Y) \pm 2\mathrm{Cov}(X, Y)$.

定义 3.19 设 (X, Y) 为二维随机变量, 若 $\mathrm{Var}(X) = \sigma_X^2 > 0$, $\mathrm{Var}(Y) = \sigma_Y^2 > 0$, 则称 $\mathrm{Corr}(X, Y) = \dfrac{\mathrm{Cov}(X, Y)}{\sqrt{\mathrm{Var}(X)}\sqrt{\mathrm{Var}(Y)}} = \dfrac{\mathrm{Cov}(X, Y)}{\sigma_X \sigma_Y}$ 为 X 和 Y 的 (线

性) **相关系数**, 也记为 ρ_{XY}.

定理 3.9　相关系数的基本性质 (假设以下涉及的特征数均存在):

(1) $|\mathrm{Corr}(X, Y)| \leqslant 1$;

(2) $\mathrm{Corr}(X, Y) = \pm 1$ 当且仅当 X 与 Y 几乎处处有线性关系.

当 $\mathrm{Corr}(X, Y) = 0$ 时, X 与 Y 不相关; 当 $\mathrm{Corr}(X, Y) = 1$ 时, X 与 Y 完全正相关; 当 $\mathrm{Corr}(X, Y) = -1$ 时, X 与 Y 完全负相关; 当 $0 < |\mathrm{Corr}(X, Y)| < 1$ 时, 越接近 1, X 与 Y 线性相关程度越高, 越接近 0, X 与 Y 线性相关程度越低.

3. 特征函数

特征函数是处理许多概率论问题的有力工具. 特征函数除了考虑实数值的随机变量外, 还要考虑复数值的随机变量, 后者简称复随机变量. 称 $Z = Z(\omega) = X(\omega) + \mathrm{i}Y(\omega)$ 为复随机变量, 其中 $X(\omega)$ 和 $Y(\omega)$ 是定义在 Ω 上的实随机变量.

定义 3.20　令 F_X 为随机变量 X 的分布函数, 称如下的 $\phi_X(t)$ 为 X 的**特征函数**:

$$\phi_X(t) = E\mathrm{e}^{\mathrm{i}tX} = \int_{-\infty}^{\infty} \mathrm{e}^{\mathrm{i}tx} \mathrm{d}F_X(x), \quad t \in \mathbb{R}.$$

因为 $\left|\mathrm{e}^{\mathrm{i}tX}\right| = 1$, 所以 $E\mathrm{e}^{\mathrm{i}tX}$ 总是存在的, 即任一随机变量的特征函数都存在.

定理 3.10　特征函数的基本性质:

(1) $|\phi_X(t)| \leqslant \phi_X(0) = 1$;

(2) $\phi_X(-t) = \overline{\phi_X(t)}$, 其中 $\overline{\phi_X(t)}$ 表示 $\phi_X(t)$ 的共轭;

(3) 若 $Y = aX + b$, 其中 a, b 是常数, 则 $\phi_Y(t) = \mathrm{e}^{\mathrm{i}bt}\phi_X(at)$;

(4) 若随机变量 X 与 Y 相互独立, 则 $\phi_{X+Y}(t) = \phi_X(t)\phi_Y(t)$;

(5) $\phi_X(t)$ 在 $\mathbb{R}$ 上一致连续;

(6) $\phi_X(t)$ 是非负定的, 即对任意实数 $t_1, t_2, \cdots, t_n$ 和复数 $z_1, z_2, \cdots, z_n$, 有

$$\sum_{j,k=1}^{n} \phi_X(t_k - t_j) z_k \overline{z}_j \geqslant 0;$$

(7) 若 $E(X^l)$ 存在, 则 $\phi_X(t)$ 在 $t = 0$ 处 l 次连续可微, 且对 $1 \leqslant k \leqslant l$, 有

$$\phi_X^{(k)}(0) = \mathrm{i}^k E(X^k).$$

定理 3.11　随机变量的分布函数由其特征函数唯一决定.

4. 条件数学期望

定义 3.21 条件分布 $F_{X|Y}$ 的数学期望 (若存在)$E[X|Y=y]$ 称为给定 $Y=y$ 的条件下, X 的条件数学期望, 简称**条件期望**, 其中,

$$
E(X|Y=y) = \begin{cases} \sum_i x_i P(X=x_i|Y=y), & (X,Y)\text{为二维离散随机变量}, \\ \int_{-\infty}^{\infty} xp(x|y)\mathrm{d}x, & (X,Y)\text{为二维连续随机变量}. \end{cases}
$$

注 $E[X|Y=y]$ 是 y 的函数, 对 y 的不同取值, 条件期望 $E[X|Y=y]$ 的取值也在变化. 故可以记 $g(y) = E(X|Y=y)$.

定理 3.12 设 (X,Y) 是二维随机变量, 且 $E|X| < \infty$, 则 $EX = E[E[X|Y]]$, 该式称为**重期望公式**.

3.1.4 极限定理

1. 收敛定理

假设 X 是 $(\Omega, \mathcal{F}, P)$ 上的有限随机变量, $\{X_n, n \geqslant 1\}$ 是 $(\Omega, \mathcal{F}, P)$ 上的一列随机变量, F 和 $\{F_n, n \geqslant 1\}$ 是相应的分布函数.

定义 3.22 若 $\limsup\limits_n X_n = \liminf\limits_n X_n$ a.s., 则不计等价类内的差别, 其唯一确定的极限 $X = \limsup\limits_n X_n$ 也记为 $X = \lim\limits_n X_n$ 或 $X_n \xrightarrow{\text{a.s.}} X$, 并称 $\{X_n\}$ **以概率 1 收敛于** X 或**几乎必然收敛于** X.

定理 3.13 几乎必然收敛的一些判别准则:

(1) $X_n \xrightarrow{\text{a.s.}} X$ 当且仅当 $P(\bigcap_{N=1}^{\infty} \bigcup_{n=N}^{\infty} \{|X_n - X| > \varepsilon\}) = 0, \forall \varepsilon > 0$;

(2) $X_n \xrightarrow{\text{a.s.}} X$ 当且仅当 $\{X_n, n \geqslant 1\}$ 为几乎处处收敛意义下的柯西 (Cauchy) 序列, 即 $P(\bigcap_{N=1}^{\infty} \bigcup_{n,m=N}^{\infty} \{|X_n - X_m| > \varepsilon\}) = 0, \forall \varepsilon > 0$;

(3) 若正数列 $\{\varepsilon_n\}$ 满足 $\sum_n \varepsilon_n < \infty$, 且 $\sum_{n=1}^{\infty} P(|X_{n+1} - X_n| > \varepsilon_n) < \infty$, 则 $X_n \xrightarrow{\text{a.s.}} X$.

定义 3.23 对于 $\{X_n, n \geqslant 1\}$, 若存在有限随机变量 X, 使得对于 $\forall \varepsilon > 0$, 有 $\lim\limits_{n \to \infty} P(|X_n - X| > \varepsilon) = 0$, 则称 $\{X_n\}$ 依概率收敛于 X, 记为 $X_n \xrightarrow{P} X$.

定理 3.14 依概率收敛的一些判别准则:

(1) 若 $\{X_n, n \geqslant 1\}$ 为依概率收敛下的柯西基本列, 即 $\lim\limits_{n,m \to \infty} P(|X_n - X_m| > \varepsilon) = 0, \forall \varepsilon > 0$, 则必有几乎必然收敛于 X 的子序列 $\{X_{n_k}, k \geqslant 1\}$;

(2) 若 $X_n \xrightarrow{\text{a.s.}} X$, 且 X 为有限随机变量, 则 $X_n \xrightarrow{P} X$;

(3) $X_n \xrightarrow{P} X$ 当且仅当 $\{X_n, n \geqslant 1\}$ 为依概率收敛下的柯西基本列.

定义 3.24　若对 F_X 的每一个连续点 x, 都有 $\lim\limits_{n\to\infty} F_n(x) = F(x)$, 则称 $\{X_n\}$ **依分布收敛于** X, 记作 $X_n \xrightarrow{L} X$ 或 $X_n \xrightarrow{d} X$, 这时称 $\{F_n(x)\}$ **弱收敛于** $F(x)$, 记作 $F_n(x) \xrightarrow{W} F(x)$.

定理 3.15

(1) 若 $X_n \xrightarrow{P} X$, 则 $X_n \xrightarrow{L} X$;

(2) 若 c 为常数, 则 $X_n \xrightarrow{P} c$ 当且仅当 $X_n \xrightarrow{L} c$;

(3) $X_n \xrightarrow{L} X$ 当且仅当相应的特征函数收敛, 即 $\lim\limits_{n\to\infty} \phi_n(t) = \phi_X(t)$, $t \in \mathbb{R}$;

(4) 如果存在一个函数 $\phi(t)$, 使得 $\lim\limits_{n\to\infty} \phi_n(t) = \phi(t)$, $t \in \mathbb{R}$, 并且 $\phi(t)$ 在 0 点处处连续, 那么存在一个随机变量 X 使得其特征函数为 $\phi(t)$, 并且 $X_n \xrightarrow{L} X$.

定义 3.25　若 $EX^2 < \infty, EX_n^2 < \infty, n \geqslant 1$, 且 $\lim\limits_{n\to\infty} E\left|X_n - X\right|^2 = 0$, 称 $\{X_n\}$ **均方收敛于** X, 记作 $X_n \xrightarrow{L^2} X$.

2. 大数定律

定理 3.16(伯努利大数定律)　设 S_n 为 n 重伯努利试验中事件 A 发生的次数, p 为每次试验中 A 发生的概率, 则对 $\forall \varepsilon > 0$, 有 $\lim\limits_{n\to\infty} P\left(\left|\dfrac{S_n}{n} - p\right| < \varepsilon\right) = 1$.

定理 3.17　常用的几个大数定律:

(1) (切比雪夫大数定律)　设 $\{X_n\}$ 为两两不相关的, 若 $\mathrm{Var}(X_i) \leqslant c, i = 1, 2, \cdots$, 则 $\{X_n\}$ 服从大数定律, 即对 $\forall \varepsilon > 0$, 有

$$\lim_{n\to\infty} P\left(\left|\frac{1}{n}\sum_{i=1}^{n} X_i - \frac{1}{n}\sum_{i=1}^{n} E(X_i)\right| < \varepsilon\right) = 1.$$

(2) (马尔可夫大数定律)　若 $\{X_n\}$ 满足 $\dfrac{1}{n^2}\mathrm{Var}(\sum_{i=1}^{n} X_i) \to 0, i = 1, 2, \cdots$, 则 $\{X_n\}$ 服从大数定律.

(3) (辛钦大数定律)　若 $\{X_n\}$ 独立同分布且 X_i 的数学期望存在, 则 $\{X_n\}$ 服从大数定律.

3. 中心极限定理

定理 3.18(林德伯格–莱维中心极限定理)　设 $\{X_n\}$ 是独立同分布的, 且 $E(X_i) = \mu$, $\mathrm{Var}(X_i) = \sigma^2 > 0$ 存在, 若记 $Y_n^* = \dfrac{X_1 + X_2 + \cdots + X_n - n\mu}{\sigma\sqrt{n}}$, 则对任意实数 y, 有

$$\lim_{n\to\infty} P(Y_n^* \leqslant y) = \Phi(y) = \frac{1}{\sqrt{2\pi}} \int_{-\infty}^{y} \mathrm{e}^{-\frac{t^2}{2}} \, \mathrm{d}t.$$

定理 3.19(棣莫弗–拉普拉斯中心极限定理) 设 S_n 为 n 重伯努利试验中事件 A 发生的次数, p 为每次试验中 A 发生的概率, 记 $Y_n^* = \dfrac{S_n - np}{\sqrt{npq}}$, 则对任意实数 y, 有

$$\lim_{n \to \infty} P(Y_n^* \leqslant y) = \Phi(y) = \frac{1}{\sqrt{2\pi}} \int_{-\infty}^{y} \mathrm{e}^{-\frac{t^2}{2}} \mathrm{d}t.$$

定理 3.20(林德伯格中心极限定理) 设独立随机变量序列 $\{X_n\}$ 满足**林德伯格条件**, 即对 $\forall \varepsilon > 0$, 有 $\displaystyle \lim_{n \to \infty} \frac{1}{\varepsilon^2 B_n^2} \sum_{i=1}^{n} \int_{|x - \mu_i| > \varepsilon B_n^2} (x - \mu_i)^2 p_i(x) \mathrm{d}x = 0$, 其中 $B_n = \sqrt{\mathrm{Var}(Y_n)}$, $\mu_i = E(X_i)$. 则对任意的 x, 有

$$\lim_{n \to \infty} P\left(\frac{1}{B_n} \sum_{i=1}^{n} (X - \mu_i) \leqslant x \right) = \frac{1}{\sqrt{2\pi}} \int_{-\infty}^{x} \mathrm{e}^{-\frac{t^2}{2}} \mathrm{d}t.$$

定理 3.21(李雅普诺夫中心极限定理) 设 $\{X_n\}$ 为独立随机变量序列, 若存在 $\delta > 0$, 满足 $\displaystyle \lim_{n \to \infty} \frac{1}{B_n^{2+\delta}} \sum_{i=1}^{n} E(|X_i - \mu|^{2+\delta}) = 0$, 则对任意的 x, $\mu_i = E(X_i)$, $B_n = \sqrt{\mathrm{Var}(Y_n)}$, 有

$$\lim_{n \to \infty} P\left(\frac{1}{B_n} \sum_{i=1}^{n} (X - \mu_i) \leqslant x \right) = \frac{1}{\sqrt{2\pi}} \int_{-\infty}^{x} \mathrm{e}^{-\frac{t^2}{2}} \mathrm{d}t.$$

走近数学家 (一)

拉普拉斯 (Laplace) 1749 年生于法国西北部卡尔瓦多斯的博蒙昂诺日, 1827 年卒于巴黎, 是法国分析学家、概率论学家和物理学家, 法国科学院院士. 拉普拉斯曾任巴黎军事学院数学教授. 1795 年任巴黎综合工科学校教授, 后又在巴黎高等师范学校任教授. 1799 年他还担任过法国经度局局长, 并在拿破仑政府中任过 6 个星期的内政部长. 1816 年被选为法兰西学院院士, 1817 年任该院院长.

拉普拉斯长期从事大行星运动理论和月球运动理论方面的研究, 在总结前人研究的基础上取得大量重要成果, 他的这些成果集中在 1799~1825 年出版的 5 卷 16 册巨著《天体力学》中. 他在研究天体问题的过程中, 创造和发展了许多数学的方法, 以他的名字命名的拉普拉斯变换、拉普拉斯定理和拉普拉斯方程, 在科学技术的各个领域有着广泛的应用.

在数学, 特别是概率论方面, 拉普拉斯也有很大贡献. 他与棣莫弗 (De Moivre) 推导出了中心极限定理的原始形式, 并在系统总结前人工作的基础上于 1812 年写出了《概率的分析理论》一书, 该书是对前人及拉普拉斯自己研究成果的全面总结, 运用 17、18 世纪发展起来的强有力的分析工具处理概率论的基本内容, 使以往零散的结果系统化. 这本书除给出概率论方面的一些重要概念、推导出包括中心极限定理在内的一些重要定理等内容以外, 还引进了被广泛应用的 "拉普拉斯变换", 并将概率论广泛应用于观测误差估计、气象、人口统计、保险等科学和社会问题, 实现了概率论研究中由组合技巧向分析方法的过渡, 开创了概率论发展的新阶段.

3.2　离散时间随机过程

3.2.1　基本概念

随机过程是一族依赖于实参数 t 的随机变量. 参数 t 可以取离散整数值, 此时称该过程为离散参数随机过程, 记作 $\{X_n, n \in \mathbb{N}\}$; 参数 t 也可以取连续值, 则称该过程为连续参数随机过程, 记作 $\{X_t, t \in \mathbb{R}\}$, 由于许多应用中参数 t 具有时间的含义, 所以习惯上把 t 称为时间.

1. 随机过程基本概念

定义 3.26　设 $(\Omega, \mathcal{F}, P)$ 为一概率空间, $T \in \mathbb{R}$ 为一区间, 随机过程 $X_t(\omega)$: $T \times \Omega \to \mathbb{R}^d$ 为二元可测函数, 固定 t, $X_t(\cdot)$ 是随机变量, 称为 t 时刻的状态. 固定 ω, $X_\cdot(\omega)$ 称为轨道, 也称为对应于 ω 的一个样本函数.

更严谨的定义为, 给定 $T = [0, \infty)$, $\mathbb{R}^{[0,\infty)} = \{u : (u_t)_{0 \leqslant t < \infty}\}$, $\mathcal{B}(\mathbb{R}^{[0,\infty)}) = \sigma(u_t, 0 \leqslant t < \infty)$, 则 $(\Omega, \mathcal{F}) \to (\mathbb{R}^{[0,\infty)}, \mathcal{B}(\mathbb{R}^{[0,\infty)}))$ 这样的可测变换称为**随机过程**. 其中 $\mathbb{R}^{[0,\infty)} = \{u : (u_t)_{0 \leqslant t < \infty}\}$ 表示取值于 $\mathbb{R}$ 的函数族 $(u_t)_{0 \leqslant t < \infty}$, $\mathcal{B}(\mathbb{R}^{[0,\infty)}) = \sigma(u_t, 0 \leqslant t < \infty)$ 表示由 $\mathbb{R}^{[0,\infty)}$ 生成的 σ-代数.

定义 3.27　令 $P\{\omega : X(\omega) \in B, B \in \mathcal{B}(\mathbb{R}^{[0,\infty)})\} = P^X(B)$, 易验证 P^X 是概率测度. X 导出了一个 $(\mathbb{R}^{[0,\infty)}, \mathcal{B}(\mathbb{R}^{[0,\infty)}))$ 上的概率测度 P^X, 称为 X 的**导出测度**.

当过程的轨道连续对于 $\omega \in \Omega$ 几乎处处成立, 我们称过程是**连续的**. $\Omega \to \mathbb{R}^d, \omega \to X_t(\omega)$ 称为**随机向量**. 更一般地, $t_1 < t_2 < \cdots < t_k, t_1, t_2, \cdots, t_k \in T, X = (X_{t_1}, X_{t_2}, \cdots, X_{t_k})$ 是 $d \times k$ 维随机变量, 随机过程 X 的分布律由 $k \in \mathbb{N}, (t_1, t_2, \cdots, t_k) \in T^k$ 所对应的随机向量分布律构成. 显然随机过程的数字特征很容易得到, 在此不再赘述.

定义 3.28　两个随机过程 $\{X_t\}, \{Y_t\}$ 互为**修正**, 是指对每个 $t, X_t = Y_t$, a.s., 即对于给定 $t, P\{\omega : X_t(\omega) = Y_t(\omega)\} = 1$. 就是说存在零概率集 N_t (依赖于 t), 使

当 $\omega \notin N_t$, $X_t(\omega) = Y_t(\omega)$.

定义 3.29 两个随机过程 $\{X_t\}, \{Y_t\}$ 称为**无区别**的, 若存在零概率集 N, 当 $\omega \notin N$ 时 $X_t(\omega) = Y_t(\omega)$, 对所有的 t 成立.

注 无区别的随机过程一定是互为修正的, 反之则不一定成立, 下述命题给出互为修正的随机过程在什么条件下可以是无区别的.

命题 3.1 若 X 为 Y 的修正, 且 X 和 Y 的轨道几乎处处右连续, 则 X 和 Y 无区别.

2. 特殊过程

定义 3.30 设 $\{X_t\}$ 是一个随机过程, 对每一个 $t \in T$, $E(X_t^2) < \infty$. 如果

(1) 均值函数为常数, 即存在一个常数 μ 使得 $\mu_{X_t} \equiv \mu, t \in T$;

(2) 自相关函数 $\gamma_{X_{s,t}}$ 仅与时间差 $s - t$ 有关, 即存在一个函数 $\tau_X : \mathbb{R} \mapsto \mathbb{R}$ 使得

$$\gamma_{X_{s,t}} = \tau_{X_{(s-t)}}, \quad s, t \in T,$$

则称 $\{X_t\}$ 为**弱平稳过程**, 有时也称**宽平稳过程**.

定义 3.31 设 $\{X_t\}$ 是一个随机过程. 如果对任意 $k \geqslant 1, t_1, t_2, \cdots, t_k \in T, t \in T$ 都有

$$(X_{t_1+t}, X_{t_2+t}, \cdots, X_{t_k+t}) \stackrel{d}{=} (X_{t_1}, X_{t_2}, \cdots, X_{t_k}),$$

称 $\{X_t\}$ 为**强平稳过程**, 有时也称**严平稳过程**.

注 如果强平稳过程的二阶矩存在且有限, 那么它一定是弱平稳过程.

定义 3.32 设 $\{X_t\}$ 是一个随机过程. 对任意 $s < t$, 称 $X_t - X_s$ 为过程增量. 如果 $X_t - X_s$ 的分布仅依赖于时间差 $t - s$, 而与 s 和 t 无关, 则称 $\{X_t\}$ 为**平稳增量过程**.

定义 3.33 设 $\{X_t\}$ 是一个随机过程. 如果对任意 $k \geqslant 1, t_1 < t_2 < \cdots < t_k$, 增量 $X_{t_1}, X_{t_2} - X_{t_1}, \cdots, X_{t_k} - X_{t_{k-1}}$ 是相互独立的, 则称 $\{X_t\}$ 为**独立增量过程**.

定义 3.34 设 $\{X_t\}$ 是一个随机过程. 如果其任意有限维分布为联合正态分布, 则称 $\{X_t\}$ 为**正态过程**, 有时也称为**高斯 (Gauss) 过程**.

注 弱平稳正态过程一定是强平稳正态过程.

定义 3.35 设 $\{X_t\}$ 是零均值随机过程. 如果对任意 $s \neq t$ 都有 $\gamma_{X_{s,t}} = 0$, 则称 $\{X_t\}$ 为**白噪声**.

3. 信息族

定义 3.36 $(\Omega, \mathcal{F}, P)$ 上的信息族 $\{\mathcal{F}_t, t \geqslant 0\}$ 为 $\mathcal{F}$ 的递增子 σ-代数, 即 $\mathcal{F}_{t_1} \subset \mathcal{F}_{t_2} \subset \cdots \subset \mathcal{F}_{t_n}, t_1 < t_2 < \cdots < t_n$, 并记 $\mathcal{F}_\infty = \bigvee_t \mathcal{F}_t = \sigma(\bigcup_{t \geqslant 0} \mathcal{F}_t)$,

$\mathcal{F}_{t+} = \bigcap\limits_{s>t} \mathcal{F}_s (t \geqslant 0)$(若 $\mathcal{F}_{t+} = \mathcal{F}_t$, 则称 $\{\mathcal{F}_t\}$ 在 t 点右连续), $\mathcal{F}_{t-} = \bigvee\limits_{s<t} \mathcal{F}_s$(同样可定义在 t 点左连续).

定义 3.37　$\{\mathcal{F}_t, t \in T\}$ 为 $(\Omega, \mathcal{F})$ 上的信息族, $\{X_t\}$ 为定义在其上的取值于 $\mathbb{R}$ 的随机过程, 若 $\forall t \in T, X_t$ 为 $\mathcal{F}_t$ 可测的, 则称 $\{X_t, t \geqslant 0\}$ 为 $\{\mathcal{F}_t\}$ **适应的**, 对过程 $\{X_t, t \geqslant 0\}$, 其自然信息族 $\{\mathcal{F}_t^X, \ t \geqslant 0\}$ 定义为 $\mathcal{F}_t^X = \sigma(X_t, t \geqslant 0)$.

3.2.2　离散时间鞅与停时

1. 离散时间鞅

英文 martingale 有三种含义: ① 鞅 (一种马具, 带铜环的皮带); ② 帆船船首斜桅下方的辅助桅杆; ③ "公平游戏""公平赌博". 我们现在所说的鞅就是用了①的汉语名称③的含义. 当然现在人们提起 "鞅", 往往忘记其名称起源而仅将其作为一种特殊的随机过程序列.

定义 3.38　给定一个信息族 $\{\mathcal{F}_k, 1 \leqslant k \leqslant n\}$, 一列实值随机变量列 $\{X_k, 1 \leqslant k \leqslant n\}$ 称为**下鞅 (上鞅)**, 如果对每个 $k \leqslant n$ 都有

(1) X_k 为 $\mathcal{F}_k$ 可测且可积, $E|X_k| < \infty$;

(2) $E[X_{k+1} | \mathcal{F}_k] \geqslant X_k$, a.e.$(E[X_{k+1} | \mathcal{F}_k] \leqslant X_k$, a.s.$)$.

$\{X_k\}$ 为鞅, 当且仅当 $\{X_k\}$ 既是上鞅又是下鞅. d 维鞅是一列 d 维随机变量 $\{M_k, 1 \leqslant k \leqslant n\}$, 其每个分量都为鞅.

注　鞅在经济与金融学中也有广泛应用, 例如在金融学中经典的资产定价模型——二叉树模型 (参考 5.4.2 节内容) 中, 假如我们将股票价格上升和下降的概率选择为风险中性概率 $\tilde{p}$ 和 $\tilde{q}$, 此时在风险中性测度下, 对不支付红利的股票, 基于时刻 n 的信息对时刻 $n+1$ 的股票价格贴现值的最好估计就是时刻 n 的股票价格贴现值, 即

$$\frac{S_n}{(1+r)^n} = \widetilde{E}_n \left[\frac{S_{n+1}}{(1+r)^{n+1}} \right],$$

其中 $\widetilde{E}_n$ 表示风险中性测度下对第 n 时刻信息的条件期望, S_n 表示第 n 步的股票价格, r 表示利率, 此时股票价格的贴现值是鞅过程.

命题 3.2　$\{X_k, F_k\}, \{Y_k, F_k\}$ 是上鞅 (下鞅), 则

(1) EX_k 非增 (非减);

(2) $\{-X_k, F_k\}$ 是下鞅 (上鞅);

(3) 对任何非负实数 $\alpha, \beta, \{\alpha X_k + \beta Y_k, F_k\}$ 是上鞅 (下鞅);

(4) $\{\min(X_k + Y_k), F_k\}$ 仍为上鞅 $(\{\max(X_k + Y_k), F_k\}$ 仍为下鞅$)$.

命题 3.3　我们有如下结论成立:

(1) 设 $\{X_k, F_k\}$ 为下鞅, $\phi(\cdot)$ 为非降凸函数, 且 $E|\phi(X_k)| < +\infty$, 则 $\{\phi(X_k), \mathcal{F}_k\}$ 为下鞅;

(2) 特别地, 若 $\{X_k, \mathcal{F}_k\}$ 为鞅或非负下鞅, 且 $E|X_k|^r < \infty$, 则 $\{|X_k|^r, \mathcal{F}_k\}$ $(r \geqslant 1)$ 为下鞅.

2. 鞅不等式

命题 3.4 $\{X_k, 1 \leqslant k \leqslant n\}$ 称为下鞅, 则 $\forall \lambda > 0$, 下式成立:

$$P\{\max_{1 \leqslant k \leqslant n} X_k \geqslant \lambda\} \leqslant \lambda^{-1} \int_{\{\max_{1 \leqslant k \leqslant n} X_k \geqslant \lambda\}} X_n \mathrm{d}P \leqslant \lambda^{-1} E X_n^+.$$

推论 3.1 $\{M_k, 1 \leqslant k \leqslant n\}$ 为 d 维鞅, 则 $\forall \lambda > 0, p \geqslant 1$ 有 $P\{\max_{1 \leqslant k \leqslant n} |M_k| \geqslant \lambda\} \leqslant \lambda^{-p} E|M_n|^p$.

命题 3.5(杜布 (Doob) 不等式) 令 $\{M_k, 1 \leqslant k \leqslant n\}$ 为鞅, $1 < p, q < \infty$, 且 $\frac{1}{p} + \frac{1}{q} = 1$, 则

$$\left\| \max_{1 \leqslant k \leqslant n} |M_k| \right\|_{L^p} \leqslant q \|M_n\|_{L^p}.$$

3. 停时

定义 3.39 停时 τ 为取值于 $\mathbb{R}_+ \cup \{+\infty\}$ 的随机变量, 并使得对每个 $t \geqslant 0$, 都有 $\{\tau \leqslant t\} \in \mathcal{F}_t$. 特别地, 若 $\tau \equiv t_0$, 则 τ 为**停时**.

注 停时是一个不依赖于 "将来" 的随机时间, 它使得事件在 τ 时以前出现完全依赖于到 τ 为止的信息 (τ 代表事件的发生时刻). 在金融领域, 美式期权的期权持有人可以在到期日之前的任何时刻行权, 这也意味着为了获得最大的利益, 我们需要找到最优的行权时刻, 这时停时的引入便起到了关键作用. 美式证券的持有人的行权策略必须是一个停时 (即行权策略可以依赖于以往的股价波动, 但必须在无法看到未来股价变动的情况下决策).

命题 3.6 $\tau : \Omega \to \overline{\mathbb{N}}$ 为映射, 则 τ 为停时当且仅当 $\{\omega : \tau(\omega) = n\} \in \mathcal{F}_n, \forall n \in \overline{\mathbb{N}}$, 其中 $\overline{\mathbb{N}} = \mathbb{N} \cup \{\infty\}$.

引理 3.1 (1) τ 为停时且 $s > 0$, 则 $\tau + s$ 是停时;

(2) 若 τ, σ 为停时, 则 $\tau \wedge \sigma, \tau \vee \sigma, \tau + \sigma$ 都是停时.

定义 3.40 给定停时 τ, 定义 τ 前事件 σ-代数为

$$\mathcal{F}_\tau = \{A \in \mathcal{F}_\infty, A \cap \{\tau \leqslant t\} \in \mathcal{F}_t, \forall t \geqslant 0\},$$

其中 $\mathcal{F}_\infty = \sigma(\bigcup_{t \geqslant 0} \mathcal{F}_t)$.

定理 3.22 若 τ, σ 为停时, 则

(1) $\tau \leqslant \sigma$, a.s., 则 $\mathcal{F}_\tau \subset \mathcal{F}_\sigma$;

(2) $A \in \mathcal{F}_\tau$, 则 $A \cap \{\tau \leqslant \sigma\} \in \mathcal{F}_\sigma$;

(3) $\mathcal{F}_{\tau \wedge \sigma} = \mathcal{F}_\tau \cap \mathcal{F}_\sigma$.

定理 3.23 $\{\mathcal{F}_n, n \in \mathbb{N}\}$ 是 $(\Omega, \mathcal{F}, P)$ 的信息族, $\{X_n\}$ 为一列随机变量, X_n 是 $\mathcal{F}_n$ 可测的, $\forall n \in \mathbb{N}, \tau(\omega)$ 为取值于 $\mathbb{N}$ 的停时, 则 $X_\tau = X_{\tau(\omega)}(\omega)$ 为 $\mathcal{F}_\tau$ 可测的.

定理 3.24 (杜布 (Doob) 停时定理) 设 $\{X_n, n \in \mathbb{N}\}$ 为 $\{\mathcal{F}_n\}$ 上鞅, 若 S 和 T 为有界的取值于 $\mathbb{N}$ 的 $\{\mathcal{F}_n\}$ 停时, $S \leqslant T$, a.s., 则 $E(X_T | \mathcal{F}_S) \leqslant X_S$, a.s.

走近数学家 (二)

高斯 (Gauss) 1777 年 4 月 30 日出生于德国的不伦瑞克, 1855 年 2 月 23 日卒于哥廷根, 是德国著名数学家、物理学家、天文学家、几何学家、大地测量学家. 1795~1798 年在哥廷根大学学习, 1798 年转入黑尔姆施泰特大学, 翌年因证明代数基本定理获博士学位. 高斯是近代数学奠基者之一, 在历史上影响之大, 可以和阿基米德 (Archimedes)、牛顿 (Newton)、欧拉 (Euler) 并列, 有 "数学王子" 之称.

他发现了正十七边形的尺规作图法, 并给出可用尺规作出的正多边形的条件, 解决了欧几里得以来一直未解决的问题. 他还发现了质数分布定理和最小二乘法, 通过对足够多的测量数据的处理后, 可以得到一个新的、概率性质的测量结果. 在这些基础之上, 高斯专注于曲面与曲线的计算, 并成功得到高斯钟形曲线 (正态分布曲线), 其函数被命名为标准正态分布 (或高斯分布), 并在概率计算中大量使用.

高斯的成就遍及数学的各个领域, 在数论、非欧几何、微分几何、超几何级数、复变函数论、概率论以及椭圆函数论等方面均有开创性贡献. 他十分注重数学的应用, 并且在对天文学、大地测量学和磁学的研究中也偏重使用数学方法.

3.2.3 泊松过程

泊松 (Poisson) 过程是最基本且最重要的一类随机过程, 其状态是离散的. 在实际应用中, 泊松过程反映了人们对于 "等待" 和 "计数" 等行为中所蕴含的随机性的基本勾画.

1. 泊松过程

定义 3.41 随机过程 $\{N_t, t \geqslant 0\}$ 称为**计数过程**, 如果 N_t 表示从 0 到 t 时刻某一特定事件 A 发生的次数, 它具备以下两个特点:

(1) $N_t \geqslant 0$ 且取值为整数;

(2) $s < t$ 时, $N_s \leqslant N_t$ 且 $N_t - N_s$ 表示 $(s, t]$ 时间内事件 A 发生的次数.

比方说, 在 $[0, t]$ 之内到达某商店的顾客人数, 在 $[0, t]$ 之内访问某网站的人数, 都是计数过程的典型例子.

泊松过程是一类最重要的计数过程, 其定义如下.

定义 3.42 设 $\{N_t, t \geqslant 0\}$ 为一计数过程, 若满足条件:

(1) **零初值性** $N_0 = 0$;

(2) **独立增量性** 如果对任意 $k \geqslant 1, t_1 < t_2 < \cdots < t_k$ 增量 $N_{t_1}, N_{t_2} - N_{t_1}, \cdots, N_{t_k} - N_{t_{k-1}}$ 是相互独立的;

(3) **平稳增量性或齐次性** 若 $s < t$, 那么 $N_t - N_s$ 与 N_{t-s} 具有相同的分布;

(4) **稀有性** 存在一个正实数 λ, 使得对任何 $t > 0$, 有

$$P(N_{t+\Delta t} - N_t = 1) = \lambda \Delta t + o(\Delta t),$$
$$P(N_{t+\Delta t} - N_t \geqslant 2) = o(\Delta t),$$

则称 $\{N_t, t \geqslant 0\}$ 是参数为 λ 的**泊松过程**.

定义 3.43 设 $\{N_t, t \geqslant 0\}$ 为一计数过程, 若满足条件:

(1) $N_0 = 0$;

(2) 过程有平稳独立增量;

(3) **泊松分布** 对任何 $t > 0, P(N_t = k) = \dfrac{(\lambda t)^k}{k!} \mathrm{e}^{-\lambda t}$, $k = 0, 1, 2, \cdots$,

则称 $\{N_t, t \geqslant 0\}$ 是参数为 λ 的**泊松过程**.

关于泊松过程的基本性质, 主要包括

定理 3.25 泊松过程的数字特征.

对于一个参数为 λ 的泊松过程 $\{N_t, t \geqslant 0\}$, 有

(1) **均值函数** $EN_t = \lambda t$;

(2) **方差函数** $\mathrm{Var}(N_t) = \lambda t$;

(3) **自协方差函数** $\mathrm{Cov}(N_{t_1}, N_{t_2}) = \lambda \min\{t_1, t_2\}$;

(4) **自相关函数** $\mathrm{Corr}(N_{t_1}, N_{t_2}) = \lambda \min\{t_1, t_2\} + \lambda^2 t_1 t_2$;

(5) **特征函数** $E\mathrm{e}^{\mathrm{i}x N_t} = \mathrm{e}^{\lambda t(\mathrm{e}^{\mathrm{i}x} - 1)}$;

(6) **联合分布** 任意给定 $0 < t_1 < t_2 < \cdots < t_m$ 和 $0 \leqslant k_1 \leqslant k_2 \leqslant \cdots \leqslant k_m$,

$$P(N_{t_1} = k_1, N_{t_2} = k_2, \cdots, N_{t_m} = k_m)$$

$$=\frac{(\lambda t_1)^{k_1}}{k_1!}\frac{[\lambda(t_2-t_1)]^{k_2-k_1}}{(k_2-k_1)!}\cdots\frac{[\lambda(t_m-t_{m-1})]^{k_m-k_{m-1}}}{(k_m-k_{m-1})!}\mathrm{e}^{-\lambda t_m}.$$

定理 3.26　假设 $\{N_t^1,t\geqslant 0\}$ 和 $\{N_t^2,t\geqslant 0\}$ 是两个独立泊松过程, 参数分别为 λ_1 和 λ_2. 令 $N_t=N_t^1+N_t^2$, 那么 $\{N_t,t\geqslant 0\}$ 是泊松过程, 参数为 $\lambda_1+\lambda_2$.

定理 3.27　假设 $\{N_t,t\geqslant 0\}$ 是参数为 λ 的泊松过程, 事件在每次发生时刻以概率 p 被独立地划为第 1 类, 以概率 $1-p$ 被独立地划分为第 2 类. N_t^1 和 N_t^2 分别表示 $[0,t]$ 内发生的第 1 类、第 2 类事件次数. 那么 $\{N_t^1,t\geqslant 0\}$ 和 $\{N_t^2,t\geqslant 0\}$ 分别是参数为 λp 和 $\lambda(1-p)$ 的泊松过程, 且二者相互独立.

2. 与泊松过程相关的分布

首先给出泊松过程有关的记号, 如图 3-1 所示, 泊松过程 $\{N_t,t\geqslant 0\}$ 的一条样本路径一般是跳跃度为 1 的阶梯函数. 其中 $S_0=0,S_n(n\geqslant 0)$ 是第 n 次事件发生的时刻. $X_n=S_n-S_{n-1}(n\geqslant 1)$ 是第 n 次与第 $n-1$ 次事件发生的时间间隔.

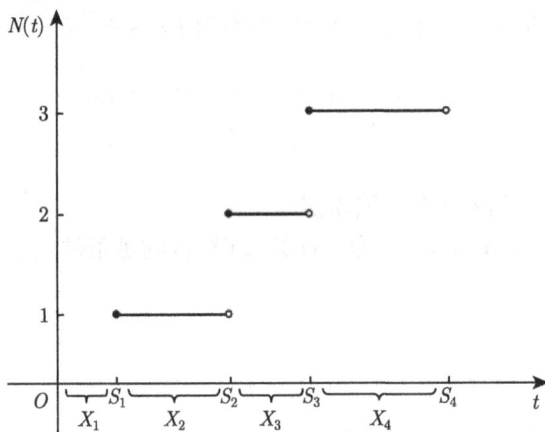

图 3-1　泊松过程样本曲线

定理 3.28　$X_n,n\geqslant 1$ 服从参数为 λ 的指数分布, 且相互独立.

定理 3.29　$S_n=X_1+X_2+\cdots+X_n$, 服从参数为 n 和 λ 的 Γ 分布.

定理 3.28 给出了泊松过程的又一种定义方法.

定义 3.44　如果每次事件发生的时间间隔 $X_1,X_2,\cdots$ 相互独立, 且服从参数为 λ 的指数分布, 那么计数过程 $\{N_t,t\geqslant 0\}$ 是参数为 λ 的**泊松过程**.

由定义 3.44 可知, 可以由独立同分布指数随机变量序列来生成泊松过程.

定理 3.30　设 $X_n,n\geqslant 1$ 服从参数为 λ 的指数分布, 且相互独立, $N_0=0$. 若 $N_t=\max\{n\geqslant 1:S_n\leqslant t\},t>0$, 则 $\{N_t,t\geqslant 0\}$ 是参数为 λ 的泊松过程.

定理 3.31(发生时刻的条件分布)　假设 $\{N_t,t\geqslant 0\}$ 是参数为 λ 的泊松过程, 令 $S_1,S_2,\cdots$ 是事件发生的时刻. 给定 $t>0$, 那么

$$(S_1, S_2, \cdots, S_n \,|\, N_t = n) \stackrel{d}{=} (U_{(1)}, U_{(2)}, \cdots, U_{(n)}),$$

其中 $U_{(1)}, U_{(2)}, \cdots, U_{(n)}$ 为 $[0, t]$ 上 n 个独立同分布均匀随机变量 $U_1, U_2, \cdots, U_n$ 的次序统计量.

3. 泊松过程的推广

1) 复合泊松过程

在实际应用中, 存在一类由泊松过程和独立随机变量列复合产生的随机过程, 即复合泊松过程, 定义如下.

定义 3.45 在同一概率空间 $(\Omega, \mathcal{F}, P)$ 下, 设 $\{N_t, t \geqslant 0\}$ 是参数为 λ 的泊松过程, $\{X_n, n \geqslant 1\}$ 是独立同分布随机变量列, 且 $\{N_t, t \geqslant 0\}$ 和 $\{X_n, n \geqslant 1\}$ 相互独立. 若令 $Y_t = \sum_{n=1}^{N_t} X_n, t \geqslant 0$, 则称 $\{Y_t, t \geqslant 0\}$ 是一个由 $\{N_t, t \geqslant 0\}$ 复合而成的**复合泊松过程**.

注 标准泊松过程每次事件发生我们只计 "1", 换句话说, 事件发生次数和我们所计的数目是相同的. 复合泊松过程可理解为允许每次事件发生时所计的数目有变化. 在实际中这一类推广很常见. 比如某银行在一定时间内前往办理业务的人数在很多情况下可以假定遵循标准泊松过程. 而如果考虑每个人办理的具体金额数目往往各不相同, 甚至是随机的, 这时便可用复合泊松过程来描述.

定理 3.32 复合泊松过程 $\{Y_t, t \geqslant 0\}$ 的性质:

(1) $\{Y_t, t \geqslant 1\}$ 是一独立增量过程;

(2) $\{Y_t, t \geqslant 1\}$ 具有平稳增量性;

(3) 若 $E[|X_1|^2] < +\infty$, 则 $\{Y_t, t \geqslant 0\}$ 的均值函数为 $EY_t = \lambda t E X_1$;

(4) 若 $E[|X_1|^2] < +\infty$, 则 $\{Y_t, t \geqslant 0\}$ 的方差函数为 $\mathrm{Var}(Y_t) = \lambda t E X_1^2$.

2) 非齐次泊松过程

前面提到的泊松过程都具有平稳增量性, 称这样的泊松过程为**齐次泊松过程**. 然而在很多实际问题中, 无法满足平稳增量性.

定义 3.46 设 $\{N_t, t \geqslant 0\}$ 为一计数过程, 若满足条件:

(1) **零初值性** $N_0 = 0$;

(2) **独立增量性** 对任意 $k \geqslant 1, t_1 < t_2 < \cdots < t_k$, 增量 $N_{t_1}, N_{t_2} - N_{t_1}, \cdots, N_{t_k} - N_{t_{k-1}}$ 是相互独立的;

(3) **稀有性** 存在一个非负函数 $\lambda(t)$ 使得

$$P(N_{t+\Delta t} - N_t = 1) = \lambda(t)\Delta t + o(\Delta t),$$

$$P(N_{t+\Delta t} - N_t \geqslant 2) = o(\Delta t).$$

则称 $\{N_t, t \geq 0\}$ 是参数为 $\lambda(t) > 0 (t \geq 0)$ 的**非齐次泊松过程**.

令 $m(t) = \int_0^t \lambda(s)\mathrm{d}s$, 类似于泊松过程, 非齐次泊松过程有如下的等价定义.

定义 3.47　设 $\{N_t, t \geq 0\}$ 为一计数过程, 若满足条件:

(1) $N_0 = 0$;

(2) 过程有独立增量;

(3) 对任意实数 $t \geq 0, s \geq 0, N_{t+s} - N_t$ 为具有参数 $m(t+s) - m(t) = \int_t^{t+s} \lambda(u)\mathrm{d}u$ 的泊松分布.

则称 $\{N_t, t \geq 0\}$ 是参数为 $\lambda(t) > 0 (t \geq 0)$ 的**非齐次泊松过程**.

注　非齐次泊松过程的强度为 $\lambda(t)$, 也就是说, 非齐次泊松过程的事件到达强度随时间不断变化, "非齐次" 的含义即在于此. 如果 $\lambda(t) \equiv \lambda$, 那么非齐次泊松过程就退化成了标准泊松过程.

定理 3.33　若 $\{N_t, t \geq 0\}$ 是参数为 $\lambda(t) > 0 (t \geq 0)$ 的非齐次泊松过程, 且 $m(t) < \infty$, 则

(1) **均值函数**　$EN_t = m(t)$;

(2) **方差函数**　$\mathrm{Var}(N_t) = m(t)$;

(3) **自相关函数**　对任意 $s < t$, 有

$$\mathrm{Corr}(N_s, N_t) = \int_0^s \lambda(u)\mathrm{d}u + \left(\int_0^s \lambda(u)\mathrm{d}u\right)^2 + \int_0^s \lambda(u)\mathrm{d}u \int_s^t \lambda(u)\mathrm{d}u.$$

定理 3.34 (发生时刻的条件分布)　假设 $\{N_t, t \geq 0\}$ 是参数为 $\lambda(t) > 0 (t \geq 0)$ 的非齐次泊松过程, $t > 0, n \geq 1$. 假设 $V_1, V_2, \cdots, V_n$ 是独立同分布随机变量, 密度函数为 $\dfrac{\lambda(u)}{m(t)}, 0 \leq u \leq t$. 那么 $(S_1, S_2, \cdots, S_n | N_t = n) \overset{d}{=} (V_{(1)}, V_{(2)}, \cdots, V_{(n)})$, 其中 $V_{(1)}, V_{(2)}, \cdots, V_{(n)}$ 为 $V_1, V_2, \cdots, V_n$ 的次序统计量.

定理 3.35　设 $\{N_t, t \geq 0\}$ 是参数为 $\lambda(t) > 0 (t \geq 0)$ 的非齐次泊松过程. 对任意 $t \geq 0$, 令 $N_t^* = N_{m^{-1}(t)}$, 则 $\{N_t^*\}$ 是一个强度为 1 的泊松过程.

3) 条件泊松过程

定义 3.48　设随机变量 $\Lambda > 0$, 在 $\Lambda = \lambda$ 的条件下, 计数过程 $\{N_t, t \geq 0\}$ 是参数为 λ 的泊松过程. 则称 $\{N_t, t \geq 0\}$ 为**条件泊松过程**.

注　条件泊松过程的强度是随机变量 Λ, 因而在 $\Lambda = \lambda$ 的条件下, $\{N_t, t \geq 0\}$ 是参数为 λ 的泊松过程.

定理 3.36　设 $\{N_t, t \geq 0\}$ 为条件泊松过程, 且 $E(\Lambda^2) < \infty$, 则

(1) **均值函数**　$EN_t = tE\Lambda$;

(2) **方差函数**　$\mathrm{Var}(N_t) = t^2\mathrm{Var}(\Lambda) + tE\Lambda.$

走近数学家 (三)

泊松 (Poisson) 1781 年生于法国卢瓦雷省的皮蒂维耶, 1840 年卒于法国索镇, 是法国著名的数学家、几何学家和物理学家. 泊松于 1798 年进入巴黎综合工科学校, 成为拉格朗日 (Lagrange)、拉普拉斯的得意门生. 在毕业时由于其学业优异, 又得到拉普拉斯的大力推荐, 留校任讲师, 1806 年任该校教授. 1812 年当选为法国科学院院士.

泊松一生成果累累, 出版了多部重要、影响力较大的专著, 如《力学教程》和《热的数学理论》等等, 对数学和物理学都作出了杰出贡献. 他一生从事数学研究和教学, 主要工作是将数学应用于力学和物理学中. 他的科研范围很广, 研究过理论力学、电磁学、外弹道学、水力学、固体导热问题和固体与液体运动方程、毛细现象等; 他对位势理论、积分理论、傅里叶级数、概率论和变分方程、流体动力学做过详尽的探究; 在定积分、有限差分理论、微分方程、积分方程、行星运动理论、弹性力学和数学物理方程等方面均有建树.

泊松还是 19 世纪概率统计领域里的卓越人物. 他根据法庭审判问题研究概率、统计问题, 改进了概率论的运用方法, 建立了描述随机现象的一种概率分布——泊松分布. 他还推广了 "大数定律", 并推导出了在概率论与数理方程中有重要应用的泊松积分.

3.2.4　马尔可夫链

1. 基本概念

马尔可夫 (Markov) 链是一类特殊的随机过程, 时间参数空间可为离散或连续集, 但其状态空间最多包含可数个状态, 并满足马尔可夫性质.

定义 3.49　随机过程 $\{X_n, n = 0, 1, 2, \cdots\}$ 称为**马尔可夫链或马氏链**, 若它只取有限个或可列个值 $E_0, E_1, E_2, \cdots$(简单起见, 记为 $E = \{0, 1, 2, \cdots\}$, 称为**过程的状态空间**), 并且对任意的 $n \geqslant 0$ 及状态 $i, j, i_0, i_1, \cdots, i_{n-1}$, 有

$$P(X_{n+1}=j\,|\,X_n=i, X_{n-1}=i_{n-1}, \cdots, X_0=i_0) = P(X_{n+1}=j\,|\,X_n=i). \quad (3.1)$$

式 (3.1) 称为**马尔可夫性**. 它表明在给定当前状态 $\{X_n = i\}$ 下, 随机过程将来 $(n+1$ 时刻) 处于状态 j 的概率大小与过去所经历的状态 $\{i_0, i_1, \cdots, i_{n-1}\}$ 相互独立.

定义 3.50　称 $P(X_{n+1} = j\,|\,X_n = i)$ 为马尔可夫链在 n 时刻从状态 i 转移到状态 j 的概率, 简称**一步转移概率或转移概率**.

一般情况下, 转移概率与状态 i, j 和时刻 n 有关.

定义 3.51 当 $P(X_{n+1} = j \mid X_n = i)$ 只与状态 i, j 有关, 而与时刻 n 无关时, 称马尔可夫链为**时齐的**, 并记 $p_{ij} = P(X_{n+1} = j \mid X_n = i)$; 否则就称之为**非时齐的**.

本节只讨论时齐马尔可夫链, 简称马尔可夫链. 令

$$P = (p_{ij}) = \begin{pmatrix} p_{11} & p_{12} & \cdots & p_{1m} \\ p_{21} & p_{22} & \cdots & p_{2m} \\ \vdots & \vdots & & \vdots \\ p_{m1} & p_{m2} & \cdots & p_{mm} \end{pmatrix},$$

称 P 为**转移概率矩阵**, 简称转移矩阵. 由概率的基本性质易知

(1) $p_{ij} \geqslant 0, i, j \in E$;

(2) $\sum_{j \in S} p_{ij} = 1, i, j \in E$.

定义 3.52 若一个矩阵的元素具有上述两条性质, 则称此矩阵为**随机矩阵**.

命题 3.7 马尔可夫链完全由其初始状态的概率分布 $p_0 = (p_0(1), p_0(2), \cdots, p_0(n))$ (其中 $p_0(i) = P(X_0 = i)$) 和概率转移矩阵 P 决定:

(1) $p_n = p_0 P^n$ (其中 p_n 为马尔可夫链在 n 时刻处于各个状态的概率分布);

(2) $P(X_0 = i_0, X_1 = i_1, \cdots, X_n = i_n) = p_0(i_0) p_{i_0 i_1} p_{i_1 i_2} \cdots p_{i_{n-1} i_n}$.

定义 3.53 称条件概率 $p_{ij}^{(n)} = P(X_{m+n} = j \mid X_m = i), i, j \in E, m \geqslant 0, n \geqslant 1$ 为马尔可夫链的 n **步转移概率**, 相应地称 $P^{(n)} = (p_{ij}^{(n)})$ 为 n **步转移矩阵**.

定理 3.37(查普曼–柯尔莫哥洛夫 (Chapman-Kolmogorov) 方程, 简称 C-K 方程) 对一切 $n, m \geqslant 0, i, j \in E$ 有

(1) $p_{ij}^{(m+n)} = \sum_{k \in S} p_{ik}^{(m)} p_{kj}^{(n)}$;

(2) $P^{(n)} = P^n$.

2. 状态的分类及性质

马尔可夫链的性质很大程度上取决于其状态的性质, 而链中的状态数目往往很大, 研究每一个状态的性质比较繁琐. 如果能够把马尔可夫链中的状态按照一定的方式分不同的类, 同一类中的状态具有相同或类似的特性, 分类对研究是有帮助的.

定义 3.54 称状态 i **可达**状态 $j(i, j \in E)$, 若存在 $n \geqslant 0$ 使得 $p_{ij}^{(n)} > 0$, 记为 $i \to j$. 若同时有状态 $j \to i$, 则称 i 与 j **互通**, 记为 $i \leftrightarrow j$.

定理 3.38 互通是一种等价关系, 即满足

(1) **自反性** $i \leftrightarrow i$;

(2) **对称性** 若 $i \leftrightarrow j$, 则 $j \leftrightarrow i$;

(3) **传递性** 若 $i \leftrightarrow j, j \leftrightarrow k$; 则 $i \leftrightarrow k$.

我们把任何两个互通的状态归为一类, 由上述定理可知, 同在一类的状态都是互通的, 并且任何一个状态不能同时属于两个不同的类.

定义 3.55 若马尔可夫链只存在一个类, 就称它是**不可约的**, 否则称为**可约的**.

定义 3.56(周期性) 若 $i \in E$, 令 $d_i = \gcd\{n \geqslant 1 : p_{ii}^{(n)} > 0\}$, 其中 gcd 表示最大公因子, 称 d_i 为状态 i 的**周期**. 若 $d_i > 1$, 称 i 是**周期的**; 若 $d_i = 1$, 称状态 i 是非周期的.

定理 3.39 若 $i \leftrightarrow i$, 那么 $d_i = d_i$.

定义 3.57(常返性) 对于任何状态 i, j, 以 $f_{ij}^{(n)}$ 记从状态 i 出发经过 n 步后首次到达状态 j 的概率, 则有 $f_{ij}^{(0)} = 0, f_{ij}^{(n)} = P\{X_n = j, X_k \neq j, k = 1, 2, \cdots, n - 1 | X_0 = i\}, n \geqslant 1$. 令 $f_{ij} = \sum_{n=1}^{\infty} f_{ij}^{(n)}$, 若 $f_{jj} = 1$, 称状态 j 为**常返状态**. 若 $f_{jj} < 1$, 称状态 j 为**非常返状态或瞬时状态**.

对于常返状态 i, 定义 $\mu_i = \sum_{n=1}^{\infty} n f_{ii}^{(n)}$. μ_i 表示的是由状态 i 出发再返回状态 i 所需的平均步数 (时间).

注 对于常返态 i, 可知从 i 出发后必定会返回 i, 这种返回不仅会发生, 而且会无限多次发生, 这也正是 "常" 的直观含义.

定义 3.58 对于常返状态 i, 若 $\mu_i < \infty$, 则称状态 i 为**正常返状态**; 若 $\mu_i = \infty$, 则称状态 i 为**零常返状态**. 特别地, 若状态 i 正常返且是非周期的, 则称之为**遍历状态**, 若状态 i 是遍历状态, 且 $f_{ii}^{(1)} = 1$, 则称状态 i 为**吸收状态**. 此时显然 $\mu_i = 1$.

定理 3.40 如果 $i \leftrightarrow j$, 那么

(1) i 是瞬时状态当且仅当 j 是瞬时状态;

(2) i 是常返状态当且仅当 j 是常返状态;

(3) i 是正常返状态当且仅当 j 是正常返状态.

定理 3.41 有限状态马尔可夫链一定存在正常返状态.

定理 3.42 若 $i \in S$ 是常返状态, 令 $C_i = \{j \in E : i \leftrightarrow j\}$, 那么 C_i 是闭集.

定理 3.43 (状态空间的分解) $S = C_1 + C_2 + \cdots + C_M + \mathcal{N}$, 其中 $C_i (1 \leqslant i \leqslant M)$ 表示常返状态等价类, $\mathcal{N}$ 表示所有瞬时状态全体.

3. **极限定理及平稳分布**

通过上述对常返性的讨论, 可以初步了解到随时间的推移, 马尔可夫链轨道运行的规律, 但是常返性的相关知识仍然没有给出当 $n \to \infty$ 时转移概率 p_{ij}^n 有没

有极限. 如果对这样的渐进性有所掌握, 我们便能知晓充分长时间之后链所呈现出的最终形态.

定理 3.44　(1) i 是常返状态当且仅当 $\sum_{n=1}^{\infty} p_{ii}^{(n)} = \infty$;

(2) i 是瞬时状态当且仅当 $\sum_{n=1}^{\infty} p_{ii}^{(n)} < \infty$.

定理 3.45　(1) 若 i 是瞬时状态, 那么 $\lim_{n \to \infty} p_{ii}^{(n)} = 0$;

(2) 若 i 是零常返状态, 那么 $\lim_{n \to \infty} p_{ii}^{(n)} = 0$;

(3) 若 i 是非周期正常返状态, 那么 $\lim_{n \to \infty} p_{ii}^{(n)} = \dfrac{1}{\mu_i}$;

(4) 若 i 是周期为 d_i 的正常返状态, 那么 $\lim_{n \to \infty} p_{ii}^{(nd_i)} = \dfrac{d_i}{\mu_i}$, 其中 $\mu_i < \infty$.

推论 3.2　(1) 若 j 是零常返或瞬时状态, 那么对任意状态 i, 有 $\lim_{n \to \infty} p_{ij}^{(n)} = 0$;

(2) 若 j 是非周期正常返状态, 那么对任意状态 i, 有 $\lim_{n \to \infty} p_{ij}^{(n)} = \dfrac{f_{ij}}{\mu_i}$.

定义 3.59　如果在 E 上存在概率分布 $\{\pi_j, j \in E\}$ 使得 $\pi_j = \sum_{i \in E} \pi_i p_{ij}$, 称 $\{\pi_j, j \in E\}$ 为该马尔可夫链的**平稳分布**.

定义 3.60　对于遍历的马尔可夫链, 极限 $\lim_{n \to \infty} p_{ij}^{(n)} = \pi_j, j \in E$ 称为马尔可夫链的**极限分布**.

注　$\pi_j = \dfrac{1}{\mu_j}$.

定理 3.46　对于不可约非周期的马尔可夫链 $\{X_n, n = 0, 1, 2, \cdots\}$:

(1) 若它是遍历的, 则 $\pi_j = \lim_{n \to \infty} p_{ij}^{(n)} > 0, j \in E$ 是平稳分布且是唯一的平稳分布;

(2) 若状态都是瞬时的或全为零常返的, 则平稳分布不存在.

4. 可逆马尔可夫链

定义 3.61　如果对任意 $m \geqslant 0$ 和 $M \geqslant m$, 有 $(X_M, X_{M-1}, \cdots, X_{M-m}) \overset{d}{=} (X_0, X_1, \cdots, X_m)$, 称 $\{X_n, n \geqslant 0\}$ 是**可逆马尔可夫链**.

定理 3.47　假设马尔可夫链的平稳分布 $\{\pi_j, j \in E\}$ 存在, 选择 $\{\pi_j, j \in E\}$ 作为初始分布 p_0. $\{X_n, n \geqslant 0\}$ 是可逆的当且仅当 $(X_1, X_0) \overset{d}{=} (X_0, X_1)$, 即 $\pi_i p_{ij} = \pi_j p_{ji}, i, j \in E$.

定理 3.48　假设 $\{X_n, n \geqslant 0\}$ 是不可约平稳马尔可夫链, 转移矩阵为 P. 该马尔可夫链是可逆的当且仅当对任意闭路径 $i_0, i_1, \cdots, i_{m-1}, i_m = i_0$, 有

$$p_{i_0 i_1} p_{i_1 i_2} \cdots p_{i_{m-1} i_0} = p_{i_0 i_{m-1}} \cdots p_{i_2 i_1} p_{i_1 i_0}.$$

走近数学家 (四)

柯尔莫哥洛夫 (Kolmogorov) 是苏联数学家, 他 1903 年生于俄国顿巴夫市, 1987 年逝世. 柯尔莫哥洛夫 1925 年毕业于莫斯科大学, 1929 年研究生毕业, 成为莫斯科大学数学研究所研究员. 柯尔莫哥洛夫任莫斯科大学教授, 获物理数学博士学位, 还是苏联科学院院士, 苏联教育科学院院士. 他还被选为荷兰皇家学会、英国皇家学会、美国国家科学院、法国科学院、罗马尼亚科学院以及其他多个国家科学院的会员或院士, 并获得不少著名大学的荣誉博士称号.

柯尔莫哥洛夫是 20 世纪最有影响的数学家之一, 对开创现代数学的许多分支都做出了重大贡献. 他是现代概率论的开拓者之一, 柯尔莫哥洛夫与辛钦 (Khinchin) 共同把实变函数的方法应用于概率论. 1933 年, 柯尔莫哥洛夫的专著《概率论的基础》出版, 书中第一次在测度论基础上建立了概率论的严密公理体系, 这一光辉成就使他名垂史册. 因为这一专著不仅提出了概率论的公理定义, 在公理的框架内系统地给出了概率论的理论体系, 而且给出并证明: 相容的有限维概率分布族决定无穷维概率分布的 "相容性定理", 解决了随机过程的概率分布的存在问题; 提出了现代的一般的条件概率和条件期望的概念并导出了它们的基本性质, 使马尔可夫过程以及很多关于随机过程的概念得以严格地定义并论证, 这就奠定了近代概率论的基础, 从而使概率论建立在完全严格的数学基础之上. 20 世纪 20 年代, 他还做了关于强大数律、重对数律的基本工作. 1949 年, 格涅坚科 (Gnedenko) 和柯尔莫哥洛夫出版了专著《相互独立随机变量之和的极限分布》, 这是一部论述 20 世纪 30 年代以来, 柯尔莫哥洛夫和辛钦等的以无穷可分律和稳定律为中心的独立随机变量和的弱极限理论的总结性著作. 20 世纪 60 年代, 他还将概率论用于研究语言学并取得了颇富启迪性的成果, 即作诗的概率方法和用概率试验法确定俄语语音的熵, 他还开创了预报理论.

柯尔莫哥洛夫是随机过程论的奠基人之一. 20 世纪 30 年代, 他建立了马尔可夫过程的两个基本方程, 他的论文《概率论的解析方法》为现代马尔可夫随机过程论和揭示概率论与常微分方程及二阶偏微分方程的深刻联系奠定了基础. 在 20 世纪 30~40 年代, 柯尔莫哥洛夫建立了希尔伯特空间几何与平稳随机过程和平稳随机增量过程的一系列问题之间的联系, 给出了这两种过程的谱表示, 完整地研究了它们的结构以及平稳随机过程的内插与外推问题等. 他的平稳过程的结果创造了一个全新的随机过程论的分支, 在科学和技术上有广泛的应用.

　　柯尔莫哥洛夫因在调和分析、概率论、遍历理论、动力系统的原创性发现而获得了 1980 年的沃尔夫奖.

3.3　连续时间随机过程

3.3.1　基本概念

　1. 高斯空间

　　定义 3.62　当随机过程的轨道 (见定义 3.26) 连续对于 $\omega \in \Omega$ 几乎处处成立, 则称随机过程是**连续的**.

　　定义 3.63　一个实值随机变量 X 称为**高斯的**, 如果它的分布具有密度

$$g_{\mu,\sigma}(x) = (\sigma\sqrt{2\pi})^{-1} \exp\left[\frac{(x-\mu)^2}{2\sigma^2}\right],$$

其中 $\mu \in \mathbb{R}, \sigma > 0$. 当 $EX = \mu, \mathrm{Var}X = \sigma^2$ 时, 此为 μ 点的狄拉克 (Dirac) 质量, 对应的 $\mathbb{R}$ 上的概率测度记作 $N(\mu,\sigma^2)$.

　　若 X 为高斯的, 则 $\forall a \in \mathbb{C}, E[\exp(aX)] = \exp[aEX + \frac{1}{2}a^2\mathrm{Var}(X)]$. 相反地, 若上式对任意实数 a 或纯虚数 a 成立, 则 X 是高斯的.

　　定义 3.64　d 维向量 X 称为**高斯的**, 如果 $\forall a \in \mathbb{R}^d, \sum_{i=1}^d a_i X_i$ 为高斯随机变量, 或者等价地, $\forall a \in \mathbb{R}^d, E[\exp\{a \cdot X\}] = \exp\{a \cdot EX + \frac{1}{2}\langle K(X)a, a\rangle\}$, 这里 $a \cdot X = \sum_{i=1}^d a_i X_i, K_{ij}(X) = \mathrm{Cov}(X_i, X_j), 1 \leqslant i \leqslant j \leqslant d, K(X)$ 称为 X 的协方差阵.

　　注　即使 $X_1, \cdots, X_d$ 都是高斯的, $X = (X_1, \cdots, X_d)^{\mathrm{T}}$ 也不一定是高斯向量. 若 $X_1, \cdots, X_d$ 相互独立, 则 X 是高斯向量.

　　定理 3.49　若 $\forall k, X_k : \Omega \to \mathbb{R}$ 服从高斯分布, 且在 $L^2(\Omega)$ 意义下有 $X_k \to X$, 即 $E|X_k - X|^2 \to 0 (k \to \infty)$, 则 X 具有高斯分布.

　　定义 3.65　随机过程 $\{X_t, t \in T\}$ 是高斯的, 当 $\forall k \in N t_1, \cdots, t_k \in T, d \times k$ 维随机向量 $(X_{t_1}, \cdots, X_{t_k})$ 为**高斯向量**.

　　定义 3.66　一个 $L^2(\Omega)$ 的闭子空间 H 称为**高斯空间**, 当它的元素为零均值的高斯随机变量. 联系一个高斯过程 $\{X_t, t \in T\}$ 的高斯空间 $H(X)$ 为 $L^2(\Omega)$ 的闭子空间, 且由 $\{\langle a, X_t - EX_t\rangle; a \in \mathbb{R}^d, t \in T\}$ 张成.

　　定义 3.67(均方连续)　若 $t \to X_t$ 为 $T \to L^2(\Omega)$ 上的连续映射, 则 X_t 均方连续, 即 $E|X_t - X_{t_0}|^2 \to 0, t \to t_0$.

2. 连续时间鞅

定义 3.68 连续时间的**下鞅** (上鞅) 为实值过程 $\{X_t, t \geqslant 0\}$, 使得 $0 \leqslant s \leqslant t$ 时,

(1)X_t 为 $\mathcal{F}_t$ 可测且可积, $E|X_t| < \infty$;

(2)$E[X_t \,|\, \mathcal{F}_s] \geqslant X_s (E[X_t \,|\, \mathcal{F}_s] \leqslant X_s)$, a.e..

$\{X_k\}$ 为鞅, 当且仅当 $\{X_k\}$ 既是上鞅又是下鞅. d 维鞅是一列 d 维随机变量 $\{M_k, 1 \leqslant k \leqslant n\}$, 使得每个分量都为鞅.

命题 3.8 令 $\{X_t, t \geqslant 0\}$ 为连续下鞅, $\forall T, \lambda \geqslant 0$, 则 $\forall \lambda > 0$, 下式成立:

$$P\{\sup_{0 \leqslant t \leqslant T} X_t \geqslant \lambda\} \leqslant \lambda^{-1} \int_{\{\sup_{0 \leqslant t \leqslant T} X_t \geqslant \lambda\}} X_T \mathrm{d}P \leqslant \lambda^{-1} E X_T^+.$$

推论 3.3 $\{X_t, t \geqslant 0\}$ 为 d 维连续时间鞅, 则 $\forall T, \lambda > 0$, $p \geqslant 1$ 有

$$P\{\sup_{0 \leqslant t \leqslant T} X_t \geqslant \lambda\} \leqslant \lambda^{-p} E|X_T|^p.$$

命题 3.9 令 $\{X_t, t \geqslant 0\}$ 为 d 维连续时间鞅, $p \geqslant 1, \forall T, \lambda > 0, P\{\sup_{0 \leqslant t \leqslant T} X_t \geqslant \lambda\} \leqslant \lambda^{-p} E|X_T|^p, 1 < p, q < \infty, \frac{1}{p} + \frac{1}{q} = 1$, 则

$$\left\| \sup_{0 \leqslant t \leqslant T} |X_t| \right\|_{L^p(\Omega)} \leqslant q \|X_T\|_{L^p(\Omega)}.$$

定理 3.50(Doob 停时定理) 设 $\{\mathcal{F}_t\}_{t \geqslant 0}$ 右连续, 令 $\{X_t\}_{t \in \overline{R}}$ 为一上鞅 (鞅), 其几乎所有轨道右连续. 令 S, T 为两个停时, 且 $S \leqslant T$, 则有

$$E[X_T \,|\, \mathcal{F}_S] \leqslant X_S (E[X_T \,|\, \mathcal{F}_S] = X_S), \text{a.s.}$$

3.3.2 布朗运动

1. 基本概念

1827 年, 英国植物学家布朗 (Brown) 首次观察并描述了液体中小颗粒在周围颗粒随机地影响下的运动情况, 后人将其称为布朗运动. 1905 年, 爱因斯坦 (Einstein) 提出了布朗运动的数学理论. 1923 年, 维纳 (Wiener) 将其发展并严格化.

定义 3.69 令 $\{B_t, t \geqslant 0\}$ 是连续实值随机过程, 如果满足

(1) **初始值** $B_0 = 0$;

(2) **独立增量**　$\forall k \geqslant 2, 0 = t_0 < t_1 < \cdots < t_k$, 随机变量 $\{B_{t_i} - B_{t_{i-1}}, 1 \leqslant i \leqslant k\}$ 独立;

(3) **平稳增量**　$\forall 0 \leqslant s \leqslant t, B_t - B_s$ 与 $B(t - s)$ 同分布;

(4) **正态分布**　对任何 $t > 0, B_t \sim N(0, \sigma^2 t)$.

则称 $\{B_t, t \geqslant 0\}$ 是参数为 σ^2 的**布朗运动**. 当 $\sigma^2 = 1$ 时, 称为**标准布朗运动**.

除特别说明外, 以下总假定 $\{B_t, t \geqslant 0\}$ 为标准布朗运动.

定义 3.70　给定一个带流概率空间 $\left(\Omega, \mathcal{F}, \{\mathcal{F}_t\}_{t \geqslant 0}, P\right)$, 我们称连续实值随机过程 $\{B_t, t \geqslant 0\}$ 为 $\mathcal{F}_t$-布朗运动, 如果满足

(1) $B_0 = 0$;

(2) $\{B_t, t \geqslant 0\}$ 关于 $\{\mathcal{F}_t\}_{t \geqslant 0}$ 是适应的;

(3) $\forall 0 \leqslant s < t, B_t - B_s$ 与 $\mathcal{F}_s$ 独立, 且分布为 $N(0, t - s)$.

2. 布朗运动的性质

命题 3.10　$(1)\{B_t, t \geqslant 0\}$ 为布朗运动, 当且仅当它是连续零均值的高斯过程且协方差为 $E[B_s B_t] = s \wedge t, s, t \geqslant 0$;

(2) 若 $B_t, t \geqslant 0$ 为布朗运动, 则

① $\dfrac{1}{c} B\left(c^2 t\right), t \geqslant 0, \forall c > 0$ 是布朗运动;

② $\tilde{B}_t = \begin{cases} tB(t^{-1}), & t > 0, \\ 0, & t = 0 \end{cases}$ 也是布朗运动.

命题 3.11(布朗运动平方变差的莱维震动性质)　$\forall t > 0, 0 = t_0^n < t_1^n < \cdots < t_n^n = t, V_{t,B}^n = \sum_{i=1}^n \left|B_{t_i^n} - B_{t_{i-1}^n}\right|^2$. 若当 $n \to \infty$ 时, $\sup_i (t_i^n - t_{i-1}^n) \to 0$, 则当 $n \to \infty$ 时, $V_{t,B}^n \to t$(均方意义下). 即当 $n \to \infty$ 时, $E\left|V_{t,B}^n \to t\right|^2 \to 0$.

引理 3.2　$[S_1, S_2]$ 的 2^n 等分点为 $S_1 = t_0^{(n)} < t_1^{(n)} < \cdots < t_{2^n}^{(n)} = S_2$, 当 $n \to \infty$ 时, 有 $S_n = \sum_{k=0}^{2^n - 1} (\Delta B_{t_k^{(n)}})^2 \to S_2 - S_1, \text{a.s.}$.

定理 3.51(布朗运动的鞅性质)　设 $\{B_t, t \geqslant 0\}$ 为布朗运动, 则

$(1)\{B_t, t \geqslant 0\}$ 是鞅;

$(2)\{B_t^2 - t, t \geqslant 0\}$ 是鞅;

(3) 对任何实数 u, $\left\{\exp\left[uB_t - \dfrac{u^2}{2}t\right], t \geqslant 0\right\}$ 是鞅.

定理 3.52　以概率 1 是布朗运动的样本函数在 T 的任何有限区间上非有界变差.

注　由定理 3.52 可知, 布朗运动样本轨道非有界变差, 故不能 L-S 积分. 因此, 布朗运动不能按样本轨道定义积分.

定理 3.53(柯尔莫哥洛夫连续性定理) 假定随机过程 $X = \{X_t\}_{t \geqslant 0}$ 满足 $\forall t \geqslant 0, \exists \alpha, \beta, D > 0$, 使得

$$E\left|X_t - X_s\right|^\alpha \leqslant D\left|t - s\right|^{1+\beta}, \quad 0 \leqslant s, t \leqslant T,$$

则存在一个 X 的连续修正.

注 由定理 3.53 可得布朗运动存在一个连续修正, 读者可自证

$$E\left|B_t - B_s\right|^4 \leqslant 3\left|t - s\right|^2.$$

命题 3.12 几乎所有 $\{B_t, t \geqslant 0\}$ 的轨线在 $\mathbb{R}_+$ 上处处不可微, $\forall \alpha < \dfrac{1}{2}$, 布朗运动几乎所有轨线在 $\mathbb{R}_+$ 的任何紧子集上是指数为 α 的赫尔德 (Hölder) 连续, 即对 $\forall t > 0$, 有

$$\sup_{\{s, t \in [0,T],\ 0 < |t-s| < h\}} \frac{B_t - B_s}{|t - s|^\alpha} \to 0, \text{a.s.}, h \to 0.$$

定理 3.54 给定一个布朗运动 $\{B_t, t \geqslant 0\}$, 将每一个 $f \in L^2(\mathbb{R}_+)$ 联系一个平方可积的随机变量 $B(f) = \displaystyle\int_{\mathbb{R}_+} f(t)\mathrm{d}B_t$ 所得的积分叫做**维纳积分**, 且满足:

(1) 若 $f = 1_{(u,v]}, 0 \leqslant u < v$, 则 $B(f) = B_v - B_u$;

(2) $f \to B(f), L^2(\mathbb{R}_+) \to L^2(\Omega)$ 是线性等距的, $E[B(f_1)B(f_2)] = \langle f_1, f_2 \rangle$, 且 $\{B(f) : f \in L^2(\mathbb{R}_+)\}$ 为 $L^2(\Omega)$ 的子空间, 并与高斯空间 $H(B)$ 相符合.

命题 3.13 令 $f \in C^1(\mathbb{R}_+), T > 0$, 则

$$\int_0^T f(t)\mathrm{d}B_t + \int_0^T f'(t)B_t\mathrm{d}t = f(T)B_T.$$

定义 3.71(d 维布朗运动) 取值于 $\mathbb{R}^d$ 中的随机过程 $\{B_t, t \geqslant 0\}$ 称为 d 维布朗运动, 当其分量 $\{B_t^1, t \geqslant 0\}, \cdots, \{B_t^d, t \geqslant 0\}$ 为相互独立的布朗运动, 或等价地, 它是连续的零均值高斯过程, 其协方差函数 $E(B_s \otimes B_t) = (s \wedge t)I, s, t \geqslant 0$, I 是 $d \times d$ 的单位阵.

3. 布朗运动的推广

1) 布朗桥

布朗运动是最基本的一类过程. 通过它可以定义另一类在数理金融中经常用到的过程.

定义 3.72 设 $\{B_t, t \geqslant 0\}$ 为布朗运动. 令 $B_t^* = B_t - tB_1, 0 \leqslant t \leqslant 1$, 则称 $\{B_t^*, 0 \leqslant t \leqslant 1\}$ 为**布朗桥** (Brown bridge).

因为布朗运动是高斯过程, 所以布朗桥也是高斯过程, 其 n 维分布由均值函数和方差函数完全确定. 且 $B_0^* = B_1^* = 0$, 对于 $\forall 0 \leqslant s \leqslant t \leqslant 1$, 有 $EB_t^* = 0, E[B_s^* B_t^*] = s(1-t)$.

2) 反射布朗运动

定义 3.73 由 $X_t = |B_t|, t \geqslant 0$, 定义的过程 $\{X_t, t \geqslant 0\}$ 称为**在原点反射的布朗运动**.

给定 $t > 0$, 它的密度函数为 $p(t, x) = \dfrac{2}{\sqrt{2\pi t}} \mathrm{e}^{-\frac{x^2}{2t}}$, $x \geqslant 0$.

3) 几何布朗运动

定义 3.74 给定 $\alpha, \beta \in \mathbb{R}$, 由 $Y_t = \mathrm{e}^{\alpha t + \beta B_t}, t \geqslant 0$, 定义的过程 $\{Y_t, t \geqslant 0\}$ 称为**几何布朗运动**.

给定 $t > 0$, 它的密度函数为 $p(t, y) = \dfrac{1}{\sqrt{2\pi t}\beta y} \mathrm{e}^{-\frac{(\alpha t - \ln y)^2}{2t\beta^2}}, y \geqslant 0$.

几何布朗运动对金融市场的研究非常重要, 它通常用于描述股票的价格.

注 由下节定理 3.60(1 维伊藤引理) 可得 $\mathrm{d}Y_t = \alpha Y_t \mathrm{d}t + \beta Y_t \mathrm{d}B_t$, 若将 Y_t 理解为股票价格, 当 $\beta = 0$ 时, 可得 $Y_t = \mathrm{e}^{\alpha t} Y_0$, 由此 α 可理解为无风险利率, β 作为扩散项的系数, 可以理解为股票价格的波动率, 因而几何布朗运动是描述股票价格行为时最为广泛使用的一种模型.

4) 有漂移的布朗运动

定义 3.75 设 $\{B_t, t \geqslant 0\}$ 为布朗运动, 称 $\{Z_t = B_t + \mu t, t \geqslant 0\}$ 为**有漂移的布朗运动**, 其中常数 μ 称为**漂移系数**.

3.3.3 伊藤随机分析

1. 伊藤积分

定义 3.76 定义在 $\mathbb{R}_+ \times \Omega$(相应地, $[0, T] \times \Omega$) 上的随机过程 $\phi_t(\omega)$ 称为**循序可测的**, 当对于每个 $t \in \mathbb{R}_+$(相应地, $t \in [0, T]$), 映射 $(s, \omega) \to \phi_s(\omega) : [0, t] \times \Omega \mapsto \mathbb{R}$ 为 $\mathcal{B}([0, t]) \otimes \mathcal{F}_t$ 可测的.

记 $M^2(\mathbb{R}_+)$(相应地, $M^2(0, T)$) 为包含那些循序可测过程的 $L^2(\Omega \times \mathbb{R}_+, \mathcal{F} \otimes \mathcal{B}(\mathbb{R}_+), P(\mathrm{d}\omega)\mathrm{d}t)$(相应地, $L^2(\Omega \times [0, T], \mathcal{F} \otimes \mathcal{B}([0, T]), P(\mathrm{d}\omega)\mathrm{d}t)$) 的子空间. 内积为 $\langle \varphi, \phi \rangle = E \displaystyle\int_{R_+} \varphi_t \phi_t \mathrm{d}t$(相应地, $E \displaystyle\int_0^T \varphi_t \phi_t \mathrm{d}t$), 于是 $M^2(\mathbb{R}_+)$(相应地, $M^2(0, T)$) 为希尔伯特空间.

记 $M^2 = \bigcap_{T>0} M^2(0, T)$, 即 $M^2 = \left\{ \varphi : \forall T > 0, E \displaystyle\int_0^T \varphi_t^2 \mathrm{d}t < \infty \right\}$.

命题 3.14 循序可测过程为适应过程; 右 (左) 连续的适应过程为循序可测过程.

命题 3.15 $\{X_t, t \in [0, \infty)\}$ 为 $(\Omega, \mathcal{F}, \mathcal{F}_t)$ 上的循序过程, 若 τ 为 $\mathcal{F}_t$ 停时, 则随机变量 $X_\tau I_{\{\tau < \infty\}} = X_{\tau(\omega)}(\omega) I_{\{\tau(\omega) < \infty\}}$ 为 $\mathcal{F}_\tau$ 可测的, 且过程 $X_t^\tau = X_{t \wedge \tau}$ 为循序可测过程.

下面我们来看一下定义随机积分的方法: 我们先从简单函数开始, 扩展到 M^2(取极限的思想), 再可以分别扩展到多维和 M^2_{loc}.

定义 3.77 用 $\mathcal{E}$ 表示下面阶梯函数的过程集合:

$$\varphi_t(\omega) = \sum_{i=0}^{n-1} X_i(\omega) 1_{(t_i, t_{i-1}]}(t) + X_0(\omega) 1_{\{t=0\}}(t), \quad t \geqslant 0,$$

其中 $n \in \mathbb{N}, 0 < t_0 < t_1 < \cdots < t_n, X_i$ 满足 $\mathcal{F}_{t_i}$ 可测且平方可积, $0 \leqslant i \leqslant n-1$. 对 $\varphi \in \mathcal{E}$ 定义伊藤随机积分过程

$$B_t(\varphi) = \int_0^t \varphi_s \mathrm{d}B_s = \sum_{i=0}^{n-1} X_i(\omega)(B_{t \wedge t_{i+1}} - B_{t \wedge t_i}), \quad t \geqslant 0.$$

定理 3.55 若 $\varphi \in \mathcal{E}$, 则对于 $t > 0$, 有

(1) **零均值性** $EB_t(\varphi) = 0$;

(2) $EB_t^2(\varphi) = E\int_0^t \varphi_s^2 \mathrm{d}s, t \geqslant 0$;

(3) **鞅性** $E[B_t(\varphi) - B_s(\varphi) | \mathcal{F}_s] = 0, 0 < s < t$;

(4) **等距性** $(L^2(\Omega, \mathcal{F}_t, P)$ 与 $M^2(0, t))$

$$E[(B_t(\varphi) - B_s(\varphi))^2 | \mathcal{F}_s] = E\left[\int_s^t \varphi_r^2 \mathrm{d}r | \mathcal{F}_s\right], \quad 0 < s < t.$$

定理 3.56 $\forall \varphi \in M^2$, 存在一列 $\{\varphi_n\}_{n \in \mathbb{N}} \subset \mathcal{E}$ 使得 $\forall T > 0$, 在 $M^2(0, T)$ 中有 $\varphi_n 1_{[0,T]} \to \varphi 1_{[0,T]}$, 即 $\{\varphi_n\}_{n \in \mathbb{N}} \subset \mathcal{E}$ 在 $M^2(0, T)$ 中按范数收敛:

$$E\int_0^T (\varphi_n 1_{[0,T]} - \varphi 1_{[0,T]})^2 \mathrm{d}t \to 0.$$

定理 3.57 $\forall \varphi \in M^2$, 存在一个连续鞅 $B_t(\varphi) = \int_0^t \varphi_s \mathrm{d}B_s, t \geqslant 0$, 满足 $EB_t(\varphi) = 0, EB_t^2(\varphi) = E\int_0^t \varphi_s^2 \mathrm{d}s, t \geqslant 0$. 且更一般地, 若 $0 < s < t, E[(B_t(\varphi) - B_s(\varphi))^2 | \mathcal{F}_s] = E[\int_s^t \varphi_r^2 \mathrm{d}r | \mathcal{F}_s]$. 若 $\varphi \in M^2(\mathbb{R}_+)$, 则当 $t \to \infty$ 时, 在 $L^2(\Omega)$ 上有

$$B_t(\varphi) \to B_\infty(\varphi) = \int_{\mathbb{R}_+} \varphi_s \mathrm{d}B_s, \text{a.s.}.$$

定理 3.58(伊藤积分的存在性)　若简单随机过程序列 φ_n 均方收敛于函数 φ, 那么 φ 的伊藤积分存在.

伊藤积分可做如下推广:

定义 3.78(多维伊藤积分)　令 $B(t) = (B_1(t), \cdots, B_k(t))$ 为 k 维 $\mathcal{F}_t$-布朗运动, $\{\varphi_t, t \geqslant 0\}$ 为 $d \times k$ 维矩阵值过程, $\forall 1 \leqslant i \leqslant d, 1 \leqslant j \leqslant k, \varphi^{i,j} \in M^2$. 定义:

$$B_t(\varphi) = \int_0^t \begin{pmatrix} \varphi_{11} & \cdots & \varphi_{1k} \\ \vdots & & \vdots \\ \varphi_{d1} & \cdots & \varphi_{dk} \end{pmatrix} \begin{pmatrix} \mathrm{d}B_s^1 \\ \vdots \\ \mathrm{d}B_s^k \end{pmatrix},$$

即 d 维向量 $B_t(\varphi)$ 的第 i 个分量为 $B_t^i(\varphi) = \sum_{j=1}^k \int_0^t \varphi_s^{ij} \mathrm{d}B_s^j, 1 \leqslant i \leqslant d, t \geqslant 0$.

定理 3.59(多维伊藤积分的性质)　令 $\varphi, \phi \in (M^2)^{d \times k}$, 则 $\forall 0 \leqslant s < t$, 显然有

(1) $B_t(\varphi) = \displaystyle\int_0^t \varphi_s \mathrm{d}B_s$ 为 $\mathcal{F}_t$ 可测的 d 维随机向量;

(2) $EB_t(\varphi) = 0$;

(3) $E[(B_t(\varphi) - B_s(\varphi))(B_t(\phi) - B_s(\phi))^{\mathrm{T}} \,|\, \mathcal{F}_s] = E[\displaystyle\int_s^t \varphi_r \phi_r^{\mathrm{T}} \mathrm{d}r \,|\, \mathcal{F}_s]$;

(4) $E[\langle B_t(\varphi) - B_s(\varphi), B_t(\phi) - B_s(\phi) \rangle \,|\, \mathcal{F}_s] = E[\displaystyle\int_s^t Tr(\varphi_r \phi_r^{\mathrm{T}}) \mathrm{d}r \,|\, \mathcal{F}_s]$.

定义 3.79　对于 $T \leqslant \infty$, 定义 $M_{\mathrm{loc}}^2(0, T)$ 为循序可测空间, 且要满足 $\displaystyle\int_0^T \varphi_t^2 \mathrm{d}t < \infty$, a.s., 即 $P\left(\displaystyle\int_0^T \varphi_t^2 \mathrm{d}t < \infty\right) = 1$. 定义 $M_{\mathrm{loc}}^2 = \bigcap_{T>0} M_{\mathrm{loc}}^2(0, T)$.

定义 3.80　令 $\varphi \in M_{\mathrm{loc}}^2$, 对每个 $n \in \mathbb{N}$ 定义停时 $\tau_n := \inf\left\{ t \geqslant 0; \displaystyle\int_0^t \varphi_s^2 \mathrm{d}s > n \right\}$, 则有当 $n \to \infty$ 时, $\tau_n \to \infty$. 对每个 n 定义 $B_t^n(\varphi) := \displaystyle\int_0^t 1_{[0,\tau_n]}(s) \varphi_s \mathrm{d}B_s, t \geqslant 0$. 对每个 $T > 0$, 当 $n \to \infty$ 时, $B_t^n(\varphi)$ 在 $t \in [0, T]$ 上 a.s. 一致收敛于极限 $B_t(\varphi) = \displaystyle\int_0^t \varphi_s \mathrm{d}B_s, t \geqslant 0$, 从而 $B_t(\varphi)$ 连续, 这就是对应于 $\varphi \in M_{\mathrm{loc}}^2$ 的伊藤积分.

2. 伊藤引理

定义 3.81　**伊藤过程**是下面形式的随机过程 $\{X_t, t \geqslant 0\}$:

$$X_t = X_0 + \int_0^t \psi_s \mathrm{d}s + \int_0^t \varphi_s \mathrm{d}B_s,$$

其中 X_0 为 $\mathcal{F}_0$ 可测的随机向量 (常取常数), ψ_s, φ_s 为循序可测过程且满足 $\int_0^t |\psi_s|\,\mathrm{d}s$ $< \infty, \mathrm{a.s.}, t \geqslant 0,\ \varphi_s \in M^2_{\mathrm{loc}}$. 此时, $\{X_t, t \geqslant 0\}$a.s. 连续, 且循序可测.

定理 3.60 (1 维伊藤引理) 若 $\{X_t, t \geqslant 0\}$ 为伊藤过程, $\Phi \in C^{1,2}(\mathbb{R}_+ \times \mathbb{R})$, 则 $\Phi(t, X_t)$ 也是伊藤过程, 并且有

$$\Phi(t, X_t) = \Phi(0, X_0) + \int_0^t \Phi_s(s, X_s)\mathrm{d}s$$
$$+ \int_0^t \Phi_x(s, X_s)\psi_s\mathrm{d}s + \int_0^t \Phi_x(s, X_s)\varphi_s\mathrm{d}B_s + \frac{1}{2}\int_0^t \Phi_{xx}(s, X_s)\varphi_s^2\mathrm{d}s,$$

写成微分形式: 设 $\mathrm{d}X_t = \psi_t\mathrm{d}t + \varphi_t\mathrm{d}B_t$, 则

$$\mathrm{d}\Phi(t, X_t) = \Phi_t(t, X_t)\mathrm{d}t + \Phi_x(t, X_t)\mathrm{d}X_t + \frac{1}{2}\Phi_{xx}(t, X_t)\varphi_t^2\mathrm{d}t.$$

定义 3.82 令 $\{X_t, t \geqslant 0\}$ 为 d **维伊藤过程**, 形式为 $X_t = X_0 + \int_0^t \psi_s\mathrm{d}s +$ $\int_0^t \varphi_s\mathrm{d}B_s$, 这里 X_0 是 d 维 $\mathcal{F}_0$ 可测随机变量, ψ_s 为 d 维循序可测过程, 满足 $\int_0^t |\psi_s|\,\mathrm{d}s < \infty, \mathrm{a.s.}, t \geqslant 0, \{B_t, t \geqslant 0\}$ 为 k 维布朗运动, φ_s 为 $d \times k$ 维循序可测过程, 满足 $\int_0^T Tr\left(\varphi_r\varphi_r^{\mathrm{T}}\right)\mathrm{d}r < \infty, \mathrm{a.s.}, t \geqslant 0.$

记 $X = \begin{pmatrix} X_1 \\ \vdots \\ X_d \end{pmatrix}, \quad \psi = \begin{pmatrix} \psi_1 \\ \vdots \\ \psi_d \end{pmatrix}, \quad \varphi = \begin{pmatrix} \varphi_{11} & \cdots & \varphi_{1k} \\ \vdots & & \vdots \\ \varphi_{d1} & \cdots & \varphi_{dk} \end{pmatrix}, \quad \mathrm{d}B = \begin{pmatrix} \mathrm{d}B_1 \\ \vdots \\ \mathrm{d}B_k \end{pmatrix}.$

定理 3.61(多维伊藤引理) 令 $\{X_t, t \geqslant 0\}$ 为 d 维伊藤过程, $\Phi \in C^{1,2}(\mathbb{R}_+ \times \mathbb{R}^d)$, 则

$$\Phi(t, X_t) = \Phi(0, X_0) + \int_0^t \Phi_s(s, X_s)\mathrm{d}s + \int_0^t \nabla_x\Phi(s, X_s)\psi_s\mathrm{d}s + \int_0^t \nabla_x\Phi(s, X_s)\varphi_s\mathrm{d}B_s$$
$$+ \frac{1}{2}\int_0^t Tr[\Phi_{xx}(s, X_s)\varphi_s\varphi_s^{\mathrm{T}}]\mathrm{d}s, \quad t \geqslant 0,$$

其中 $\nabla_x\Phi = \left(\dfrac{\partial\Phi}{\partial x_i}\right), 1 \leqslant i \leqslant d$ 为 d 维行向量, 分量为 $\dfrac{\partial\Phi}{\partial x_i}, 1 \leqslant i \leqslant d; \Phi_{xx} = \dfrac{\partial^2\Phi}{\partial x_i\partial x_j}, 1 \leqslant i, j \leqslant d$ 为 $d \times d$ 矩阵.

3. 鞅表示定理和 Girsanov 定理

引理 3.3 $\{M_t, t \geqslant 0\}$ 为 d 维连续鞅且 $M_0 = 0, \mathrm{a.s.}, \{M_t M_t^* - tI, t \geqslant 0\}$ 为 $d \times d$ 维矩阵鞅. 若 $F \in C_b(\mathbb{R}^d, \mathbb{R}^d)$, 随机积分 $\displaystyle\int_0^t \langle F(M_s), \mathrm{d}M_s \rangle$ 可以类似于伊藤积分的构造, 且为鞅.

伊藤公式 $\Phi \in C^2(\mathbb{R}^d)$, 则

$$\Phi(M_t) = \Phi(0) + \int_0^t \Phi_s(s, X_s)\mathrm{d}s + \int_0^t \nabla\Phi(M_s)\mathrm{d}M_s + \frac{1}{2}\int_0^t Tr[\Phi''(M_s)]\mathrm{d}s, \quad t \geqslant 0.$$

定理 3.62(布朗运动的莱维鞅刻画) 令 $\{M_t, t \geqslant 0\}$ 为零初值的连续鞅, 若 $\{M_t^2 - t, t \geqslant 0\}$ 为鞅, 则 $\{M_t, t \geqslant 0\}$ 为 $\mathcal{F}_t$-布朗运动.

下面我们是在 $\mathcal{F}_t$ 是布朗运动的自然信息族的假定下进行讨论的, 即 $\mathcal{F}_t = \mathcal{F}_t^B$.

定理 3.63(鞅表示定理) 令 $\{M_t, t \geqslant 0\}$ 为鞅, 且 $M_0 = 0, \mathrm{a.s.}, E|M_t|^2 < \infty, t > 0$, 则存在唯一的 $\varphi \in (M^2)^d$, 使得

$$M_t = \int_0^t \langle \varphi_s, \mathrm{d}B_s \rangle, \quad t \geqslant 0, \mathrm{a.s.}$$

注 从前面所学知识我们知道, 布朗运动以及 M^2 中的元素是鞅. 而定理 3.62 讨论了什么条件下鞅为布朗运动, 定理 3.63 讨论了什么条件下鞅可以表示为一个布朗运动的随机积分.

推论 3.4 令 $T > 0, \xi \in L^2(\Omega, \mathcal{F}_T, P)$, 则存在唯一的 $\varphi \in M^2(0, T)$ 使得

$$\xi = E\xi + \int_0^T \langle \varphi_t, \mathrm{d}B_t \rangle.$$

命题 3.16 令 $T > 0$, $\xi \in L^p(\Omega, \mathcal{F}_T, P), p > 1$, 则存在唯一的 $\varphi \in (M_{\mathrm{loc}}^2(0, T))^d$ 使得

$$E\left[\left(\int_0^T |\varphi_t|^2 \mathrm{d}t\right)^{\frac{p}{2}}\right] < \infty,$$

以及

$$\xi = E\xi + \int_0^T \langle \varphi_t, \mathrm{d}B_t \rangle.$$

在 $(\Omega, \mathcal{F}, P)$ 中, $(\Omega, \mathcal{F})$ 是客观的, P 是主观的. 下面考虑以下两个问题: 当引进新的概率测度 Q 时,

(1) 两种概率下期望是否相同?

(2) 在一种概率下的布朗运动, 在另一种概率下是否仍然是布朗运动?

令 $(\Omega, \mathcal{F}, P)$ 是具有信息流 $(\mathcal{F}_t, t \geqslant 0)$ 的概率空间, 这里 $\mathcal{F} = \sigma(\bigcup_{t \geqslant 0} \mathcal{F}_t)$. 在此空间上定义一个 d 维 $\mathcal{F}_t$-布朗运动 $\{B_t, t \geqslant 0\}$, 令 $\varphi \in (M^2)^d$, 定义过程:

$$Z_t = \exp \left\{ \int_0^t \langle \varphi_s, \mathrm{d}B_s \rangle - \frac{1}{2} \int_0^t |\varphi_s|^2 \mathrm{d}s \right\}, \quad t \geqslant 0.$$

由伊藤公式知 $Z_t = 1 + \int_0^t Z_s \langle \varphi_s, \mathrm{d}B_s \rangle$. 假定某时刻上式中随机积分期望是 0, 则 $EZ_t = 1, t \geqslant 0$.

命题 3.17(诺维科夫 (Novikov) 条件) 若 $E\left[\exp\left(\frac{1}{2} \int_0^t |\varphi_s|^2 \mathrm{d}s \right) \right] < \infty$, 则 $EZ_t = 1$.

定理 3.64(吉尔萨诺夫 (Girsanov) 定理) 假定 $\mathcal{F}_t = \mathcal{F}_t^B$ 且 $EZ_t = 1, t \geqslant 0$, 则 $(\Omega, \mathcal{F})$ 上存在一个概率测度 Q, 使得对 $\forall t \geqslant 0, A \in \mathcal{F}_t$,

$$Q(A) = \int_A Z_t \mathrm{d}P \quad \left(\text{i.e.} \frac{\mathrm{d}Q}{\mathrm{d}P} \bigg|_{\mathcal{F}_t} = Z_t \right),$$

且如下定义的随机过程 $\{\overline{B}_t, t \geqslant 0\}$:

$$\overline{B}_t = B_t - \int_0^t \varphi_s \mathrm{d}s, \quad t \geqslant 0$$

是 Q 下的 $\mathcal{F}_t$-布朗运动.

命题 3.18(测度扩张定理) 假定对 $\forall t \geqslant 0$, 给定 $(\Omega, \mathcal{F}_t)$ 上的概率测度 R_t(其中 $\mathcal{F}_t = \mathcal{F}_t^B$), 它满足对 $0 \leqslant s < t$, 有 $R_t|_{\mathcal{F}_s} = R_s$. 则 $(\Omega, \mathcal{F})$ 上存在唯一的概率测度 R, 使得 $R|_{\mathcal{F}_t} = R_t, t \geqslant 0$.

注 在离散时间的资产定价模型 (二叉树模型) 中, 在风险中性测度下, 贴现后的股票价格是鞅过程, 而在连续时间的资产定价模型中, 由真实概率测度转化为风险中性测度时, Girsanov 定理保证了两个测度是等价的, 其波动率不变, 贴现后的股价过程仍为鞅.

走近数学家 (五)

伊藤清 (Kiyosi Itô) 1915 年生于日本三重县北势町, 2008 年在日本京都去世. 他是日本数学家、日本学士院院士、日本京都大学教授、随机分析的创始人之一、日本概率论研究的奠基者, 曾任京都大学数理分析研究所所长、日本数学会理事长. 他因在概率论方面的奠基性工作而获 1987 年的沃尔夫奖, 并于 1998 年获得京都奖, 2006 年获得首届高斯奖. 伊藤清的工作集中于概率论, 特别是随机分析领域, 他被誉为 "现代随机分析之父".

伊藤清 1935 年进入东京帝国大学学习数学. 1938 年毕业后伊藤清被安排在内阁统计局工作, 直至 1943 年, 也正是这段时间, 他做出了最为杰出的工作. 在长达五年的时间里, 伊藤清继续学习概率论, 仔细研读柯尔莫哥洛夫和莱维的文章. 在当时人们普遍认为莱维的工作非常困难, 因为他总是习惯按照自己的直觉解释概率论. 而伊藤清便努力尝试用柯尔莫哥洛夫的逻辑体系来描述莱维的思想. 经过不懈的努力, 借鉴美国概率学家杜布的正则化思想, 伊藤清最终发展了随机微分方程, 现如今它也已成为人们理解莱维理论的通用工具. 1942 年, 伊藤清在 *Japanese Journal of Mathematics* 发表了一篇著名的文章 "On Stochastic Processes(Infinitely Divisible Laws of Probability)", 文中详细解释了论文所撰写的背景, 但由于当时伊藤清缺少博士学位, 这篇文章并没有引起人们的注意, 直到几年后它的价值才获得认可. 1943 年, 伊藤清在名古屋帝国大学任教. 1945 年获博士学位, 并继续发展他的随机分析. 1952 年晋升为京都大学教授, 直至 1979 年退休.

现如今, 伊藤公式已成为随机积分里的著名的公式, 除了其数学重要性之外, 还被广泛应用于物理学、人口遗传学及其他自然科学, 特别是在金融数学、随机控制方面, 起到了奠基性的作用, 为这些学科发展提供了强有力的理论工具.

4. 随机微分方程

定义 3.83 **随机微分方程** (stochastic differential equation, SDE) 可视为常微分方程中引进了伊藤积分后的一种推广, 如下形式的方程称为**伊藤形式的随机微分方程**:

$$\begin{cases} dX_t = f(t, X_t)dt + g(t, X_t)dB_t, & t \geqslant 0; \\ X_0 = x, \end{cases} \tag{3.2}$$

也可以写成积分形式: $X_t = x + \int_0^t f(s, X_s)ds + \int_0^t g(s, X_s)dB_s, \ t \geqslant 0$, 其中 $f(t, X_t)$ 称为**漂移系数**, $g(t, X_t)$ 称为**扩散系数**.

注 对于随机微分方程而言, 系数在一定条件下也存在唯一解, 也可以写出解的显式形式. 其意义为: 系统在 $t = 0$ 时从给定状态 x 出发, 按解给出的规律运动, 未来时刻系统的状态是随机变量. 只有当时间变化, 未来时刻成为现在时刻时, 系统状态才能准确知道, 这称为适应性, 该解称为适应解. 因此, SDE 解存在唯一性并不可以通过现有初始状态精确预测未来状态, 而是说随机过程 (X_t) 的分布规律可以唯一确定, 即 SDE 的解将今天的确定状态变成明天的一般不确定状态以研究其统计规律.

假设 $f : \mathbb{R}_+ \times \mathbb{R}^d \to \mathbb{R}^d, g : \mathbb{R}_+ \times \mathbb{R}^d \to \mathbb{R}^{d \times k}$ 均为可测函数, 且满足:

(1) 利普希茨 (Lipschitz) 条件: 存在常数 $K > 0$, 使得

$$|f(t, x) - f(t, y)| + |g(t, x) - g(t, y)| \leqslant K |x - y|, \quad t \in \mathbb{R}_+, \ x, y \in \mathbb{R}^d; \quad \text{(L)}$$

(2) $\sup\limits_{t}(|f(t, 0)| + |g(t, 0)|) < \infty.$ \hfill (B)

定理 3.65(解的存在唯一性) 在条件 (L) 和 (B) 下, $\forall x \in \mathbb{R}^d$, 随机微分方程 (3.1) 存在唯一的解 $\{X_t, t \geqslant 0\} \in (M^2)^d$.

引理 3.4(格朗沃尔 (Gronwall) 不等式) 令 $t \to \phi(t)$ 为 $\mathbb{R}_+ \to \mathbb{R}$ 的映射, a, b 为实数, $b > 0$, 且满足 $\int_0^t \phi(s)\mathrm{d}s < \infty, \forall t \geqslant 0$, 若有 $\phi(t) \leqslant a + b \int_0^t \phi(s)\mathrm{d}s, \forall t \geqslant 0$, 则 $\phi(t) \leqslant a\mathrm{e}^{bt}, \forall t \geqslant 0$.

命题 3.19(解的估计) 假设 (L) 和 (B) 满足, $p \geqslant 2, E(|X_0|^p) < \infty$, 则存在常数 C_p 使得

$$E(\sup_{0 \leqslant s \leqslant t} |X_s|^p) \leqslant C_p(1 + E[|X_0|^p])(1 + t^p)\mathrm{e}^{C_p\left(t^{\frac{p}{2}} + t^p\right)}, \quad t \geqslant 0.$$

3.3.4 马尔可夫过程

1. 马尔可夫过程的定义

定义 3.84 考虑 $\{X_t, t \in T\}$, 状态空间记为 $E, E \in \mathcal{B}(\mathbb{R})$. 对 T 中任意有限个点 s_i, s 及 $t, s_1 \leqslant s_2 \leqslant \cdots \leqslant s_n \leqslant s < t$, E 中任意的点 x_i, x, 以 $F(s_1, x_1, \cdots, s_n, x_n, s, x; t, A)$ 表示已知在 $X_{s_1} = x_1, \cdots, X_{s_n} = x_n, X_s = x$ 的条件下, 事件 $\{X_t \in A\}$ 的概率, 其中 $A \in \mathcal{B}(\mathbb{R})$. 如果对于这一过程有马尔可夫性:

$$F(s_1, x_1, \cdots, s_n, x_n, s, x; t, A) = F(s, x; t, A),$$

即

$$P(X_t \in A | X_{s_1} = x_1, \cdots, X_{s_n} = x_n, X_s = x) = P(X_t \in A | X_s = x),$$

就称此过程为马尔可夫过程.

注　(1) 布朗运动 $\{B_t, t \geqslant 0\}$ 具有马尔可夫性. 为方便起见, 以下总设 $T = [0, \infty), E = \mathbb{R}$.

(2) 在二叉树模型中, 假设股票初始价格为 S_0, 上涨、下跌的真实概率为 p 和 q, 上涨因子、下跌因子分别为 u 和 d, 第 n 步股票价格为 S_n, 我们可知该模型中股票的价格过程是一个马尔可夫过程. 例如

$$P\left(S_n = u^n S_0 \,\middle|\, S_1 = uS_0, \cdots, S_{n-2} = u^{n-2}S_0, \, S_{n-1} = u^{n-1}S_0\right)$$
$$= P\left(S_n = u^n S_0 \,\middle|\, S_{n-1} = u^{n-1}S_0\right).$$

定义 3.85　马尔可夫过程的重要数字特征是 $F(s, x; t, A), s, t \in T, s < t; x \in E, A \in \mathcal{B}(\mathbb{R})$. 如果该四元函数满足如下四条公理, 则称 $F(s, x; t, A)$ 为马尔可夫过程的**转移概率**:

(1) 当 s, x, t 固定时, $F(s, x; t, A)$ 作为集的函数, 是 $(\mathbb{R}, \mathcal{B}(\mathbb{R}))$ 上的概率测度. 特别, 有 $F(s, x; t, y) = F(s, x; t, (-\infty, y))$;

(2) 当 s, x, A 固定时, $F(s, x; t, A)$ 为 x 的博雷尔可测函数;

(3) $F(s, x; t, A)$ 满足 C-K 方程, 即对任意固定的 $0 \leqslant s < \tau < t$ 及 x, A, 有

$$F(s, x; t, A) = \int_{-\infty}^{+\infty} F(\tau, z; t, A) \mathrm{d}_z F(s, x; \tau, z);$$

(4) $F(s, x; t, A) = \delta(x, A) = \begin{cases} 1, & x \in A, \\ 0, & x \notin A. \end{cases}$

定义 3.86　如果马尔可夫过程的转移概率 $F(s, x; t, A)$ 只是 $t - s, x$ 及 A 的函数时, 就称该马尔可夫过程是**齐次的**.

2. 跳跃型马尔可夫过程

定义 3.87　设已给定两个函数 $q(t, x)$ 及 $\pi(t, x, A), t \in [0, \infty), x \in \mathbb{R}, A \in \mathcal{B}$ 满足下列条件:

(1) 固定 $x, q(t, x)$ 为 t 的连续函数; 固定 $t, q(t, x)$ 关于 x 是 $\mathcal{B}(\mathbb{R})$-可测, $q(t, x)$ 是非负有界函数;

(2) 固定 x 及 $A, \pi(t, x, A)$ 对 t 连续; 固定 t 及 $x, \pi(t, x, A)$ 关于 A 是 $\mathcal{B}(\mathbb{R})$ 的概率测度; 固定 t 及 $A, \pi(t, x, A)$ 关于 x 是 $\mathcal{B}(\mathbb{R})$-可测的, $\pi(t, x, \{x\}) = 0$.

称马尔可夫过程 $\{X_t, t \in T\}$ 是**跳跃型的**, 如果存在 $q(t, x), \pi(t, x, A)$ 如上, 使它的转移概率 $F(s, x; t, A)$, 当 $t - s > 0$ 充分小时, 可表示为

$$F(s, x; t, A) = \{1 - q(s, x)(t - s)\}\delta(x, A) + q(s, x)(t - s)\pi(s, x, A) + o(t - s),$$

而且 $\lim\limits_{s\uparrow t} F(s, x; t, A) = \lim\limits_{s\downarrow t} F(s, x; t, A)$.

定理 3.66 跳跃型马尔可夫过程的转移概率满足

(1) 向后方程

$$\frac{\delta F(s, x; t, A)}{\delta s} = q(s, x) \left[F(s, x; t, A) - \int_{-\infty}^{\infty} F(s, y; t, A) \mathrm{d}_y \pi(s, x, y) \right];$$

(2) 向前方程

$$\frac{\delta F(s, x; t, A)}{\delta t} = -\int_A q(t, y) \mathrm{d}_y F(s, x; t, y) + \int_{-\infty}^{\infty} q(t, y) \pi(t, y, A) \mathrm{d}_y F(s, x; t, y).$$

3. 扩散过程

另一类重要的马尔可夫过程是扩散过程, 这类过程起源于物理学中对微粒的随机扩散运动 (例如布朗运动) 的研究. 它不同于跳跃型过程, 在任意很短时间内, 质点都可能发生位移, 然而位移很小, 因而可以想象在一定条件下扩散过程的轨道以概率 1 连续.

定义 3.88 设 $\{X_t, t \geqslant 0\}$ 是马尔可夫过程, 转移概率为 $F(s, x; t, y)$, 如果 $F(s, x; t, y)$ 满足以下三个条件, 则称此过程为**扩散过程**: 对 $\forall \delta > 0, \Delta t > 0$, 有

(1) $\lim\limits_{\Delta t \to 0} \dfrac{1}{\Delta t} \displaystyle\int_{|y-x| \geqslant \delta} \mathrm{d}_y F(t, x; t + \Delta t, y)$

$= \lim\limits_{\Delta t \to 0} \dfrac{1}{\Delta t} \displaystyle\int_{|y-x| \geqslant \delta} \mathrm{d}_y F(t - \Delta t, x; t, y) = 0;$

(2) $\lim\limits_{\Delta t \to 0} \dfrac{1}{\Delta t} \displaystyle\int_{|y-x| < \delta} (y - x) \mathrm{d}_y F(t, x; t + \Delta t, y)$

$= \lim\limits_{\Delta t \to 0} \dfrac{1}{\Delta t} \displaystyle\int_{|y-x| < \delta} (y - x) \mathrm{d}_y F(t - \Delta t, x; t, y) = a(t, x);$

(3) $\lim\limits_{\Delta t \to 0} \dfrac{1}{\Delta t} \displaystyle\int_{|y-x| < \delta} (y - x)^2 \mathrm{d}_y F(t, x; t + \Delta t, y)$

$= \lim\limits_{\Delta t \to 0} \dfrac{1}{\Delta t} \displaystyle\int_{|y-x| < \delta} (y - x)^2 \mathrm{d}_y F(t - \Delta t, x; t, y) = b(t, x).$

定理 3.67 设 $F(s, x; t, y)$ 为扩散过程的转移概率, 如果偏导数 $\dfrac{\delta F(s, x; t, y)}{\delta x}$, $\dfrac{\delta^2 F(s, x; t, y)}{\delta x^2}$ 存在且对 s, x, y 及 t $(t > s)$ 连续, 则 $F(s, x; t, y)$ 满足向后方程

$$\frac{\delta F(s, x; t, y)}{\delta s} = -a(s, x) \frac{\delta F(s, x; t, y)}{\delta x} - \frac{1}{2} b(s, x) \frac{\delta^2 F(s, x; t, y)}{\delta x^2}.$$

定理 3.68 设扩散过程的转移概率密度 $f(s, x; t, y)$ 存在, 偏导数 $\dfrac{\delta f(s, x; t, y)}{\delta t}$, $\dfrac{\delta}{\delta y}[a(t, y)f(s, x; t, y)]$ 及 $\dfrac{\delta^2}{\delta y^2}[b(t, y)f(s, x; t, y)]$ 也存在且连续. 又设条件 (2) 和 (3) 中的收敛对于 x 是均匀的, 则 $F(s, x; t, y)$ 满足向前方程

$$\frac{\delta f(s, x; t, y)}{\delta t} = -\frac{\delta}{\delta y}[a(t, y)f(s, x; t, y)] + \frac{1}{2}\frac{\delta^2}{\delta y^2}[b(t, y)f(s, x; t, y)].$$

4. 平稳过程

定义 3.89 设 $\{X_t, t \in \mathbb{R}\}$ 为概率空间 $(\Omega, \mathcal{F}, P)$ 上的随机过程, 如果对任意正整数 n, 任意实数 t_i, x_i $(i = 1, 2, \cdots, n)$ 及 τ, 有 $P(\omega : X_{t_1} \leqslant x_1, \cdots, X_{t_n} \leqslant x_n) = P(\omega : X_{t_1+\tau} \leqslant x_1, \cdots, X_{t_n+\tau} \leqslant x_n)$, 则称它为**平稳过程**. 此时 $F_{t_1, \cdots, t_n}(x_1, \cdots, x_n) = F_{t_1+\tau, \cdots, t_n+\tau}(x_1, \cdots, x_n)$.

定义 3.90 设随机过程 $\{X_t, t \in \mathbb{R}\}$, 如果 $E[X_{t+\tau}X_t] = D(\tau)$ 是一个关于 τ 而不依赖于 t 的函数, 则称 $\{X_t, t \in \mathbb{R}\}$ 为**弱平稳过程**.

3.4 随机控制初步

3.4.1 确定性控制系统

1. 最优控制问题及最大值原理

系统状态和控制变量满足控制方程:

$$\begin{cases} \dot{x}(t) = f(t, x(t), u(t)), & x(\cdot) \in \mathbb{R}^n, \\ x(t_0) = x_0, & t_0, x_0 \text{ 已知}, \\ u(t) \in U \subset \mathbb{R}^r, & \forall t \in [t_0, t_1], \end{cases} \tag{3.3}$$

其中 $f : \mathbb{R} \times \mathbb{R}^n \times U \to \mathbb{R}^n, r, n$ 为正整数且 $r \leqslant n$; $U \subset \mathbb{R}^r$ 既可是开集也可是闭集. 容许控制集 $U_{\mathrm{ad}}[t_0, t_1] := \{u(t) = (u_1(t), \cdots, u_r(t)) : u_i(t)$ 是定义在 $[t_0, t_1]$ 上的分段连续函数, $i = 1, \cdots, r, u(t) \in U\}$.

最优控制问题就是求使泛函 $J := \displaystyle\int_{t_0}^{t_1} L(t, x(t), u(t))\, \mathrm{d}t + K(t_1, x(t_1))$ 取得最小值的 $(u(\cdot), x(\cdot))$. J 是表征系统品质优劣的性能指标, 是依赖于控制函数 $u(\cdot)$ 的泛函, 又称为性能指标泛函或代价泛函, 记为 $J(u(\cdot))$. 它是一个依赖于控制 $u(\cdot)$ 的有限实数, 即 $-\infty < J(u(\cdot)) < \infty$. 一般来说, $J(u(\cdot))$ 的表达式中

既应包含依赖于终端状态 $x(t_1)$ 的终值型项, 又应包含依赖于整个过程的积分型项, 即

$$J(u(\cdot)) = \int_{t_0}^{t_1} L(t, x(t), u(t)) \, dt + K(t_1, x(t_1)),$$

$x(\cdot)$ 为对应于控制 $u(\cdot)$ 的方程 (3.3) 的解, 故由 $x(t_0)$ 及 $u(\cdot)$ 决定, 又称为轨线. 因此 J 实际上仅仅由 $x(t_0)$ 和 $u(\cdot)$ 决定, 而一般 t_0 和 $x(t_0)$ 都是已知的, 故 J 记为 $J(u(\cdot))$. 如果是使性能指标泛函 J 达到最大, 则只需讨论 $J' = -J(u(\cdot))$ 的最小值即可.

如果最优控制问题有解, 即存在使性能指标 $J(u(\cdot))$ 达到最小的控制函数 $u^*(t)\,(t \in [t_0, t_1])$, $u^*(\cdot)$ 称为最优控制, 相应的解 $x^*(\cdot)$ 称为最优轨线, 相应的性能指标 $J^* = J(u^*(\cdot))$ 称为最优性能指标, $(u^*(\cdot), x^*(\cdot))$ 称为最优解.

当 $L(\cdot, \cdot, \cdot) = 0$, $K(\cdot, \cdot) \neq 0$ 时, $J(u(\cdot))$ 称为末值指标, 这类泛函称为迈耶 (Mayer) 型泛函, 对应的控制问题称为迈耶问题. 当 $L(\cdot, \cdot, \cdot) \neq 0$, $K(\cdot, \cdot) = 0$ 时, $J(u(\cdot))$ 称为积分型指标, 这类泛函称为拉格朗日 (Lagrange) 型泛函, 对应的控制问题称为拉格朗日问题. 当 $L(\cdot, \cdot, \cdot) \neq 0$, $K(\cdot, \cdot) \neq 0$ 时, $J(u(\cdot))$ 称为混合型指标, 这类泛函称为博尔扎 (Bolza) 型泛函, 对应的控制问题称为博尔扎问题. 在某些条件下三种指标可以相互转换. 下面以混合型指标转换积分型指标为例, 其他几种情况可类推. 若 $K(t, x)$ 关于变量 (t, x) 连续可微, 则

$$\begin{aligned} J(u(\cdot)) =& K(t_1, x(t_1)) + \int_{t_0}^{t_1} L(t, x(t), u(t)) \, dt \\ =& K(t_1, x(t_1)) - K(t_0, x(t_0)) + \int_{t_0}^{t_1} L(t, x(t), u(t)) \, dt + K(t_0, x(t_0)) \\ =& \int_{t_0}^{t_1} \left[\frac{\partial K(t, x(t))}{\partial x} f(t, x(t), u(t)) + \frac{\partial K(t, x(t))}{\partial t} + L(t, x(t), u(t)) \right] dt \\ & + K(t_0, x(t_0)). \end{aligned}$$

由于 $K(t_0, x(t_0))$ 是已知的, 因此混合型指标转换为积分型指标.

下面以积分型指标为例给出最大值原理的结论. 对于积分型指标, 其中终端条件有几种常见情况, 不同的终端条件, 对应于最大值原理中不同的横截条件.

(a) t_1 固定, $x(t_1)$ 不定;

(b) t_1 不定, $x(t_1) = x_1$, x_1 取定;

(c) t_1 不定, 但有约束条件 $x(t_1) = \psi(t_1)$, $\psi(\cdot)$ 已知.

定理 3.69(最大值原理) 定义

$$H(t, x, u, \lambda) := -L(t, x, u) + \lambda^{\mathrm{T}}(t) \cdot f(t, x, u),$$

若 $(u(\cdot), x(\cdot))$, 是使 J 达到最小值的控制及相应状态, 则存在向量值函数 $\lambda(t) \in \mathbb{R}^n$, 使得

(1) 在 $[t_0, t_1]$ 上的一切连续时刻 t 处有

$$H(t, x(t), u(t), \lambda(t)) = \max_{v \in U} H(t, x(t), v, \lambda(t));$$

(2) $\dot{x}(t) = H_\lambda^T$, 即控制方程 (3.3);

(3) $\dot{\lambda}(t) = -H_x^T$, 这是 $\lambda(t)$ 的运动方程;

(4) 对终端条件 (a)、(b) 和 (c) 分别有三种不同的横截条件:

(a′) $\lambda(t_1) = 0$;

(b′) $H(t, x(t), u(t), \lambda(t))|_{t=t_1} = 0$;

(c′) $\left[H(t, x(t), u(t), \lambda(t)) - \lambda(t)\dot{\psi}(t) \right]\Big|_{t=t_1} = 0.$

这四条合起来称为最大值原理, 给出了最优控制的必要条件.

2. 对偶方法及最大值原理

考虑控制系统

$$\begin{cases} \dot{x}(t) = f(t, x(t), v(t)), \\ x(0) = x_0, \end{cases} \tag{3.4}$$

其中 $f : [0, T] \times \mathbb{R}^n \times \mathbb{R}^r \to \mathbb{R}^n$. 我们给定容许控制集为 $U_{ad} = \{v(\cdot)\}$, 这里 $v(\cdot)$ 是定义在 $[0, T]$ 上, 取值于 $U \subset \mathbb{R}^r$ 的可测函数, 且 $\int_0^T |v(t)|^2 \, dt < \infty$(此条件称为平方可积), 其中 U 为任意非空集合 (例如有限集 $\{-1, 0, 1\}$).

最优控制问题是在容许控制集中寻找一个最优控制 $u(\cdot)$ 使如下的目标函数 $J(v(\cdot)) : U_{ad} \to \mathbb{R}$,

$$J(v(\cdot)) = \int_0^T L(t, x(t), v(t)) \, dt + h(x(T))$$

达到最小值.

这里我们假设

(1) f, L, h 关于所有变量可测, 且满足

$$\int_0^T |f(t, x, v)|^2 \, dt < \infty;$$

(2) f, L, h 关于 x 连续可微, 且对任意的 t, x, v, 存在常数 $C > 0$, 使得

$$|f_x| \leqslant C, \quad |f(t, 0, v)| \leqslant C,$$

$$|L(t, x, v)| \leqslant C(1 + |x|^2 + |v|^2),$$

$$|L_x(t, x, v)| \leqslant C(1 + |x|^2),$$

$$|h(x)| \leqslant C(1 + |x|^2).$$

于是对任意的容许控制 $v(\cdot)$, (3.4) 存在唯一解 $x(\cdot)$, 称其为相应于 $v(\cdot) \in U_{ad}$ 的轨线. 因为 $v(\cdot)$ 是平方可积的, 故 $x(\cdot)$ 平方可积, 且由 (2) 知 L 也是可积的. 令 T 是给定的终端时刻, 则 $h(x(T))$ 刻画了终端时刻的情况, 这样对任意的容许控制 $v(\cdot)$, $J(v(\cdot))$ 是一个确定的数, 通常根据该数来判断控制效果的好坏.

下面我们给出最大值原理的结论.

定理 3.70(最大值原理) 定义哈密顿 (Hamilton) 函数

$$H(t, x, v, P) := \langle f(t, x, v), P \rangle - L(t, x, v), \quad \forall (t, x, v, P) \in [0, T] \times \mathbb{R}^n \times \mathbb{R}^r \times \mathbb{R}^n,$$

其中 P 满足如下伴随方程:

$$\begin{cases} -\dot{P}(t) = f_x^T(t, x(t), u(t)) P(t) - L_x(t, x(t), u(t)), \\ P(T) = -h_x(x(T)). \end{cases} \tag{3.5}$$

假设条件 (1)、(2) 成立, $(u(\cdot), x(\cdot))$ 为最优控制和相应轨线, 则有

$$H(t, x(t), v, P(t)) \leqslant H(t, x(t), u(t), P(t)), \quad \forall v \in U, t \in [0, T], \text{a.e.} \tag{3.6}$$

且 $(x(\cdot), P(\cdot))$ 为如下哈密顿系统的解:

$$\begin{cases} \dot{x}(t) = H_p(t, x(t), u(t), P(t)), & x(0) = x_0, \\ -\dot{P}(t) = H_x(t, x(t), u(t), P(t)), & P(T) = -h_x(x(T)). \end{cases}$$

最大值原理给出了最优控制的必要条件, 即若存在 $u(\cdot) \in U_{ad}$ 为最优控制, 使目标函数 $J(\cdot)$ 达到最小, 即 $J(u(\cdot)) = \inf\limits_{v(\cdot) \in U_{ad}} J(v(\cdot))$, 则 $u(\cdot)$ 必须满足的条件.

下面我们给出最优控制的一个充分条件.

定理 3.71 假设条件 (1)、(2) 成立, 容许控制域 U 为 $\mathbb{R}^r$ 中有非空内点的凸集, 且 $h(\cdot)$ 是关于 x 的凸函数, $H(t, \cdot, \cdot, P)$ 是关于 (x, v) 的凹函数. 若 $(u(\cdot), x(\cdot))$ 满足 (3.6), 其中 $P(\cdot)$ 满足伴随方程 (3.5), 则 $u(\cdot)$ 为最优控制.

3. 线性二次指标的最优控制问题

设系统状态方程为

$$\begin{cases} \dfrac{\mathrm{d}X(t)}{\mathrm{d}t} = A(t)X(t) + B(t)u(t), \\ X(0) = X_0, \end{cases} \tag{3.7}$$

其中 $A(\cdot): [0,T] \to \mathbb{R}^{n \times n}, B(\cdot): [0,T] \to \mathbb{R}^{n \times k}, u(\cdot): [0,T] \to \mathbb{R}^k$ 均平方可积, $X_0 \in \mathbb{R}^n$ 给定. 则对任意的 $u(\cdot) \in L^2([0,T];\mathbb{R}^k)$, (3.7) 存在轨线 $X(\cdot)$.

又设 $Q(\cdot): [0,T] \to \mathbb{R}^{n \times n}, R(\cdot): [0,T] \to \mathbb{R}^{k \times k}$ 连续且对任意的 $t \in [0,T]$, $Q^T(t) = Q(t)$ 非负定, $R^T(t) = R(t)$ 正定且有一致下界. 另外, $Q_1 \in \mathbb{R}^{n \times n}$ 是非负定对称矩阵.

定义线性二次指标

$$J(u(\cdot)) = \frac{1}{2} \langle Q_1 X(T), Z(T) \rangle + \frac{1}{2} \int_0^T \{ \langle Q(t)X(t), X(t) \rangle + \langle R(t)u(t), u(t) \rangle \} \, \mathrm{d}t,$$

最优控制问题是寻找平方可积的 $u(\cdot)$, 满足

$$J(u(\cdot)) \leqslant J(v(\cdot)), \quad \forall v(\cdot) \in L^2([0,T];\mathbb{R}^k).$$

定理 3.72(最优控制的存在唯一性)　线性二次指标的最优控制问题的解存在唯一, 或者说存在唯一的最优控制.

定理 3.73　设 $u(\cdot)$ 和 $X(\cdot)$ 是线性二次指标的最优控制问题的解, 则 $u(t) = -R^{-1}(t) B^T(t) y(t)$ 为唯一的最优控制, 这里 $(X(\cdot), y(\cdot))$ 满足如下的常微分方程:

$$\begin{cases} \dot{X}(t) = A(t)X(t) - B(t)R^{-1}(t)B^T(t)y(t), \\ -\dot{y}(t) = A^T(t)y(t) + Q(t)X(t), \\ X(0) = X_0, \quad y(T) = Q_1 X(T). \end{cases}$$

由于系统是线性系统, 我们试图将最优控制表示为状态的线性函数, 从而构造最优线性反馈调节器, 有如下结论.

定理 3.74　若 $P(\cdot): [0,T] \to \mathbb{R}^{n \times n}$ 满足如下的里卡蒂 (Riccati) 方程:

$$\begin{cases} -\dot{P}(t) = A^T(t)P(t) + P(t)A(t) - P(t)B(t)R^{-1}(t)B^T(t)P(t) + Q(t), \\ P(T) = Q_1, \end{cases}$$

则线性二次指标最优控制问题的最优反馈调节器为

$$u(t) = -R^{-1}(t) B^T(t) P(t) X(t).$$

4. 动态规划

考虑系统方程

$$\begin{cases} \dot{x}(t) = f(s, x(s), v(s)), \\ x(t) = x. \end{cases}$$

对于性能指标 $J_{x,t}(v(\cdot)) = \int_t^T L(s, x(s), v(s))\, ds + h(x(T))$, 我们的目标是寻找最优控制 $\hat{u}(\cdot)$, 使得

$$J(\hat{u}(\cdot)) = \inf_{v(\cdot) \in U_{ad}} J_{x,t}(v(\cdot)).$$

定义最优性能指标

$$S(x,t) = \inf_{v(\cdot) \in U_{ad}} \left\{ \int_t^T L(s, x(s), v(s))\, ds + h(x(T)) \right\}. \tag{3.8}$$

显然 $S(x,t): \mathbb{R}^n \times [0,T] \to \mathbb{R}, S(x,T) = h(x)$.

定理 3.75(动态规划原理) 若由 (3.8) 定义的值函数 $S(x,t): \mathbb{R}^n \times [0,T] \to \mathbb{R}$ 处处有限, 则它满足

$$S(x,t) = \inf_{v(\cdot) \in U_{ad}[t,\tau]} \left\{ \int_t^\tau L(s, x(s), v(s))\, ds + S(x(\tau), \tau) \right\}.$$

定理 3.76 若由 (3.8) 定义的值函数 $S(x,t)$ 关于 (x,t) 一阶连续可微, 且 $\hat{u}(\cdot)$ 为最优控制, 则 $S(\cdot, \cdot)$ 满足如下的 HJB 方程:[①]

$$\begin{cases} \dfrac{\partial S}{\partial t} + \inf_{v \in U} \{ \langle DS, f(t,x,v) \rangle + L(t,x,v) \} = 0, \\ \dfrac{\partial S}{\partial t} + \langle DS, f(t,x,\hat{u}(t)) \rangle + L(t,x,\hat{u}(t)) = 0, \\ S(x,T) = h(x), \end{cases}$$

其中 DS 表示向量函数 $\dfrac{\partial S}{\partial x}$. 若记哈密顿函数为 $H(t,x,v,p) := \langle p, f(t,x,v) \rangle + L(t,x,v)$, 则 HJB 方程可写为

$$\begin{cases} \dfrac{\partial S}{\partial t} + \inf_{v \in U} H(t,x,v,DS) = 0, \\ \dfrac{\partial S}{\partial t} + H(t,x(t),\hat{u}(t),DS) = 0, \\ S(x,T) = h(x). \end{cases} \tag{3.9}$$

———————————
① HJB 方程的相关介绍可参见第 96 页.

　　该定理给出的结论要求 $S(x,t)$ 是连续可微的. 庞特里亚金 (Pontryagin) 指出这个假设条件太强. 在很多情形下, $S(x,t)$ 导数不连续. 此时若只要求导数几乎处处存在, 则方程有无穷多个解, 但方程不存在连续可微解. 例如, 考虑方程:

$$\begin{cases} 1 - |S_x| = 0, & x \in [-1, 1], \\ S(-1) = S(1) = 0. \end{cases}$$

该方程存在无穷多个几乎处处可微的解, 但不存在连续可微的解. 为严格刻画这类方程的解, 引入黏性解的概念.

　　定义 3.91　设 $S(\cdot, \cdot)$ 为 $\mathbb{R}^n \times [0, T]$ 上的一致连续函数, 若

$$S(x, t) \leqslant h(x) \quad (\geqslant h(x)),$$

且对任意的 $\varphi(\cdot, \cdot) \in C^1(\mathbb{R}^n \times [0, T])$, 在 $S - \varphi$ 的极大 (极小) 值点 (x, t) 处满足

$$\frac{\partial \varphi}{\partial t} + \inf_{v \in U} \langle D_\varphi, f(t, x, v) \rangle + L(t, x, v) \geqslant 0 \quad (\leqslant 0),$$

则称 $S(\cdot, \cdot)$ 为 HJB 方程的**黏性下 (上) 解**.

　　若 $S(\cdot, \cdot)$ 既是黏性上解又是黏性下解, 则称其为黏性解.

　　定理 3.77　若 $f(t, x, v), L(t, x, v), h(x)$ 一致连续且关于 x 满足利普希茨条件, U 是紧集, 则值函数 $S(x, t)$ 满足

$$|S(y, s) - S(\bar{y}, \bar{s})| \leqslant K \{|y - \bar{y}| + (1 + |y| \vee |\bar{y}|) |s - \bar{s}|\}, \quad \forall (y, s), (\bar{y}, \bar{s}) \in \mathbb{R}^n \times [0, T],$$

且 $S(x, t)$ 是 HJB 方程 (3.9) 的唯一黏性解.

3.4.2　随机最优控制

接下来我们研究带有随机干扰的控制系统的最优控制问题.

1. 随机最大值原理

考虑如下的随机控制系统:

$$\begin{cases} \mathrm{d}x_s = b(x_s, v_s)\mathrm{d}s + \sigma(x_s, v_s)\mathrm{d}W_s, \\ x_0 = x, \end{cases} \tag{3.10}$$

其中 $b(x, v) : \mathbb{R}^n \times \mathbb{R}^k \to \mathbb{R}^n, \sigma(x, v) : \mathbb{R}^n \times \mathbb{R}^k \to \mathbb{R}^{n \times d}, x \in \mathbb{R}^n, \{W_s\}_{s \geqslant 0}$ 为某概率空间 $(\Omega, \mathcal{F}, P)$ 上的 d 维标准布朗运动, 且 $\{\mathcal{F}_t\}_{t \geqslant 0}$ 是布朗运动生成的自然信息流. $v(\cdot)$ 为容许控制, 满足

(1) 对任意的 $s \in [0, T]$, $\omega \in \Omega$, $v_s(\omega) \in U \subset \mathbb{R}^k$, a.e., a.s.;

(2) $v(\cdot) \in L_{\mathcal{F}}^2([0, T]; \mathbb{R}^k)$ 为平方可积的适应过程.

我们假设 $b(x, v)$, $\sigma(x, v)$ 关于 x, v 连续且满足线性增长条件和利普希茨条件, 即存在常数 $C > 0$, 使得

$$|b(x, v)| + |\sigma(x, v)| \leqslant C(1 + |x| + |v|), \quad \forall x \in \mathbb{R}^n, v \in \mathbb{R}^k,$$

$$|b(x^1, v) - b(x^2, v)| + |\sigma(x^1, v) - \sigma(x^2, v)| \leqslant C |x^1 - x^2|, \forall x^1, x^2 \in \mathbb{R}^n, v \in \mathbb{R}^k,$$

从而对任意的容许控制 $v(\cdot)$, (3.10) 存在唯一解 $x(\cdot)$.

我们的最优控制问题就是寻找容许的最优控制 $v(\cdot)$, 使得性能指标

$$J(v(\cdot)) = E\left[\int_0^T L(x_s, v_s) \, \mathrm{d}s + h(x_T)\right]$$

达到最小. 这里 $L(x, v): \mathbb{R}^n \times \mathbb{R}^k \to \mathbb{R}$ 关于 x, v 连续, $h(x): \mathbb{R}^n \to \mathbb{R}$ 关于 x 连续, 且存在常数 $C > 0$, 使得

$$|L(x, v)| \leqslant C\left(1 + |x|^2 + |v|^2\right), \quad |h(x)| \leqslant C\left(1 + |x|^2\right), \quad \forall x \in \mathbb{R}^n, v \in \mathbb{R}^k.$$

进一步, 我们假设

(1) U 为凸集;

(2) $b(x, v)$, $\sigma(x, v)$ 关于 x, v 连续可微, 且所有一阶导数均有界;

(3) $L(x, v)$, $h(x)$ 关于 x, v 连续可微, 且存在常数 $C > 0$, 使得

$$|L_x(x, v)| + |L_v(x, v)| \leqslant C(1 + |x| + |v|), |h_x(x)| \leqslant C(1 + |x|), \forall x \in \mathbb{R}^n, v \in \mathbb{R}^k.$$

若 $u(\cdot)$ 为该问题的最优控制, $x(\cdot)$ 为相应的最优轨线, 下面我们给出最优控制应该满足的必要条件——最大值原理.

定理 3.78(最大值原理) 定义哈密顿函数

$$H(x, v, p, q) := \langle p, b(x, v) \rangle + \langle q, \sigma(x, v) \rangle + L(x, v),$$

其中 (p_s, q_s) 满足如下的倒向随机微分方程:

$$\begin{cases} -\mathrm{d}p_s = [b_x(x_s, u_s)p_s + \sigma_x(x_s, u_s)q_s + L(x_s, u_s)] \, \mathrm{d}s - q_s \mathrm{d}W_s, & s \in [0, T], \\ p_T = h_x(x_T), \end{cases}$$

则 $u(\cdot)$ 为最优控制的必要条件是

$$\langle H_v(x_t, u_t, p_t, q_t), v - u_t \rangle \geqslant 0, \quad \forall v \in U, \text{a.e., a.s..}$$

2. 随机控制系统的动态规划

考虑如下的随机控制系统:

$$\begin{cases} \mathrm{d}x_s = b(x_s, v_s)\mathrm{d}s + \sigma(x_s, v_s)\mathrm{d}W_s, \\ x_t = x, \end{cases} \quad 0 \leqslant t \leqslant s \leqslant T,$$

其中 b, σ 为确定性函数, 其他假设与 3.4.2 节第一部分中相同.

我们的目标是寻找容许控制 $v(\cdot) \in U_{\mathrm{ad}}$, 使得

$$J_{x,t}(v(\cdot)) = E\left[\int_0^T L(x_s, v_s)\,\mathrm{d}s + h(x_T)\right]$$

达到最小. 定义值函数

$$V(x, t) = \inf_{v \in U_{ad}} J_{x,t}(v(\cdot)),$$

则贝尔曼 (Bellman) 动态规划方程为

$$V(x, t) = \inf_{v \in U_{ad}} E\left[\int_t^{t+\delta} L(x_s, v_s)\,\mathrm{d}s + V(x_{t+\delta}, t+\delta)\right].$$

若 $V(x, t) \in C^{2,1}(\mathbb{R}^n \times [0, T])$, 即其关于 x 二次连续可微, 关于 t 连续可微, 则由伊藤公式可得

$$0 = \inf_{v \in U_{ad}} E\left[\int_t^{t+\delta} L(x_s, v_s)\,\mathrm{d}s + V(x_{t+\delta}, t+\delta) - V(x, t)\right]$$

$$= \inf_{v \in U_{ad}} E\int_t^{t+\delta}\left[L(x_s, v_s) + \frac{1}{2}\mathrm{tr}\left\{D^2 V(x_s, s)\,\sigma(x_s, v_s)\,\sigma^{\mathrm{T}}(x_s, v_s)\right\} + \frac{\partial V}{\partial s}(x_s, s)\right.$$

$$\left. + \left\langle \frac{\partial V}{\partial x}(x_s, s), b(x_s, v_s) \right\rangle\right]\mathrm{d}s.$$

上式两端同时除以 δ, 并令 $\delta \to 0$, 有

$$\begin{cases} \dfrac{\partial V}{\partial t}(x, t) + \inf_{v \in U}\left\{\dfrac{1}{2}\sum_{i,j=1}^n a_{ij}(x, v)\dfrac{\partial^2 V}{\partial x_i \partial x_j}(x, t) + \sum_{i=1}^n b_i(x, v)\dfrac{\partial V}{\partial x_i}(x, t) + L(x, v)\right\} = 0, \\ V(x, T) = h(x), \end{cases}$$

其中 $a_{ij}(x, v) = [\sigma(x, v)\,\sigma^{\mathrm{T}}(x, v)]_{ij}, i, j = 1, 2, \cdots, n$. 该方程称为哈密顿–雅可比–贝尔曼 (Hamilton-Jacobi-Bellman) 方程, 简记为 HJB 方程.

定理 3.79 若上述 HJB 方程有解 $V(x,t) \in C^{2,1}(\mathbb{R}^n \times [0,T])$，存在 $u(x,t) \in U$ 满足

$$\frac{1}{2} \sum_{i,j=1}^{n} a_{ij}(x,u) \frac{\partial^2 V}{\partial x_i \partial x_j}(x,t) + \sum_{i=1}^{n} b_i(x,u) \frac{\partial V}{\partial x_i}(x,t) + L(x,u)$$

$$= \inf_{v \in U} \left\{ \frac{1}{2} \sum_{i,j=1}^{n} a_{ij}(x,v) \frac{\partial^2 V}{\partial x_i \partial x_j}(x,t) + \sum_{i=1}^{n} b_i(x,v) \frac{\partial V}{\partial x_i}(x,t) + L(x,v) \right\},$$

且方程

$$\begin{cases} \mathrm{d}x_s = b(x_s, u(x_S, s))\mathrm{d}s + \sigma(x_s, u(x_s, s))\mathrm{d}W_s \\ x_0 = x \end{cases}$$

存在解 x_s，则 $u_s = u(x_s, s)$ 是最优控制.

3.5 倒向随机微分方程理论及性质

3.5.1 倒向随机微分方程解的存在唯一性

设 $(\Omega, \mathcal{F}, P)$ 为概率空间，$\{\mathcal{F}_t\}_{t \geqslant 0}$ 为其上的信息族，$\{B_t\}_{t \geqslant 0}$ 是其上的 d 维布朗运动. 设 $\{\mathcal{F}_t\}_{t \geqslant 0}$ 是 $\{B_t\}_{t \geqslant 0}$ 生成的自然 σ-代数流:

$$\mathcal{F}_t := \sigma\{\mathcal{N} \cup \sigma\{B_s, 0 \leqslant s \leqslant t\}\},$$

其中 $\mathcal{N}$ 是 $\sigma\{B_s, 0 \leqslant s \leqslant \infty\}$ 的 P-零测集全体.

注 $\mathcal{F}_t$ 是由布朗运动产生的这一限制可以放宽.

本节考虑经典结构的倒向随机微分方程 (backward stochastic differential equation, BSDE) 如下:

$$\begin{cases} -\mathrm{d}Y_t = g(t, Y_t, Z_t)\,\mathrm{d}t - Z_t \mathrm{d}B_t, \\ Y_T = \xi \in \mathcal{F}_T. \end{cases}$$

首先考虑简单情形，g 是实值且不含变量 (y, z)，即 $g : \Omega \times [0,T] \to \mathbb{R}^n$:

$$\begin{cases} -\mathrm{d}Y_t = g_0(t)\,\mathrm{d}t - Z_t \mathrm{d}B_t, \\ Y_T = \xi \in \mathcal{F}_T. \end{cases}$$

引理 3.5 对于给定的 $\xi \in L^2(\Omega, \mathcal{F}_T, P; \mathbb{R}^n)$ 及 $g_0(\cdot) : \Omega \times [0,T] \to \mathbb{R}^n$ 满足 $E\left[\left(\int_0^T |g_0(s)|\mathrm{d}s\right)^2\right] < \infty$，则存在唯一的 $(Y_t, Z_t)_{0 \leqslant t \leqslant T} \in M^2(0, T; \mathbb{R}^{n+nd})$ 满足

$$Y_t = \xi + \int_t^T g_0(s)\mathrm{d}s - \int_t^T Z_s \mathrm{d}B_s,$$

且若 $E\left[\int_0^T |g_0(s)|^2 \mathrm{d}s\right] < \infty$, 则有下列估计:

$$|Y_t|^2 + E\left[\int_t^T \left[\frac{\beta}{2}|Y_s|^2 + |Z_s|^2\right] \mathrm{e}^{\beta(s-t)}\mathrm{d}s|\mathcal{F}_t\right]$$

$$\leqslant E\left[|\xi|^2 \mathrm{e}^{\beta(T-t)}\mathrm{d}s|\mathcal{F}_t\right] + \frac{2}{\beta}E\left[\int_t^T \left[|g_0(s)|^2\right]\mathrm{e}^{\beta(s-t)}\mathrm{d}s|\mathcal{F}_t\right].$$

特别地, $t = 0$ 时有

$$|Y_0|^2 + E\left[\int_0^T \left[\frac{\beta}{2}|Y_s|^2 + |Z_s|^2\right]\mathrm{e}^{\beta s}\mathrm{d}s\right]$$

$$\leqslant E\left[|\xi|^2 \mathrm{e}^{\beta T}\mathrm{d}s\right] + \frac{2}{\beta}E\left[\int_0^T \left[|g_0(s)|^2\right]\mathrm{e}^{\beta s}\mathrm{d}s\right],$$

其中 β 是任意给定的正常数.

下面考虑一般形式的 BSDE:

$$\begin{cases} -\mathrm{d}Y_t = g\left(t, Y_t, Z_t\right)\mathrm{d}t - Z_t\mathrm{d}B_t, \\ Y_T = \xi \in \mathcal{F}_T, \end{cases} \tag{3.11}$$

其中 $g: \Omega \times [0, T] \times \mathbb{R}^n \times \mathbb{R}^{nd} \to \mathbb{R}^n$ 且满足

(1) g 关于 $\Omega \times [0, T]$ 二元可测;

(2) $g(\cdot, y, z)$ 是 $\mathbb{R}^n$ 值的 $\mathcal{F}_t$-适应过程, $\forall (y, z) \in \mathbb{R}^n \times \mathbb{R}^{nd}$;

同时满足以下假设:

(H1)

$$\int_0^T |g(s, 0, 0)|\mathrm{d}s \in L^2(\Omega, \mathcal{F}_T, P; \mathbb{R}^n);$$

(H2) (利普希茨条件): 存在常数 $C > 0$, $\forall y, y' \in \mathbb{R}^n, z, z' \in \mathbb{R}^{nd}$, 成立

$$|g(t, y, z) - g(t, y, z)| \leqslant C(|y - y'| + |z - z'|).$$

定理 3.80 设 g 满足以上条件及 (H1)、(H2), 则对任意给定的终端条件 $\xi \in L^2(\Omega, \mathcal{F}_T, P; \mathbb{R}^n)$, 上述 BSDE (3.11) 存在唯一解, 即存在满足 (3.11) 的唯一的 $\mathcal{F}_t$-适应过程 $(Y_t, Z_t)_{0 \leqslant t \leqslant T} \in M(0, T; \mathbb{R}^{n+nd})$.

注 倒向随机微分方程 (BSDE) 的产生是近几十年的事情, 其研究滞后于正向随机微分方程 (FSDE), 原因主要是: 首先, 正向随机微分方程与倒向随机

微分方程在结构上有着本质的区别, 从而很难从正向随机微分方程出发猜想到倒向随机微分方程的形式; 其次, 从应用角度讲, 正向随机微分方程考虑的是如何认识一个客观存在的随机过程, 而倒向随机微分方程则主要关心在有随机干扰的环境中如何使一个系统达到预期的目标, 这一特性恰恰符合数学金融中的期权定价问题, 即在终端收益和市场模型的确定的情况下, 寻找合理的期权价格和对冲策略, 因而倒向随机微分方程是描述和解决金融问题的一大重要数学工具.

3.5.2 倒向随机微分方程的主要性质

1. BSDE 解的存在唯一性的推论

对一个固定的 $t_0 \in [0, T]$, 记

$$\mathcal{F}_t^{t_0} := \sigma\left\{\mathcal{N} \cup \sigma\left\{B_s - B_{t_0}, t_0 \leqslant s \leqslant t\right\}\right\}, \ t \in [t_0, T].$$

命题 3.20 假设 g 满足定理 3.80 中的假设. 若对于某个给定的 $t_0 \in [0, T]$ 及 $\forall (y, z) \in \mathbb{R}^n \times \mathbb{R}^{nd}$, $g(\cdot, y, z)$ 在区间 $[t_0, T]$ 上还是 $\mathcal{F}_t^{t_0}$-适应的, 且 $\xi \in L^2(\Omega, \mathcal{F}_T^{t_0}, P; \mathbb{R}^n)$. 则 BSDE(3.11) 的解 $(Y_t, Z_t)_{0 \leqslant t \leqslant T}$ 在区间 $[t_0, T]$ 上也是 $\mathcal{F}_t^{t_0}$-适应的.

特别地, Y_{t_0} 及 Z_{t_0} a.s. 是常数.

2. 线性一维 BSDE:

考虑如下的线性一维 BSDE:

$$\begin{cases} -\mathrm{d}Y_t = (a_t Y_t + b_t Z_t + f_t)\, \mathrm{d}t - Z_t \mathrm{d}B_t, \\ Y_T = \xi \in \mathcal{F}_T, \end{cases}$$

其中 a_t, b_t 是取值于 $\mathbb{R}$ 的有界函数, $(f_t)_{0 \leqslant t \leqslant T} \in M^2(0, T; \mathbb{R})$. 由其条件可知, 此线性 BSDE 满足定理 3.80 中解存在唯一的条件.

引入的 $(Y_s)_{t \leqslant s}$ 对偶过程, 可将其显式解出. 对偶过程 $(X_s)_{t \leqslant s}$ 满足

$$\begin{cases} \mathrm{d}X_s = a_s X_s \mathrm{d}t + b_s X_s \mathrm{d}B_t, \\ X_t = 1, \end{cases}$$

可解出

$$X_s = \exp\left\{\int_t^s \left(a_r - \frac{1}{2}b_r^2\right) \mathrm{d}r + \int_t^s b_r \mathrm{d}B_r\right\}.$$

对 $X_s Y_s$ 在 $[t, T]$ 上用伊藤公式, 得

$$Y_t = E\left[\xi X_T + \int_t^T f_s X_s \mathrm{d}s \middle| \mathcal{F}_t\right].$$

3. 比较定理

定理 3.81(比较定理) 设 $(Y_t^i, Z_t^i)_{0 \leqslant t \leqslant T}, i = 1, 2$ 分别为如下 BSDE 的解:

$$\begin{cases} -\mathrm{d}Y_t^i = g^i\left(t, Y_t^i, Z_t^i\right)\mathrm{d}t - Z_t^i\mathrm{d}B_t, \\ Y_T^i = \xi^i \in L^2(\Omega, \mathcal{F}_T, P; \mathbb{R}^n), \end{cases}$$

其中 g^i 满足定理 3.80 中的条件. 若有

$$\xi^1 \geqslant \xi^2, \quad \text{a.s.},$$

$$g^1\left(t, Y_t^2, Z_t^2\right) \geqslant g^2\left(t, Y_t^2, Z_t^2\right), \quad \text{a.s.}, \text{a.e.},$$

则有

$$Y_t^1 \geqslant Y_t^2, \quad \text{a.s.}, \text{a.e.},$$

更进一步有

$$Y_0^1 = Y_0^2 \Leftrightarrow \xi^1 = \xi^2, \text{ a.s.}, g^1\left(t, Y_t^2, Z_t^2\right) = g^2\left(t, Y_t^2, Z_t^2\right), \text{ a.s.}, \text{a.e.}.$$

课 后 练 习

1. 证明:
(1) 证明 Ω 的一切子集组成的集类是一个 σ-域;
(2) σ-域之交仍为 σ-域.

2. 甲袋中有 3 只黑球, 7 只白球; 乙袋中有 7 只黑球, 13 只白球; 丙袋中有 12 只黑球, 8 只白球. 先以 $1:2:2$ 的概率选择甲、乙、丙中的一只袋子, 再从选中的袋子中先后摸出两球, 求:
(1) 先摸到的是黑球的概率;
(2) 已知后摸到的是白球, 求先摸到的是黑球的概率.

3. 证明: 设 $f(x)\,(0 \leqslant x \leqslant \infty)$ 是单调非降函数, 且 $f(x) > 0$. 对随机变量 ξ, 若 $Ef(|\xi|) < \infty$, 则对任意 $x > 0$, $P\{|\xi| \geqslant x\} \leqslant \dfrac{1}{f(x)}Ef(|\xi|)$.

4. 某银行为每位顾客的服务时间 (单位: 小时) 服从均值为 1/3 的指数分布, 可认为对每位顾客的服务是相互独立的.
(1) 求为 100 位顾客服务, 总共需要 31 小时至 35 小时的概率;
(2) 以 95% 的概率在 32 小时之内可服务完几位顾客?

(3) 找 Δ, 使该银行对 100 位顾客的服务时间在 $(33.33 - \Delta, 33.33 + \Delta)$ 之间的概率大于 95%.

(提示: 林德伯格–莱维中心极限定理.)

5. 给定概率空间 $(\Omega, \mathcal{F}, P)$, $\mathcal{H}$ 为 $\mathcal{F}$ 的子 σ-代数. 若 $X \in L^2(\Omega, \mathcal{F}, P)$, 令 $Y = E[X|\mathcal{H}]$, 若 X 和 Y 同分布, 证明 $P(X = Y) = 1$.

6. 假设 $(\xi_n, n \geq 0)$ 是一列独立同分布的随机变量, 分布为

$$P(\xi_0 = 1/2) = 1/2, \quad P(\xi_0 = 3/2) = 1/2.$$

对任意 $n \geq 0$, 定义 $\mathcal{F}_n = \sigma\{\xi_0, \cdots, \xi_n\}$, $X_n = \prod_{k=0}^{n} \xi_k$.

(1) 证明: $\{X_n, F_n, n \geq 0\}$ 是鞅;

(2) 证明: $\lim_{n \to \infty} X_n = 0$, a.s..

7. 考虑随机变量族 $\{X_n, n \geq 0\}$, 对每个 n, $E|X_n| < \infty$. 假设

$$E[X_n|X_0, X_1, \cdots, X_n] = \alpha X_n + \beta X_{n-1}, \quad n > 0,$$

其中 $\alpha > 0, \beta > 0, \alpha + \beta = 1$. 令

$$Y_0 = X_0, \quad Y_n = a X_n + X_{n-1}, \quad n \geq 1.$$

试确定常数 a, 使得 $\{Y_n, \sigma(X_1, \cdots, X_n, n \geq 0)\}$ 是鞅.

8. 令 $\{N(t), t \geq 0\}$ 是参数为 λ 的泊松过程, $S_1, S_2, \cdots$ 表示顾客依次的时刻, 求:

(1) $E[S_1|N(t) = 2]$;

(2) $E[S_3|N(t) = 5]$.

9. 利用伊藤公式, 写出下列过程所满足的随机微分方程, 其中 $\{B(t), t \geq 0\}$ 为标准布朗运动.

(1) $X(t) = tB(t)$;

(2) $X(t) = \dfrac{B(t)}{1+t}$;

(3) $X(t) = \sin B(t)$;

(4) $X(t) = B(t) - \beta \displaystyle\int_0^t \mathrm{e}^{-\beta(t-s)} B(s) \,\mathrm{d}s$.

10. 令 $\{B(t), t \geq 0\}$ 为标准布朗运动, $\mu_n = E(B(1))^n$, $n \geq 1$. 利用伊藤积分, 证明: $\mu_{n+2} = (n+1)\mu_n$, 并由此计算 μ_n 的值.

11. 设 α, β, a 均为常数且 $a > 0$, 求解随机微分方程: $\mathrm{d}X_t = \alpha X_t \mathrm{d}t + \beta X_t \mathrm{d}B_t, X_0 = a$, 并求出 $E[X_t], \mathrm{Var}(X_t)$.

12. 设系统方程为

$$\begin{cases} \dot{x}(s) = v(s), \\ x(t) = x, \end{cases}$$

控制域 $U = [-1, 1]$, 代价泛函为 $J_{x,t}(v(\cdot)) = \displaystyle\int_t^T 1\mathrm{d}s$, 试列出其 HJB 方程.

13. 设系统方程满足

$$\begin{cases} \dfrac{\mathrm{d}X(t)}{\mathrm{d}t} = aX(t) + u(t), \\ X(0) = X_0, \end{cases}$$

且性能指标为

$$J = \frac{1}{2}fX^2(T) + \frac{1}{2}\int_0^T \left[qX^2(t) + ru^2(t) \right] \mathrm{d}t,$$

其中 $f \geqslant 0, q \geqslant 0, r > 0$, 求该问题的最优控制.

14. 求解如下一维倒向随机微分方程 (BSDE):

$$Y_t = 1 + \int_t^T (Y_s + Z_s)\,\mathrm{d}s - \int_t^T Z_s\,\mathrm{d}B_s,$$

并讨论其是否存在唯一解.

第 4 章 投资组合选择理论

如果市场中的较高风险资产 (如股票) 的预期收益率是 12%, 而另外一种无风险或低风险资产 (如债券) 的预期收益率是 7%, 你是否会将资金账户里的所有钱都投资到股票呢? 把所有的鸡蛋都放到一个篮子里, 这种做法显然违背了基本的资产多元化原则. 那么这两种资产的合理的投资组合是怎样的呢?

1952 年, 国际著名经济学家马科维茨在《金融学期刊》(*The Journal of Finance*) 上发表了其代表性论文《投资组合选择》. 这一里程碑式的论文, 被称为 "现代资产组合理论" 的开端, 在业界和学界产生了巨大影响. 马科维茨首次应用资产组合报酬的均值和方差这两个数学概念, 从数学上明确地定义了投资者偏好, 并以数学化的方式解释投资分散化原理, 系统地阐述了资产组合选择问题. 在很大程度上, 现代资产组合理论强调的是 "有效多元化" 的问题, 也就是说如何在投资组合风险与收益之间找到合适的平衡点. 该理论认为, 投资组合能降低非系统性风险, 一个投资组合是由组成的各证券及其权重确定的, 选择不相关的证券应是构建投资组合的目标. 它在传统投资回报的基础上第一次提出了风险的概念, 认为风险不是回报, 而是整个投资过程的重心, 并提出了投资组合的优化方法, 马科维茨因此而获得了 1990 年的诺贝尔经济学奖. 本章从资产组合收益与风险、均值–方差模型、无风险资产与风险资产投资组合等角度介绍了投资组合理论.

4.1 收益与风险

4.1.1 收益率

直到 20 世纪 70 年代初期, 相关人士都认为这种投资组合应该是由银行储蓄存款 (无风险资产) 与股票的风险组合构成的. 目前的投资者可能持有更加多样化的资产, 他们也可以构建国外的资产和债券、不动产、贵金属、期权、期货等衍生品的投资组合. 这种投资组合应该如何构建呢?

任何一项带有风险的投资, 不论是证券投资还是实业投资, 收益与风险总是并存的. 如果想获得较高收益, 那么就得承担较大的风险. 对任何一个证券的评估都应该基于其对整个投资组合的预期收益与风险的影响, 对这种影响的考察必须以投资组合的整体业绩为依据. 为了对投资组合的整体业绩进行理性的预期, 我们首先介绍收益率的概念及计算方法.

1. 持有期的收益率

股票的**持有期的收益率** (holding period return, HPR) 是指在特定投资期限内的收益, 取决于投资期内股票价格上涨或下跌的程度. 收益率被定义为 1 元的投资在投资期内的收益 (价格上涨与股利)

$$持有期收益率 = \frac{期末价格 - 期初价格 + 现金股利}{期初价格}. \tag{4.1}$$

在持有期收益率的定义中的一个重要假定是在持有期期末支付股利. 如果没有这个假定, 该定义忽略了从股利支付日至持有期期末的再投资收益. 以股利形式表现的收益率是股利收益率, 则持有期的收益率是股利收益率与资本收益率之和.

例 4.1 假如某投资者打算将其银行存款账户中的资金投资到某只股票. 目前, 该股票的价格是 150 元/股, 投资期为 1 年, 预期该年的现金股利是 7.5 元, 也就是说预期股利收益率是 5%. 而该投资者的持有期收益率将取决于该只股票的价格变化. 如果预期该只股票本年的每股价格会上涨到 165 元/股, 那么资本利得是 15 元, 从而资本收益率应该是 15/150 = 10%. 其持有期收益率为 5% + 10% = 15%, 是股利收益率与资本收益率之和.

$$持有期收益率 = \frac{165 - 150 + 7.5}{150} = \frac{22.5}{150} = 15\%.$$

2. 多期的平均收益率

持有期收益率是度量的单一时期投资的收益. 但通常情况下, 投资者可能更感兴趣的是较长时期的投资收益, 比如投资者可能想要了解该股票或基金在过去 3~5 年的收益情况.

例 4.2 某家基金的现金流及收益率如表 4-1, 数据取自博迪等的《投资学》(Bodie et al., 2017).

表 4-1 某家基金的季度现金流及收益率

	一季度	二季度	三季度	四季度
期初所管理的资产总额/百万元	1.0	1.2	2.0	0.8
持有期收益率/%	10.0	25.0	−20.0	25.0
净现金流入之前的总资产/百万元	1.1	1.5	1.6	1.0
净现金流入/百万元	0.1	0.5	−0.8	0.0
期末所管理的资产总额/百万元	1.2	2.0	0.8	1.0

如何得到该只基金的各期平均收益率?

算术平均收益率 (arithmetic average return): 将各期的收益率 (r) 加总, 然后除以总期数 (n)

$$r_A = \frac{r_1 + r_2 + \cdots + r_n}{n}. \tag{4.2}$$

上述例子中, 季度收益率的算术平均值是 $\dfrac{10\% + 25\% - 20\% + 25\%}{4} = 10\%$.

算术平均收益率还假定, 投资者通过追加或提取资金的办法始终将期初的金额保持不变. 当各期收益出现巨大波动时, 算术平均收益率会呈现明显的上偏倾向. 该计算方法还忽略了收益的复利性, 不能很好地反映该年度的单个季度的收益率.

几何平均收益率 (geometric average return): n 个时期收益乘积的 n 次方根, 再减一, 即

$$r_G = \sqrt[n]{(1+r_1)(1+r_2)\cdots(1+r_n)} - 1. \tag{4.3}$$

在上述例子中, 季度收益率的几何平均为

$$\begin{aligned}
r_G &= \sqrt[4]{(1+r_1)(1+r_2)(1+r_3)(1+r_4)} - 1 \\
&= \sqrt[4]{(1+0.1)(1+0.25)(1-0.2)(1+0.25)} - 1 \\
&= 0.0829 = 8.29\%.
\end{aligned} \tag{4.4}$$

几何平均收益率还假定, 投资者获得的所有现金收益 (包括现金形式发放的股息和红利) 都用于再投资. 几何平均使用了复利的思想, 更完整地考虑了资金的时间价值, 通过对时间的加权来衡量期初投资价值的复合增值率, 从而克服了算术平均收益率有时出现的上偏倾向.

4.1.2 收益率的期望和风险

证券投资往往具有较大的不确定性, 有些情况下这种不确定性还很大. 由于存在不确定性, 投资者不能再用一个数值或收益值来描述任何资产的投资回报. 投资收益应当由一系列的结果及每个结果对应的发生的概率来描述, 这种描述形式被称为概率分布或收益分布. 本小节我们将重点介绍收益分布的两个重要的指标: 一是描述集中趋势的指标, 称为期望收益率 $E(r)$; 二是描述风险或实际收益偏离期望收益的程度的指标, 称为标准差 $\sigma(r)$.

投资的期望收益率 (或**预期收益率**) 是投资的各种可能收益率的加权平均数, 以各种可能收益率发生的概率为权数. 在计算期望收益率时投资者需要知道影响投资收益的各种可能情况、各种情况发生的概率值以及所对应收益率的大小.

$$E(r) = \bar{r} = \sum_i r_i p_i, \tag{4.5}$$

其中, $E(r)$ 为该投资的预期收益率; r_i 为该投资的第 i 种可能的收益率; p_i 为该投资的第 i 种可能收益率发生的概率, $0 < p_i < 1$, $\sum p_i = 1$.

例 4.3 表 4-2 列示了 3 种证券的未来可能收益率及概率, 运用预期收益率公式可计算各种证券的预期收益率.

表 4-2   某家基金的季度现金流及收益率

证券	未来可能收益率	概率	预期收益率
证券 1	8%	0.20	$E(R_1) = 0.2{\times}8\% + 0.5{\times}12\% + 0.3{\times}6\% = 9.4\%$
	12%	0.50	
	6%	0.30	
证券 2	8%	0.60	$E(R_2) = 0.6{\times}8\% + 0.4{\times}10\% = 8.8\%$
	10%	0.40	
证券 3	−20%	0.25	$E(R_3) = 0.25{\times}(-20\%) + 0.5{\times}10\% + 0.25{\times}40\% = 10\%$
	10%	0.50	
	40%	0.25	

上面的分析表明, 当某种投资未来收益率不确定, 存在各种可能结果时, 我们只能对证券计算期望收益率. 但当进行投资选择时, 是否只需从不同投资选择中挑选期望收益率最高的那种证券或资产进行投资, 即按照最高期望收益率原则进行投资呢?

我们在投资选择时不仅要考虑投资收益率因素, 还应考虑到投资于不同的证券或资产的投资风险差异. 所谓**投资风险**是指投资者在投资过程中遭受损失或达不到预期收益率的可能性. 当考虑风险因素后, 选择最优的投资证券品种就不能只考虑收益率. 人们通常用投资后的各种可能情况及各种可能情况出现的概率来衡量风险的程度. 常用的衡量方法是计算证券收益率的方差或标准差. 标准差越大, 风险越大; 标准差越小, 风险越小.

设 $E(r)$ 是该投资的预期收益率, r_i 是该投资的第 i 种可能的收益率, p_i 是该投资的第 i 种可能收益率发生的概率, $0 < p_i < 1$, $\sum p_i = 1$, 则方差 $\sigma^2 = \sum_i (r_i - \bar{r})^2 p_i$, 标准差 $\sigma = \sqrt{\sum_i (r_i - \bar{r})^2 p_i}$.

在实际应用中, 我们往往并不知道收益率 r 的分布或者每种可能结果发生的概率大小. 我们只知道收益率 r 的若干个观测值 $r_1, r_2, \cdots, r_n$, 这是关于收益率 r 的一组样本. 我们可计算样本均值、样本方差以及样本标准差.

样本均值 $\hat{R} = \bar{r} = \dfrac{\sum_{i=1}^{n} r_i}{n}$, 样本方差 $\hat{\sigma}^2 = \dfrac{\sum_{i=1}^{n} (r_i - \bar{r})^2}{n-1}$, 样本标准差 $\hat{\sigma} = \sqrt{\dfrac{\sum_{i=1}^{n} (r_i - \bar{r})^2}{n-1}}$.

上例中, 当我们只考虑最大期望收益率原则时, 显然应当选择证券 3. 但如果考虑投资风险的话, 从上述三种证券中选择最优的投资对象就变得困难了. 三种证券的期望收益率不同, 其风险也各不相同.

证券 1 的收益率的标准差为

$$\sigma_1 = \sqrt{0.2 \times (8\% - 9.4\%)^2 + 0.5 \times (12\% - 9.4\%)^2 + 0.3 \times (6\% - 9.4\%)^2}$$
$$\approx 2.69\%.$$

证券 2 的收益率的标准差为

$$\sigma_2 = \sqrt{0.6 \times (8\% - 8.8\%)^2 + 0.4 \times (10\% - 8.8\%)^2} \approx 0.98\%.$$

证券 3 的收益率的标准差为

$$\sigma_3 = \sqrt{0.25 \times (-20\% - 10\%)^2 + 0.5 \times (10\% - 10\%)^2 + 0.25 \times (40\% - 10\%)^2}$$
$$\approx 21.21\%.$$

在该例中, 尽管证券 3 的期望收益率最大, 但风险也最大, 无法直接判断证券 3 是否最优.

4.1.3 无差异曲线

在平面中建立一个直角坐标系, 横坐标代表标准差 σ (投资收益的风险), 纵坐标代表期望收益率 $\bar{r}$, 见图 4-1. 这个平面称为 $(\sigma, \bar{r})$ 平面, 其中 $\sigma \geqslant 0$. 每一种证券都有其期望收益率 $\bar{r}$ 及风险 σ, 每一种证券对应着平面 $(\sigma, \bar{r})$ 上的一个点.

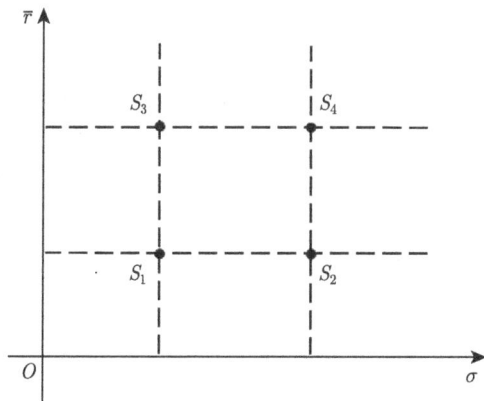

图 4-1

设有四种证券, 其期望收益率 $\bar{r}$ 及风险 σ 在 $(\sigma, \bar{r})$ 平面对应的点分别是 S_1, S_2, S_3, S_4. 这四种证券中证券 1 和证券 2 有相同的期望收益率, 但证券 2 的风险大于证券 1. 现在我们问: 这四种证券你会选择投资哪一种?

(1) 有人会说, 证券 1 及证券 2 中, 会倾向于选择证券 1, 在相同的期望收益率下, 人们更加喜欢风险偏低的.

(2) 而证券 2 及证券 4 中, 会倾向于选择证券 4, 在相同的风险水平下, 人们更加偏好期望收益率更高的证券.

(3) 证券 1 及证券 4 呢? 这个就相对难比较了, 有人会选择证券 4, 虽然风险大, 但是收益也更高; 有人会选择证券 1, 虽然期望收益率低但是风险也较小; 有人认为这两种证券无差异, 但是无法判断哪个更加具有投资价值.

在上述的讨论中, 隐藏着两个基本的假设. 第一, 假设投资者在其他情况相同的两种证券中选择时, 总是选择期望收益率较高的那个证券, 即 "不满足" 假设. 在马科维茨方法中所做的 "不满足" 假设, 意指假定相对于较低水平的期末财富, 投资者总是偏好较高水平的期末财富.

第二, 另一个假设就是 "回避风险 (或风险厌恶)" 假设, 即在同样的期望收益率中, 人们都有回避风险的倾向. 一般的投资者都是假定风险厌恶的, 投资者将选择标准差较小的证券.

均值方差标准　若投资者是风险厌恶的, 则对于证券 A 和证券 B, 该投资者认为 "证券 A 占优于证券 B" 当且仅当 $E(r_A) \geqslant E(r_B)$ 时 $\sigma_A^2 \leqslant \sigma_B^2$ 成立.

基于这两个假设, 选择最佳的投资选择方法时, 下面引入 "无差异" 的概念.

在 $(\sigma, \bar{r})$ 平面上, 每一个 $(\sigma, \bar{r})$ 点对应一种证券. 因为平面上的点有无穷多个, 而金融市场中的投资产品总是有限的. 理论上, 为了讨论的方便, 我们假定每一个 $(\sigma, \bar{r})$ 点有一种证券与之对应.

给定一种证券 A, 所有与 A 无差异的证券组成的曲线, 称为 A 的**无差异曲线** (图 4-2). 这条曲线上的每一种证券都与证券 A 无差异. 无差异曲线与投资个人的风险偏好有关, 不同的投资者一般有不同的无差异曲线, 取决于投资者对风险的态度. 通常假设投资者是风险厌恶者, 这一假设已被实际经验及证券市场的大量数据所证实. 所谓的**风险厌恶者**是指当两种证券投资的期望收益率相等但是风险不同时, 投资者会倾向于投资风险较小的证券. 这意味着当投资者面对收益率确定的证券 (无风险证券) 及收益率不确定的证券 (风险证券) 时, 如果要说服投资者购买风险证券, 市场就不得不给他一定的**风险补偿**.

例如拥有图 4-2 的无差异曲线的投资者, 将发现证券 A_1 与证券 A_2 是同样满意的, 虽然二者的期望回报率和标准差均不相同, 但是它们落在同一条无差异曲线上. 证券 A_2 的标准差 (18%) 高于 A_1 的标准差 (10%), 在风险这一维度上证券 A_2 的满意度低于证券 A_1. 然而这一满意度的损失, 被证券 A_2 相对于证券 A_1

更高的期望收益率所提供的满意程度弥补. 这两种证券的期望收益率之差正是**风险溢价** (即为使风险厌恶型投资者承担风险而向其提供的额外报酬, 一般定义为风险证券的期望收益率与无风险证券收益率之差). 风险证券的收益率是由两部分组成的, 即

$$\text{风险证券的期望收益率} = \text{无风险证券的收益率} + \text{风险溢价}.$$

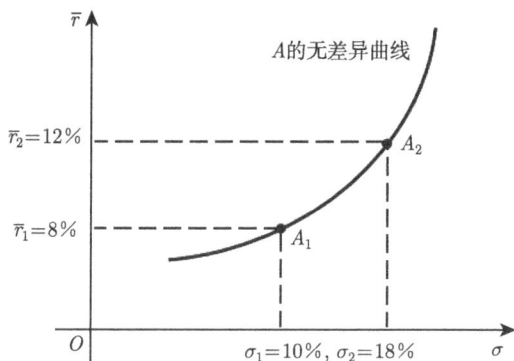

图 4-2 风险厌恶者无差异曲线

无风险证券的收益率一般指的是投资于国库券、货币市场基金或银行存款获取的收益率.

这个例子也说明了无差异曲线的一个重要特征, 一条给定的无差异曲线上的所有证券, 对投资者来说其提供的满意程度是相同的.

风险厌恶者无差异曲线具有下列性质.

性质 1 无差异曲线是单调递增且下凸的. 单调递增意味着, 当风险 σ 增加时, 投资者要求期望收益率 $\bar{r}$ 也随之增加. 另外无差异曲线下凸性意味着, 在高风险的情况下, 如果增加一点风险, 投资者将要求更多的收益.

性质 2 在无差异曲线族中, 任意两条无差异曲线不相交.

性质 3 在无差异曲线族中, 任意两条无差异曲线之间存在第三条无差异曲线 (图 4-3).

性质 4 (占优原则) 位于无差异曲线西北方向的点 A 都优于无差异曲线上的点 (点 C 或点 D). 而无差异曲线上的点 (点 C 或点 D) 都优于无差异曲线东南方向的点 B(图 4-4).

下面三张图片分别给出了三种不同风险偏好者的无差异曲线 (图 4-5 ∼ 图 4-7).

对风险厌恶型投资者, 收益带给他正的效用, 而风险带给他负的效用, 或者理解为一种负效用的商品. 风险中性型的投资者对风险无所谓, 只关心投资收益. 风险偏好型的投资者将风险作为正效用的商品看待, 当投资收益降低时, 可以通过风险增加得到效用补偿.

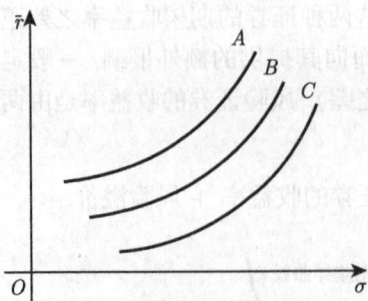

图 4-3 在两条无差异曲线之间画第三条无差
异曲线

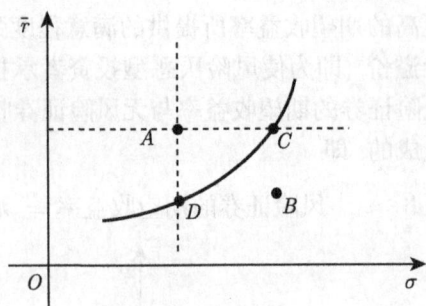

图 4-4 无差异曲线

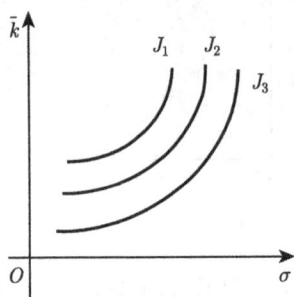

图 4-5 风险厌恶者无差异曲线

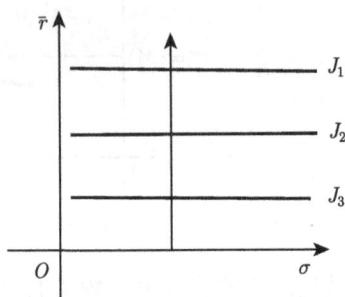

图 4-6 风险中性者无差异曲线

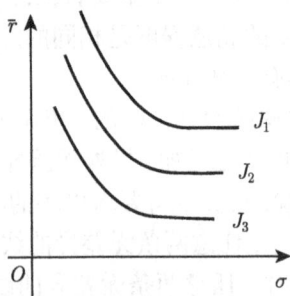

图 4-7 风险偏好者无差异曲线

4.2 资产组合的收益与风险及有效前沿

投资者为实现投资收益的最大化和风险的最小化, 应实行投资的分散化. 早在经济学理论出现之前, 就有 "不要把所有的鸡蛋放在一个篮子里" 的俗语. 由于各种证券受风险影响而产生的价格变动的幅度和方向不尽相同, 因此存在通过分散投资使风险降低的可能. 本节将介绍资产组合的收益、风险及如何构建最优的风险组合.

4.2.1 现代资产组合的理论假设

由于证券市场非常复杂, 为了从本质上把握现实, 便于建立合适的理论模型, 现代资产组合理论一般做出下列理论假设.

(1) 市场是有效的, 即投资者对于市场中的每一种证券的收益和风险的变动及影响因子等信息都是知道的.

(2) 投资者是不知足、风险厌恶的, 即投资者是理性的. 投资者不喜欢风险, 如果他们承受较大风险, 则必须得到较高的预期收益补偿; 他们对于较高收益率的偏好高于较低收益率的偏好.

(3) 投资者仅以期望收益率和方差 (标准差) 来评价资产组合.

(4) 证券投资是无限可分的, 也就是说一个有风险的证券可以以任何数量加入或退出一个证券组合.

(5) 风险一定的情况下投资者总是企图使证券组合收益最大, 或收益率一定的情况下使证券组合风险最小.

(6) 投资收益越高, 投资风险越大; 投资收益越低, 投资风险越小.

4.2.2 证券组合的若干概念

下面给出证券组合理论中的几个重要的概念.

(1) **可行组合 (可行集)** 可行组合是指在给定可用的资产后, 投资者能构造出的所有投资组合的集合.

(2) **有效前沿** 有效前沿亦称 "有效边界", 对于一个理性的投资者而言, 他们都是厌恶风险而偏好收益的, 因而在构造投资组合时, 能够满足投资者在可以接受的既定风险水平上, 投资的期望收益率最大, 或在既定的期望收益水平上, 其风险具有比其他同等期望收益率的组合风险更低的投资组合. 在 $(\sigma, \bar{r})$ 平面上, 有效前沿是一条在可行组合顶部从左边界向右延伸的曲线.

4.2.3 证券组合的收益及风险

设市场中共有 n 种证券 $S_1, S_2, \cdots, S_n$, 其收益率分别是 $r_1, r_2, \cdots, r_n$, 收益率都是随机变量. 假如某投资者有一大笔财富, 按照 $x_1, x_2, \cdots, x_n$ 的比例投资于上述 n 种证券, 这就构成一个投资组合 $p = (x_1, x_2, \cdots, x_n)^{\mathrm{T}}$, 此处的 x_i 是投资到第 i 种证券的财富比例, 不是证券的数量.

证券组合的收益率是构成组合的所有证券的收益率的加权平均, 权数是组合中各种证券的投资比例.

证券组合的收益率

$$r_p = \sum_{i=1}^{n} x_i r_i = p^{\mathrm{T}} r. \tag{4.6}$$

证券组合的期望收益率

$$\bar{r}_p = \sum_{i=1}^{n} x_i \bar{r}_i = p^{\mathrm{T}} \bar{r}. \tag{4.7}$$

其中 $r = (r_1, r_2, \cdots, r_n)^{\mathrm{T}}$, $\bar{r} = (\bar{r}_1, \bar{r}_2, \cdots, \bar{r}_n)^{\mathrm{T}}$.

证券组合的风险不仅与每种证券收益率的标准差相关, 还与两两之间的关联程度相关.

证券组合收益率的协方差是衡量组合中一种资产相对于其他资产的风险. 协方差 > 0, 该资产与其他资产的收益率正相关; 协方差 < 0, 该资产与其他资产的收益率负相关.

设第 i 种证券和第 j 种证券的收益率分别为 r_i 和 r_j, 则这两种证券的收益率的标准差、协方差以及相关系数分别为

标准差:

$$\sigma_i = \sqrt{E(r_i - E(r_i))^2}, \quad \sigma_j = \sqrt{E(r_j - E(r_j))^2}. \tag{4.8}$$

协方差:

$$\sigma_{ij} = E(r_i - E(r_i))(r_j - E(r_j)). \tag{4.9}$$

相关系数:

$$\rho_{ij} = \frac{\sigma_{ij}}{\sigma_i \sigma_j}. \tag{4.10}$$

证券 $S_1, S_2, \cdots, S_n$ 的风险分别是 $\sigma_1, \sigma_2, \cdots, \sigma_n$, 证券 S_i 和证券 S_j 的收益率之间的协方差为 σ_{ij}, 我们便得到如下的方差–协方差矩阵:

$$\Sigma = \begin{pmatrix} \sigma_{11} & \sigma_{12} & \cdots & \sigma_{1n} \\ \sigma_{21} & \sigma_{22} & \cdots & \sigma_{2n} \\ \vdots & \vdots & & \vdots \\ \sigma_{n1} & \sigma_{n2} & \cdots & \sigma_{nn} \end{pmatrix}. \tag{4.11}$$

设投资组合 $p = (x_1, x_2, \cdots, x_n)^{\mathrm{T}}$, 则这一组合的方差 σ_p^2 和风险 σ_p 是

$$\sigma_p^2 = E\left[r_p - E(r_p)\right]^2 = E\left[\sum_{i=1}^{n} x_i r_i - E\left(\sum_{i=1}^{n} x_i r_i\right)\right]^2$$

$$= \sum_{i=1}^{n} x_i^2 E(r_i - E(r_i))^2 + \sum_{i=1}^{n} \sum_{j=1, i \neq j}^{n} x_i x_j \cdot E[(r_i - E(r_i)) \cdot (r_j - E(r_j))]$$

$$= \sum_{i=1}^{n} x_i^2 \sigma_i^2 + \sum_{i=1}^{n} \sum_{j \neq i, j=1}^{n} x_i x_j \sigma_{ij} = \sum_{i,j=1}^{n} x_i x_j \sigma_{ij}$$

$$= \sum_{i,j=1}^{n} x_i x_j \rho_{ij} \sigma_i \sigma_j = p^{\mathrm{T}} \Sigma p, \tag{4.12}$$

$$\sigma_p = \sqrt{\sum_{i=1}^{n} x_i^2 \sigma_i^2 + \sum_{i=1}^{n} \sum_{j \neq i, j=1}^{n} x_i x_j \sigma_{ij}} = \sqrt{\sum_{i,j=1}^{n} x_i x_j \sigma_{ij}}$$

$$= \sqrt{\sum_{i,j=1}^{n} x_i x_j \rho_{ij} \sigma_i \sigma_j} = \sqrt{p^{\mathrm{T}} \Sigma p}. \tag{4.13}$$

例 4.4 假设两个资产收益率的均值为 0.10 和 0.12, 其标准差为 0.20 和 0.18, 占组合的投资比例分别是 0.25 和 0.75, 两个资产收益率协方差为 0.01, 则组合收益率的期望值及方差是多少?

解
$$\bar{r}_p = x^{\mathrm{T}} \bar{r} = (0.25, 0.75) \begin{pmatrix} 0.10 \\ 0.12 \end{pmatrix} = 0.115,$$

$$\sigma_p^2 = x^{\mathrm{T}} \Sigma x = (0.25, 0.75) \begin{pmatrix} (0.20)^2 & 0.01 \\ 0.01 & (0.18)^2 \end{pmatrix} \begin{pmatrix} 0.25 \\ 0.75 \end{pmatrix} = 0.024475.$$

4.2.4 两种证券组合的可行集及有效组合

下面我们先考虑一个简单的情形, 即具有两种证券 S_1 及 S_2 的组合, 其原理和方法可以推广到 n 种证券组合.

设这两种证券的收益率分别为 r_1 及 r_2, 投资于这两种证券的资金比例分别为 x_1 和 x_2, 由这两种证券构成的投资组合 $p = (x_1, x_2)$ 的收益率 r_p、期望收益率 $\bar{r}_p$、方差 σ_p^2 和风险 σ_p 分别为

$$\begin{cases} r_p = x_1 r_1 + x_2 r_2, \\ \bar{r}_p = x_1 \bar{r}_1 + x_2 \bar{r}_2, \\ \sigma_p^2 = x_1^2 \sigma_1^2 + x_2^2 \sigma_2^2 + 2 x_1 x_2 \sigma_{12} = x_1^2 \sigma_1^2 + x_2^2 \sigma_2^2 + 2 x_1 x_2 \rho_{12} \sigma_1 \sigma_2, \\ \sigma_p = \sqrt{x_1^2 \sigma_1^2 + x_2^2 \sigma_2^2 + 2 x_1 x_2 \sigma_{12}} = \sqrt{x_1^2 \sigma_1^2 + x_2^2 \sigma_2^2 + 2 x_1 x_2 \rho_{12} \sigma_1 \sigma_2}. \end{cases} \tag{4.14}$$

接下来我们对三种特殊情形进行讨论, 从特殊中又可见到一般的结论.

情形 1 两种完全正相关资产, 即相关系数 $\rho_{12} = 1$.

组合的期望收益率 $\bar{r}_p$、方差 σ_p^2 和风险 σ_p 分别为

$$\bar{r}_p = x_1\bar{r}_1 + x_2\bar{r}_2 = (\bar{r}_1 - \bar{r}_2)x_1 + \bar{r}_2,$$

$$\sigma_p^2 = x_1^2\sigma_1^2 + x_2^2\sigma_2^2 + 2x_1x_2\sigma_1\sigma_2 = (x_1\sigma_1 + x_2\sigma_2)^2, \tag{4.15}$$

$$\sigma_p = x_1\sigma_1 + x_2\sigma_2 = (\sigma_1 - \sigma_2)x_1 + \sigma_2.$$

当 $x_1 = 1$ 时, $\sigma_p = \sigma_1, r_p = r_1$;

当 $x_1 = 0$ 时, $\sigma_p = \sigma_2, r_p = r_2$.

因此, 其可行集是连接两点 $S_1(\sigma_1, \bar{r}_1)$ 和 $S_2(\sigma_2, \bar{r}_2)$ 的直线 (图 4-8).

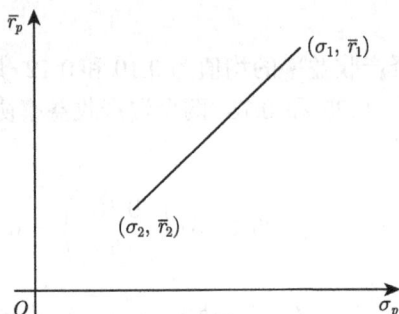

图 4-8   完全正相关证券组合的可行集

命题 4.1   完全正相关的两种资产构成的可行集是一条直线.

证明   由资产组合的计算公式可得

$$\sigma_p(x_1) = x_1\sigma_1 + (1 - x_1)\sigma_2,$$

则 $x_1 = (\sigma_p - \sigma_2)/(\sigma_1 - \sigma_2)$, 从而

$$\begin{aligned}
\bar{r}_p(\sigma_p) &= x_1\bar{r}_1 + (1 - x_1)\bar{r}_2 \\
&= \frac{\sigma_p - \sigma_2}{\sigma_1 - \sigma_2}\bar{r}_1 + \left(1 - \frac{\sigma_p - \sigma_2}{\sigma_1 - \sigma_2}\right)\bar{r}_2 \\
&= \bar{r}_2 - \frac{\bar{r}_1 - \bar{r}_2}{\sigma_1 - \sigma_2}\sigma_2 + \frac{\bar{r}_1 - \bar{r}_2}{\sigma_1 - \sigma_2}\sigma_p.
\end{aligned}$$

故命题成立, 证毕.

两种资产组合 (完全正相关), 当权重 x_1 从 1 减少到 0 时可以得到一条直线, 该直线就构成了两种资产完全正相关的可行集 (假定不允许买空和卖空).

情形 2   两种完全负相关资产, 即相关系数 $\rho_{12} = -1$.

组合的期望收益率 $\bar{r}_p$、方差 σ_p^2 和风险 σ_p 分别为

$$\bar{r}_p = \bar{r}_1 + x_2\bar{r}_2 = (\bar{r}_1 - \bar{r}_2)\,x_1 + \bar{r}_2,$$
$$\sigma_p^2 = x_1^2\sigma_1^2 + x_2^2\sigma_2^2 - 2x_1x_2\sigma_1\sigma_2 = (x_1\sigma_1 - x_2\sigma_2)^2, \qquad (4.16)$$
$$\sigma_p = |x_1\sigma_1 - x_2\sigma_2|.$$

特别地, 当 $x_1 = \dfrac{\sigma_1}{\sigma_1 + \sigma_2}$ 时, $\sigma_p = 0$;

当 $x_1 < \dfrac{\sigma_1}{\sigma_1 + \sigma_2}$ 时, $\sigma_p = \sigma_2 - (\sigma_1 + \sigma_2)\,x_1$.

命题 4.2 完全负相关的两种资产构成的可行集是两条直线, 其截距相同, 斜率异号 (图 4-9).

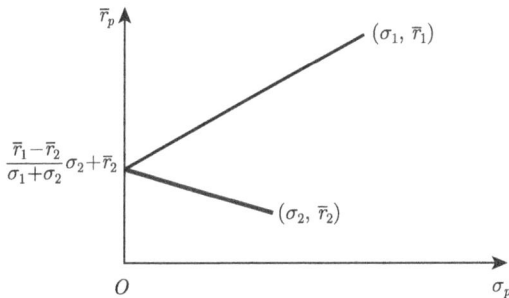

图 4-9 完全负相关证券组合的可行集

证明 当 $x_1 > \dfrac{\sigma_1}{\sigma_1 + \sigma_2}$ 时, $\sigma_p\,(x_1) = x_1\sigma_1 - (1 - x_1)\,\sigma_2$, 则

$$\bar{r}_p(\sigma_p) = \frac{\sigma_p + \sigma_2}{\sigma_1 + \sigma_2}\bar{r}_1 + \left(1 - \frac{\sigma_p + \sigma_2}{\sigma_1 + \sigma_2}\right)\bar{r}_2 = \frac{\bar{r}_1 - \bar{r}_2}{\sigma_1 + \sigma_2}\sigma_p + \frac{\bar{r}_1 - \bar{r}_2}{\sigma_1 + \sigma_2}\sigma_2 + \bar{r}_2.$$

同理可证, 当 $x_1 < \dfrac{\sigma_1}{\sigma_1 + \sigma_2}$ 时, $\sigma_p\,(x_1) = (1 - x_1)\,\sigma_2 - x_1\sigma_1$, 则

$$\bar{r}_p(\sigma_p) = -\frac{\bar{r}_1 - \bar{r}_2}{\sigma_1 + \sigma_2}\sigma_p + \frac{\bar{r}_1 - \bar{r}_2}{\sigma_1 + \sigma_2}\sigma_2 + \bar{r}_2.$$

故命题成立, 证毕.

情形 3 完全不相关的两种资产, 即相关系数 $\rho_{12} = 0$.

当 $\rho_{12} = 0$ 时, 组合的期望收益率 $\bar{r}_p$ 和风险 σ_p 满足

$$\bar{r}_p\,(x_1) = x_1\bar{r}_1 + (1 - x_1)\,\bar{r}_2,$$

$$\sigma_p(x_1) = \sqrt{x_1^2\sigma_1^2 + (1-x_1)^2\sigma_2^2},$$

这是一条二次曲线.

一般情形 当 $-1 < \rho_{12} < 1$ 时, 组合的期望收益率 $\bar{r}_p$ 和风险 σ_p 满足

$$\bar{r}_p(x_1) = x_1\bar{r}_1 + (1-x_1)\bar{r}_2,$$

$$\sigma_p(x_1) = \sqrt{x_1^2\sigma_1^2 + (1-x_1)^2\sigma_2^2 + 2x_1(1-x_1)\sigma_1\sigma_2\rho_{12}}.$$

我们可以发现此时两种风险资产构成的可行集是一族二次曲线.

由图 4-10 可见, 可行集的弯曲程度取决于相关系数 ρ_{12}, 随着 ρ_{12} 的减小, 弯曲程度增加. 当 $\rho_{12} = -1$ 时, 呈现折线状, 也就是弯曲程度最大. 当 $\rho_{12} = 1$ 时, 弯曲度最小, 也就是没有弯曲, 则为一条直线; 当 $-1 < \rho_{12} < 1$, 就介于直线和折线之间, 成为平滑的曲线, 而且 ρ_{12} 越小越弯曲.

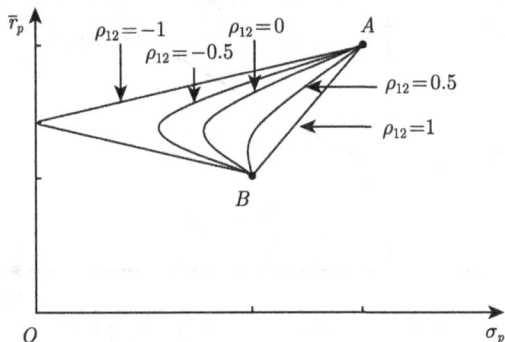

图 4-10   证券组合的可行集

风险分散化效应 从 B 点出发 (此时投资者仅持有资产 2), 逐步增加资产 1 的头寸, 我们会发现随着期望收益率 $\bar{r}_p$ 的提升, 投资组合的风险 σ_p 增加的速度较慢 (完全正相关除外), 甚至可能是下降的. 因此投资者可以通过选择合适的投资组合改善投资绩效.

投资者不仅在两种资产的收益满足负相关的情况下可以降低风险, 在不相关以及不完全正相关的情况下也可以通过选择合适的投资组合提高投资者的绩效. 两种风险资产的搭配之所以具有分散化效应, 是因为对于任给的权重 $x \in (0,1)$, 组合的标准差与标准差的组合满足如下不等式关系:

$$\sigma_p = \sqrt{[(1-x)\sigma_1 + x\sigma_2]^2 + 2(\rho-1)x(1-x)\sigma_1\sigma_2}$$

$$\leqslant \sqrt{[(1-x)\sigma_1 + x\sigma_2]^2} = (1-x)\sigma_1 + x\sigma_2.$$

分散化效应的着眼点是组合后曲线的曲率, 只要组合后有曲率, 收益与风险的增加就不是同比例的, 这就叫分散化效应. 当然, 通过资产的组合, 除了分

散化效应以外, 还能够增加投资者可供选择的投资机会集, 例如在可以被卖空的情况下会沿着直线不断向外延伸, 这也可能会提高投资者的效用; 但这不叫分散化效应.

定理 4.1 只要风险资产的方差–协方差矩阵正定 (对角线行列式全部大于0), 则组合的风险就不会降到 0. 现实中组合的风险不会无限地降低, 原因在于各风险资产存在相关性.

在资产充分分散化的情况下还不能消除的风险被称为**系统性风险**, 它源于与市场有关的因素. 反之, 能通过组合的方式消除的风险叫**非系统性风险**, 或**独特风险** (图 4.11).

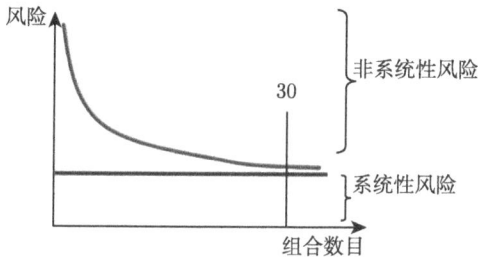

图 4-11   投资组合风险与资产数量的关系

系统性风险是在整个经济中普遍存在的风险, 是某种因素的变化导致市场上所有的证券收益具有的不确定性, 由于不能通过有效的多元化投资加以消除, 故也称不可避免风险或不可分散风险, 包括市场风险、利率风险、购买力风险、流动性风险、期限风险、政策风险等. 这种风险对市场中各种证券的影响程度是不一样的, 其程度大小可通过 β 系数来表示.

非系统性风险是由某些因素的变化对个别证券的收益造成的不确定性, 并可以通过多样化投资而加以消除, 包括经营风险、财务风险、违约风险、道德风险等.

有效集   如上所述, 投资者总是在追求投资期望收益最大化的同时尽量使投资风险最小化, 只有满足这种决策要求的证券组合才是有效的证券组合. 具体来说, 有效证券组合需满足三个条件: ①给定收益水平下具有最小风险的组合; ②给定风险水平下的, 具有最高收益的组合; ③不存在比其预期收益率更高和风险更小的其他证券组合. 根据这三个条件, 可以归纳出这样一条定理.

有效集定理   一个投资者将从各种风险水平上能够带来最大收益率的以及在各种预期收益率水平上风险最小的有效证券组合的集合中选择最佳证券组合. 满足这一要求的证券组合集合称为**有效集** (efficient set) 或**有效边界** (efficient frontier).

在图 4-12 中, 整个可行集中, 曲线上有一个特殊的点令人们感兴趣, 那就是最左边的点 G 点, 该点具有最小标准差, 这一点的风险 σ_G 比曲线上其他点的风险都小. 这个可行集被 G 点分成两段. 投资者如果要寻找 S_1 及 S_2 的所有组合中风险最小的, 那么这一组合对应的点就是 G 点. G 点对应的参数 x_1 是多少呢? 我们可以发现在该点处 σ_p 关于 r_p 的导数为 0.

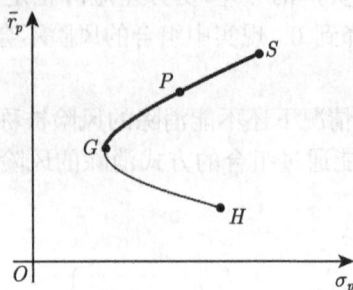

图 4-12　两种证券组合的有效集

特别地, 当 $\rho_{12} = 0$ 时,

$$\bar{r}_p\,(x_1) = x_1\bar{r}_1 + (1 - x_1)\,\bar{r}_2, \quad \sigma_p\,(x_1) = \sqrt{x_1^2\sigma_1^2 + (1 - x_1)^2\sigma_2^2},$$

$$\frac{\mathrm{d}\sigma_p}{\mathrm{d}r_p} = \frac{\mathrm{d}\sigma_p/\mathrm{d}x_1}{\mathrm{d}r_p/\mathrm{d}x_1} = \frac{\dfrac{1}{2}\left(x_1^2\sigma_1^2 + (1 - x_1)^2\sigma_2^2\right)^{-\frac{1}{2}}\left(2\left(\sigma_1^2 + \sigma_2^2\right)x_1 - 2\sigma_2^2\right)}{\bar{r}_1 - \bar{r}_2},$$

所以 $\dfrac{\mathrm{d}\sigma_p}{\mathrm{d}r_p} = 0$, 我们有 $(\sigma_1^2 + \sigma_2^2)x_1 - \sigma_2^2 = 0$, 解得 $x_1 = \dfrac{\sigma_2^2}{\sigma_1^2 + \sigma_2^2}$.

从 G 点沿可行集右上方的边界直到整个可行集的最高点 S (具有最大期望收益率), 这一边界线 GS 即为有效集. 对于各种风险水平而言, 能提供最大期望收益的组合集是可行集 G 点和 S 点之间上方边界的部分; 对于各种期望收益率水平而言, 能提供最小风险的组合集是可行集 S 点和 H 点之间的左边界部分, 同时考虑这两种情况, 因此 GS 为有效集.

由此我们可以得到证券组合的有效集曲线是一条向右上方倾斜的曲线, 它反映了 "高收益、高风险" 的原则. 这是一条向上凸的曲线, 不可能有凹陷的地方.

4.2.5　n 种证券组合的可行集及有效组合

上述已经知道, 两种证券组合的可行集是 $(\sigma_p, \bar{r}_p)$ 平面上的一条曲线, 但 n 个证券的可行集就不再是一条曲线. 当不允许卖空时, 它是 $(\sigma_p, \bar{r}_p)$ 平面上一个有界的点集. 一般地, 当资产数量增加时, 要保证资产之间两两完全正 (负) 相关是不可能的, 因此, 一般假设两种资产之间不完全相关.

如图 4-13 所示, 通过计算机模拟, 我们可以得到三种资产组合的风险–收益的 1000 对可能结果.

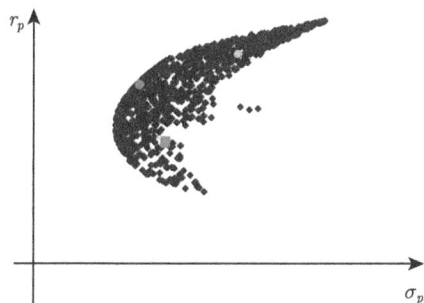

图 4-13 三种资产组合的可行集

我们可以发现 n 种资产构成的组合的可行集是一个月牙形的有界区域 (图 4-14).

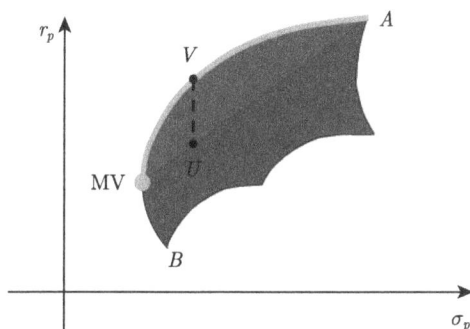

图 4-14 多种资产组合的可行集

类似于两种证券组合的情形, 如何得到 n 种证券有效的组合也是投资者关心的问题. n 种资产构成的组合的有效前沿也是非常复杂的. 图 4-14 中, 边界线 MV-A 即为这 n 种资产组合的有效前沿. 可以证明 n 种资产构成的组合有效前沿在 (σ_p, r_p) 平面上也是双曲线的一段. 我们将在下节给出具体的证明.

4.2.6 有效前沿与无差异曲线的切点组合

对 n 种证券 $S_1, S_2, \cdots, S_n$, 如果我们知道它们的期望收益率和方差–协方差矩阵, 那么这 n 种证券的有效前沿便被确定了, 它与投资者的个人偏好无关, 是客观存在的曲线 (图 4-15).

但投资者要选择曲线上的哪一点作为投资对象, 却与投资者的个人偏好有关. 从图 4-15 可以看出, 虽然投资者更偏好 I_3 上的组合, 然而可行集中找不到这样的组合, 因而是不可实现的. 至于 I_1 上的组合, 虽然可以找得到, 但由于 I_1 的位置位于 I_2 的下方, 即 I_1 所代表的效用低于 I_2, 因此 I_1 上的组合都不是最优组合.

而 I_2 代表了可以实现的最高投资效用, 因此 O 点所代表的组合就是最优投资组合, 称它是无差异曲线与有效前沿的**切点组合**.

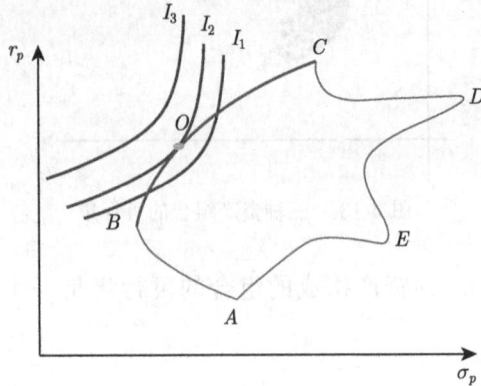

图 4-15   最优资产组合的确定

有效集向上凸的特性和无差异曲线向下凸的特性决定了有效集和无差异曲线的相切点只有一个, 也就是说最优投资组合是唯一的.

对于投资者而言, 有效集是客观存在的, 它是由证券市场决定的. 而无差异曲线则是主观的, 它是由自己的风险–收益偏好决定的. 从第 3 章的分析可知, 厌恶风险程度越高的投资者, 其无差异曲线的斜率越陡, 因此其最优投资组合越接近 B 点. 厌恶风险程度越低的投资者, 其无差异曲线的斜率越小, 因此其最优投资组合越接近 C 点.

4.3   均值–方差模型

均值–方差 (mean-variance) 模型是由马科维茨等人于 1952 年建立的, 其目的是寻找有效边界. 通过期望收益和方差来评价组合, 投资者是理性的: 害怕风险和收益多多益善. 因此, 根据上一节的占优原则这可以转化为一个优化问题, 即

(1) 给定收益的条件下, 风险最小化;

(2) 给定风险的条件下, 收益最大化.

根据投资者均为理性经济人的假设, 马科维茨理论认为投资者在证券投资过程中总是力求在收益一定的条件下, 将风险降到最小; 或者在风险一定的条件下, 获得最大的收益.

为此他提出了以下两种单目标的投资组合模型.

模型 1   给定组合收益率: $\bar{r}_p = \sum_{i=1}^{n} x_i \bar{r}_i \equiv \mu$, 且设组合的收益率 $\bar{r}_p$ 大于无风险资产的收益率 r_f.

在给定组合预期收益的条件目标后, 要求资产组合风险最小的有效组合, 用数学语言表示为求投资组合收益率方差的最小值[①].

$$\min \sigma_p^2 = \sum_{i=1}^n x_i^2 \sigma_i^2 + \sum_{i=1}^n \sum_{\substack{j=1 \\ j\neq i}}^n x_i x_j \sigma_{ij}$$

$$\text{s.t.} \begin{cases} \overline{r}_p = \sum_{i=1}^n x_i \overline{r}_i = \mu, \\ \sum_{i=1}^n x_i = 1, \\ x_i \geqslant 0, \ i = 1, 2, \cdots, n. \end{cases} \tag{4.17}$$

模型 2 给定组合的风险

$$\sigma_p^2 = \sigma_0^2, \tag{4.18}$$

$$\max \overline{r}_p = \sum_{i=1}^n x_i \overline{r}_i$$

$$\text{s.t.} \begin{cases} \sigma_p^2 = \sum_{i=1}^n x_i^2 \sigma_i^2 + \sum_{i=1}^n \sum_{\substack{j=1 \\ j\neq i}}^n x_i x_j \sigma_{ij} = \sigma_0^2, \\ \sum_{i=1}^n x_i = 1, \\ x_i \geqslant 0, i = 1, 2, \cdots, n. \end{cases} \tag{4.19}$$

事实上, 模型 1 与模型 2 是等价的, 即无论是使用模型 1 还是使用模型 2 确定的最优证券组合投资策略的期望收益率和风险一定满足 $(\sigma_p, \overline{r}_p)$ 平面上的同一条曲线方程. 获得了足够的数据, 投资者就可以根据自己的投资风格和对风险的偏好程度, 来选择模型 1 或模型 2 建立自己的投资组合, 以达到满意的投资效果.

下面我们针对模型 1, 利用拉格朗日乘子法求解得到该模型的最优解.

模型 1 用矩阵向量式可以改写为以下形式:

$$\min \sigma_p^2 = \min X^{\mathrm{T}} \Sigma X$$

$$\text{s.t.} \begin{cases} X^{\mathrm{T}} \overline{r} = \overline{r}_p \equiv \mu, \\ X^{\mathrm{T}} \mathbf{1} = 1. \end{cases} \tag{4.20}$$

---

① 设第 i 种投资产品为 A_i, $EA_i = \overline{r}_i$, $E(A_i - r_i)^2 = \sigma_i^p$, $E[(A_i - \overline{r}_i)(A_j - \overline{r}_j)] = \sigma_{ij}$, 投资组合的方差为 $\sigma_p^2 = E\left[\left(\sum_i^n x_i A_i - E\left(\sum_i^n x_i A_i\right)\right)^2\right] = E\left[\sum_{i,j}^n x_i x_j A_i A_j - \sum_{i,j}^n x_i x_j \overline{r}_i \overline{r}_j\right] = \sum_{i,j}^n x_i x_j \sigma_{ij} = X^{\mathrm{T}} \Sigma X$.

其中, $X = p = (x_1, x_2, \cdots, x_n)^{\mathrm{T}}, \bar{r} = (\bar{r}_1, \bar{r}_2, \cdots, \bar{r}_n)^{\mathrm{T}}, \mathbf{1} = (1, 1, \cdots, 1)^{\mathrm{T}},$

$$\Sigma = \begin{pmatrix} \sigma_{11} & \sigma_{12} & \cdots & \sigma_{1n} \\ \sigma_{21} & \sigma_{22} & \cdots & \sigma_{2n} \\ \vdots & \vdots & & \vdots \\ \sigma_{n1} & \sigma_{n2} & \cdots & \sigma_{nn} \end{pmatrix}.$$

作拉格朗日函数

$$L\left(X, \lambda_1, \lambda_2\right) = X^{\mathrm{T}}\Sigma X + \lambda_1\left(\bar{r}_p - X^{\mathrm{T}}\bar{r}\right) + \lambda_2\left(1 - X^{\mathrm{T}}\mathbf{1}\right),$$

有极值的必要条件为

$$\begin{cases} L_X = 2\Sigma X - \lambda_1\bar{r} - \lambda_2\mathbf{1} = 0, \\ L_{\lambda_1} = \bar{r}_p - X^{\mathrm{T}}\bar{r} = 0, \\ L_{\lambda_2} = 1 - X^{\mathrm{T}}\mathbf{1} = 0. \end{cases} \tag{4.21}$$

由于 Σ 是对称阵又是正定的, 从而它的逆矩阵 Σ^{-1} 存在, 也是对称阵. 因此在上述 (4.21) 第一个等式左右两端同时左乘 Σ^{-1}, 可得

$$X = \frac{1}{2}\Sigma^{-1}\left(\lambda_1\bar{r} + \lambda_2\mathbf{1}\right). \tag{4.22}$$

转置后得

$$X^{\mathrm{T}} = \frac{1}{2}\left(\lambda_1\bar{r}^{\mathrm{T}} + \lambda_2\mathbf{1}^{\mathrm{T}}\right)\Sigma^{-1}.$$

将其代入 (4.21) 中第二、三个等式, 我们有

$$\begin{cases} \bar{r}_p = \frac{1}{2}\lambda_1\bar{r}^{\mathrm{T}}\Sigma^{-1}\bar{r} + \frac{1}{2}\lambda_2\mathbf{1}^{\mathrm{T}}\Sigma^{-1}\bar{r}, \\ \frac{1}{2}\lambda_1\bar{r}^{\mathrm{T}}\Sigma^{-1}\mathbf{1} + \frac{1}{2}\lambda_2\mathbf{1}^{\mathrm{T}}\Sigma^{-1}\mathbf{1} = 1. \end{cases} \tag{4.23}$$

记 $A = \bar{r}^{\mathrm{T}}\Sigma^{-1}\bar{r}, B = \mathbf{1}^{\mathrm{T}}\Sigma^{-1}\bar{r}, C = \mathbf{1}^{\mathrm{T}}\Sigma^{-1}\mathbf{1}$, 式 (4.23) 可化为

$$\begin{cases} A\lambda_1 + B\lambda_2 = 2\bar{r}_p, \\ B\lambda_1 + C\lambda_2 = 2. \end{cases} \tag{4.24}$$

方程组 (4.24) 的系数行列式为 $D = \begin{vmatrix} A & B \\ B & C \end{vmatrix} = AC - B^2.$

可以证明上述行列式 $D = AC - B^2 > 0$. 若不然, 可以考虑未知量为 x 的方程:

$$(\bar{r}x + \mathbf{1})^{\mathrm{T}} \Sigma^{-1} (\bar{r}x + \mathbf{1}) = 0.$$

由于矩阵 Σ^{-1} 是正定的, 从而该方程无解. 另一方面上述方程可改写为 $\bar{r}^{\mathrm{T}} \Sigma^{-1} \bar{r} \cdot x^2 + 2(\mathbf{1}^{\mathrm{T}} \Sigma^{-1} \bar{r} x) + \mathbf{1}^{\mathrm{T}} \Sigma^{-1} \mathbf{1} = 0$. 亦即 $Ax^2 + 2Bx + C = 0$. 又由于该方程无解, 从而 $D = AC - B^2 > 0$. 进而可以求得方程组 (4.24) 的解为

$$
\begin{cases}
\lambda_1 = \dfrac{2\,(C\bar{r}_p - B)}{AC - B^2}, \\[2mm]
\lambda_2 = \dfrac{2\,(A - B\bar{r}_p)}{AC - B^2}.
\end{cases}
\tag{4.24$'$}
$$

将 λ_1, λ_2 代入式 (4.22), 得到最优组合

$$p^*\,(\mu) = X^*\,(\mu) = \frac{C\bar{r}_p - B}{AC - B^2} \Sigma^{-1} \bar{r} + \frac{A - B\bar{r}_p}{AC - B^2} \Sigma^{-1} \mathbf{1}, \tag{4.25}$$

组合的收益率的方差

$$
\begin{aligned}
&\sigma_p^2(\mu) \\
&= \left(\frac{C\mu - B}{AC - B^2} \Sigma^{-1} \bar{r} + \frac{A - B\mu}{AC - B^2} \Sigma^{-1} \mathbf{1} \right)^{\mathrm{T}} \Sigma \left(\frac{C\mu - B}{AC - B^2} \Sigma^{-1} \bar{r} + \frac{A - B\mu}{AC - B^2} \Sigma^{-1} \mathbf{1} \right) \\
&= \left(\frac{C\mu - B}{D} \right)^2 \bar{r}^{\mathrm{T}} \Sigma^{-1} \bar{r} + 2 \frac{C\mu - B}{D} \times \frac{A - B\mu}{D} \mathbf{1}^{\mathrm{T}} \Sigma^{-1} \bar{r} + \left(\frac{A - B\mu}{D} \right)^2 \mathbf{1}^{\mathrm{T}} \Sigma^{-1} \mathbf{1} \\
&= \frac{C}{D} \left(\mu^2 - \frac{2B}{C} \mu + \frac{A}{C} \right) \\
&= \frac{C}{D} \left(\mu - \frac{B}{C} \right)^2 + \frac{1}{C} \quad (C > 0, D > 0),
\end{aligned}
\tag{4.26}
$$

或者写为

$$\frac{\sigma_p^2}{1/C} - \frac{\left(\mu - \dfrac{B}{C} \right)^2}{D/C^2} = 1. \tag{4.27}$$

大家对此类式子都非常熟悉, 由于 $C, D > 0$ 在 (σ_p, r_p) 平面上是双曲线的右半支. 在这条曲线中, 点 $N\left(\sqrt{\dfrac{1}{C}}, \dfrac{B}{C} \right)$ 处组合的风险 σ_p 最小 (图 4-16).

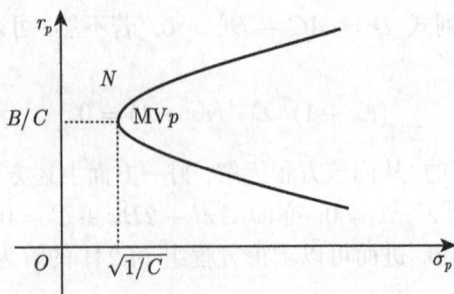

图 4-16

这时由风险证券 $S_1, S_2, \cdots, S_n$ 的组合构成的有效前沿就是双曲线上从 N 点开始向上延伸的一段.

马科维茨的均值–方差模型有其一定的局限性. 第一, 该模型使用证券未来预期收益率变动的方差或标准差来度量风险的大小, 将预期收益率有益于投资者的变动划入风险的范畴. 历史数据不可能重复出现, 资产之间的相关系数不可能一成不变. 这些都是有悖于实际情况的. 第二, 该模型还假设所有投资者有一个共同的单一投资期, 所有的证券组合有一个特定的持有期, 而这在现实条件下是不易达到的. 第三, 该模型运用的条件要求非常高, 利用均值–方差模型构建投资组合模型时, 投资者必须得到证券的收益率、方差及两两间协方差的估计. 当 N 非常大时, 计算量非常大. 在实践中不具有可操作性.

例 4.5　设有 4 种风险资产, 证券市场不征收边际资本收入税, 风险资产的期望收益率分别为 $r_1 = 1.13, r_2 = 1.035, r_3 = 1.14, r_4 = 1.175$; 风险资产 i 和风险资产 j 随机收益率的方差–协方差分别见表 4-3.

表 4-3　4 种风险资产收益率的方差–协方差

	风险资产 1	风险资产 2	风险资产 3	风险资产 4
风险资产 1	0.20	0.10	0.15	0.01
风险资产 2	0.10	0.15	−0.16	−0.20
风险资产 3	0.15	−0.16	0.23	0.10
风险资产 4	0.01	−0.20	0.10	0.52

求该 4 种风险资产的最优投资组合 (不允许卖空).

解　设投资者投资到该四种风险资产的资金比例为 $X = (x_1, x_2, x_3, x_4)$.

该投资组合的期望收益率为 $r_p = 1.13x_1 + 1.035x_2 + 1.14x_3 + 1.175x_4$.

投资组合的方差为

$$\sigma_p^2 = 0.20x_1^2 + 0.15x_2^2 + 0.23x_3^2 + 0.52x_4^2$$

$$+ 2(0.10x_1x_2 + 0.15x_1x_3 + 0.01x_1x_4 - 0.16x_2x_3 - 0.20x_2x_4 + 0.10x_3x_4).$$

下面建立预期收益给定、投资组合收益的风险最小化的模型

$$\min \sigma_p^2 = 0.20x_1^2 + 0.15x_2^2 + 0.23x_3^2 + 0.52x_4^2$$
$$+ 2\left(0.10x_1x_2 + 0.15x_1x_3 + 0.01x_1x_4 - 0.16x_2x_3 - 0.20x_2x_4 + 0.10x_3x_4\right)$$

$$\text{s.t.}\begin{cases} r_p = 1.13x_1 + 1.035x_2 + 1.14x_3 + 1.175x_4 = \mu_0, \\ x_1 + x_2 + x_3 + x_4 = 1, \\ x_1 \geqslant 0, x_2 \geqslant 0, x_3 \geqslant 0, x_4 \geqslant 0. \end{cases}$$

假设 4 种资产组合给定的期望收益率 $\mu_0 = 1.06$, 构造拉格朗日函数

$$L(x_1, x_2, x_3, x_4, \lambda_1, \lambda_2)$$
$$= 0.20x_1^2 + 0.15x_2^2 + 0.23x_3^2 + 0.52x_4^2$$
$$+ 2(0.10x_1x_2 + 0.15x_1x_3 + 0.01x_1x_4 - 0.16x_2x_3 - 0.20x_2x_4 + 0.10x_3x_4)$$
$$+ \lambda_1(1.13x_1 + 1.035x_2 + 1.14x_3 + 1.175x_4 - 1.06) + \lambda_2(x_1 + x_2 + x_3 + x_4 - 1).$$

在上式中分别对 x_1, x_2, x_3, x_4 以及 λ_1, λ_2 求偏导数得

$$\begin{cases} L_{x_1} = 0.40x_1 + 0.20x_2 + 0.30x_3 + 0.02x_4 + 1.13\lambda_1 + \lambda_2 = 0, \\ L_{x_2} = 0.20x_1 + 0.30x_2 - 0.32x_3 - 0.40x_4 + 1.035\lambda_1 + \lambda_2 = 0, \\ L_{x_3} = 0.30x_1 - 0.32x_2 + 0.46x_3 + 0.20x_4 + 1.14\lambda_1 + \lambda_2 = 0, \\ L_{x_4} = 0.02x_1 - 0.40x_2 + 0.20x_3 + 1.04x_4 + 1.175\lambda_1 + \lambda_2 = 0, \\ L_{\lambda_1} = 1.13x_1 + 1.035x_2 + 1.14x_3 + 1.175x_4 - 1.06 = 0, \\ L_{\lambda_2} = x_1 + x_2 + x_3 + x_4 - 1 = 0. \end{cases}$$

解得 $x_1 = 0$, $x_2 = 0.7143$, $x_3 = 0.2857$, $x_4 = 0$.

4.4　无风险资产与风险资产投资组合

本节我们将资产组合分配问题进行适当的扩展, 允许投资者不仅能投资于风险资产, 还可以投资于无风险资产. 这意味着, 在 $n+1$ 种可以购买的资产中, 将含有 n 种风险资产和一种无风险资产.

无风险资产的确切含义是什么呢? 无风险资产是指具有确定的收益率, 最终价值不存在任何不确定性的资产. 无风险资产的特点是其预期收益率等于其实际收益率, 投资收益的方差或标准差为零. 无风险资产的收益率与风险资产的收益率之间的协方差及相关系数为零. 通常, 我们把 1 年期的国库券或者货币市场基金当作无风险资产.

我们首先研究无风险借贷情况下投资者分别可以投资于一种无风险资产与一种风险资产, 以及一种无风险资产与多种风险资产的情形, 然后再研究存在无风险借贷下的投资组合选择分配问题.

4.4.1　一种无风险资产与一种风险资产的投资组合

设无风险资产的收益率为 r_f, 它是一个常数, 在 $(\sigma_p, \overline{r}_p)$ 平面上无风险债券表示为 $\overline{r}_p$ 轴上的一点 F (图 4-17), F 点的纵坐标为 r_f, 横坐标为 0. 再设另外一种风险资产 A 的期望收益率为 $\overline{r}_A$, 风险是 σ_A, $(\sigma_p, \overline{r}_p)$ 平面上对应于点 A $(\sigma_A, \overline{r}_A)$.

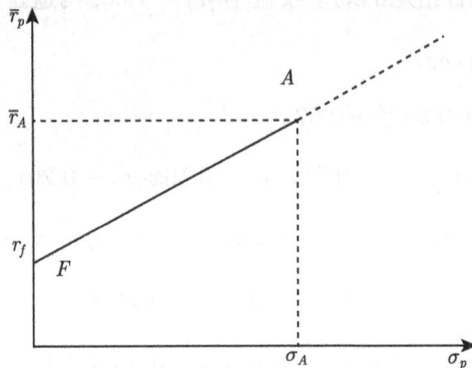

图 4-17

我们考虑无风险资产和风险资产的组合 $p = (x, 1-x)$, 其中 x 是投资于无风险资产的资金比例, $1-x$ 是投资于风险资产的资金比例. 无风险资产和风险资产的协方差为 σ_{fA}, 相关系数为 ρ_{fA}. 由于无风险资产是确定的, 因此 $\sigma_{fA} = 0, \rho_{fA} = 0$. 从而组合的期望收益率 $\overline{r}_p$ 及风险 σ_p 分别为

$$\overline{r}_p = x r_f + (1-x)\overline{r}_A,$$

$$\sigma_p^2 = x^2 \sigma_f^2 + (1-x)^2 \sigma_A^2 + 2x(1-x)\sigma_{fA}^2 = (1-x)^2 \sigma_A^2,$$

$$\sigma_p = (1-x)\sigma_A.$$

命题 4.3　一种无风险资产与一种风险资产构成的资产组合的有效边界为一条直线

$$\overline{r}_p = \frac{\sigma_p}{\sigma_A}\overline{r}_A + \left(1 - \frac{\sigma_p}{\sigma_A}\right) r_f = r_f + \frac{\overline{r}_A - r_f}{\sigma_A}\sigma_p. \tag{4.28}$$

可以发现这是一条以 r_f 为截距, $\dfrac{\overline{r}_A - r_f}{\sigma_A}$ 为斜率的直线 (图 4-17), 该直线称为资本配置线.

由于 $\overline{r}_A$, r_f 和 σ_A 已知, 上式是线性函数, 这说明此时的投资组合的期望收益率 $\overline{r}_p$ 及风险 σ_p 呈线性关系. 又由于投资到无风险资产的资金比例 $x > 0$, 因此上式所表示的只是一个线段, 其中, F 点表示无风险资产, A 点表示风险资产, 改变投资到无风险资产的资金比例, 由这两种资产构成的投资组合的预期收益率和风险一定落在 AF 这个线段上. 显然线段 AF 上所有投资组合都是有效的, 线段 AF 就是无风险资产及风险资产 A 构成的投资组合的有效边界.

上式中第二项 $\dfrac{\overline{r}_A - r_f}{\sigma_A}\sigma_p$ 是对承担风险 σ_p 的风险补偿, 资产组合的风险补偿与资产组合所承担的风险大小 σ_p 成正比. $\dfrac{\overline{r}_A - r_f}{\sigma_A}$ 则代表了单位风险的补偿, 通常称之为单位风险价格或单位风险报酬 (reward-to-variability), 如果人们更厌恶风险, 那么多承担一份风险所要求的风险补偿就大, 从而会提高单位风险价格.

4.4.2　允许借款情形

在上面的讨论中, 投资于风险资产的资金比例满足 $0 \leqslant 1 - x \leqslant 1$, 即 $0 \leqslant x \leqslant 1$. 若允许 $x < 0$, 这意味着投资于风险资产的资金比例 $1 - x > 1$, 此时投资者可以卖空无风险资产或者可以借入资金. 进一步假定存款利率和贷款利率是一致的, 利率也是 r_f, 此时组合 $p = (x, 1 - x)$ 的期望收益率 $\overline{r}_p$ 及风险 σ_p 仍然由方程

$$\overline{r}_p = (r_f - \overline{r}_A)\,x + \overline{r}_A,$$

$$\sigma_p = (1 - x)\,\sigma_A$$

确定. 当 $x < 0$ 时, 其图形仍然是直线段, 在图 4-17 中是直线段 FA 向风险资产 A 的方向延伸出去的一段, 即图中虚线的一段.

4.4.3　一种无风险资产与多种风险资产的投资组合

设市场中有 $n+1$ 种资产, 其中 n 种是风险资产 $S_1, S_2, \cdots, S_n$, 另外一种是无风险资产 A. 我们在 4.2.5 节中知道这 n 种风险资产有一条有效边界, 它是双曲线的一段.

为了简化问题, 我们先看无风险资产 A 和风险资产 S_1, S_2 构成的组合. 假设风险资产组合 B 是由风险证券 S_1, S_2 组成的. 根据前面的分析可得, B 一定位于经过 S_1 和 S_2 两点的向上凸出的弧线上, 如图 4-18 所示. 则上述资本配置线的结论同样适用于由无风险资产 A 和风险资产组合 B 构成的投资组合的情形. 在图 4-18 中, 这种投资组合的期望收益率和标准差一定落在 AB 线段上.

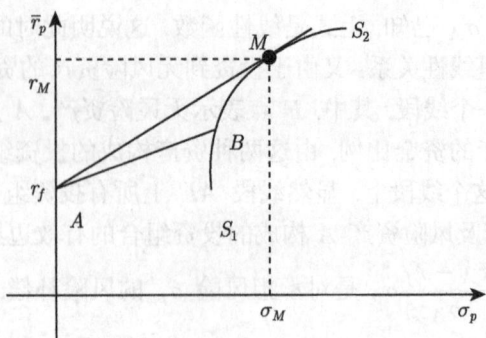

图 4-18

在图 4-18 中, 弧线 S_1S_2 代表马科维茨有效边界, A 点表示无风险资产. 我们可以在马科维茨有效集中找到一点 M, 使 AM 直线与弧线 S_1S_2 相切于 M 点. M 点所代表的组合称为**切点处投资组合**. 因为没有任何一种风险资产或风险资产组合与无风险资产构成的投资组合可以位于 AM 线段的左上方. AM 线段的斜率最大, 因此 M 点代表的组合被称为最优风险组合 (optimal risky portfolio). 引入无风险资产后, 新的有效前沿由 AM 线段和延长线构成.

下面我们给出切点组合 M 的计算方法.

设市场中共有 n 种风险证券 $S_1, S_2, \cdots, S_n$, 其期望收益率分别是 $\overline{r}_1, \overline{r}_2, \cdots,$ $\overline{r}_n$, 其方差–协方差矩阵 $\Sigma = \begin{pmatrix} \sigma_{11} & \sigma_{12} & \cdots & \sigma_{1n} \\ \sigma_{21} & \sigma_{22} & \cdots & \sigma_{2n} \\ \vdots & \vdots & & \vdots \\ \sigma_{n1} & \sigma_{n2} & \cdots & \sigma_{nn} \end{pmatrix}$, 另外还有一种是无风险资产 f, 其收益率为 r_f. 作 $F, S_1, S_2, \cdots, S_n$ 的一个投资组合 $p = (1 - x_1 - x_2 - \cdots - x_n, x_1, x_2, \cdots, x_n), x_i \geqslant 0 \, (i = 1, 2, \cdots, n), \sum_{i=1}^{n} x_i \leqslant 1$. 这一组合的期望收益率 $\overline{r}_p$ 及风险 σ_p 分别为

$$\overline{r}_p = \left(1 - \sum_{i=1}^{n} x_i\right) r_f + \sum_{i=1}^{n} x_i r_i = \left(1 - X^{\mathrm{T}} \mathbf{1}\right) r_f + X^{\mathrm{T}} \overline{r},$$

$$\sigma_p^2 = X^{\mathrm{T}} \Sigma X,$$

其中 $\overline{r} = (\overline{r}_1, \overline{r}_2, \cdots, \overline{r}_n)^{\mathrm{T}}, \mathbf{1} = (1, 1, \cdots, 1)^{\mathrm{T}}.$

此时投资者的组合选择问题为

$$\begin{aligned} &\min \sigma_p^2 = \min X^{\mathrm{T}} \Sigma X \\ &\text{s.t. } X^{\mathrm{T}} \overline{r} + (1 - X^{\mathrm{T}} \mathbf{1}) r_f = \overline{r}_p \equiv \mu. \end{aligned} \tag{4.29}$$

同样运用拉格朗日乘子法转换为下述无约束规划问题:

$$\min L\left(X,\lambda\right)=\min\left\{X^{\mathrm{T}}\varSigma X+\lambda\left(\overline{r}_p-X^{\mathrm{T}}\overline{r}-(1-X^{\mathrm{T}}\mathbf{1})r_f\right)\right\},$$

有极值的必要条件为

$$\begin{cases} L_X=2\varSigma X-\lambda\left(\overline{r}-\mathbf{1}r_f\right)=0, \\ L_\lambda=\overline{r}_p-X^{\mathrm{T}}\overline{r}-(1-X^{\mathrm{T}}\mathbf{1})r_f=0. \end{cases}$$

解得

$$X^*=\frac{\overline{r}_p-r_f}{A(r_f)^2-2Br_f+C}\varSigma^{-1}\left(\overline{r}-\mathbf{1}r_f\right),$$

其中 $A=\mathbf{1}^{\mathrm{T}}\varSigma^{-1}\mathbf{1}, B=\mathbf{1}^{\mathrm{T}}\varSigma^{-1}\overline{r}, C=\overline{r}^{\mathrm{T}}\varSigma^{-1}\overline{r}.$

最优投资组合的方差为[①]

$$\sigma_p^2=\frac{\left(\overline{r}_p-r_f\right)^2}{A(r_f)^2-2Br_f+C};$$

有效边界为

$$\overline{r}_p=r_f+\sigma_p\sqrt{A(r_f)^2-2Br_f+C}.$$

图 4-19 中线段 FM 中的每一点, 均代表一组最优的投资组合.

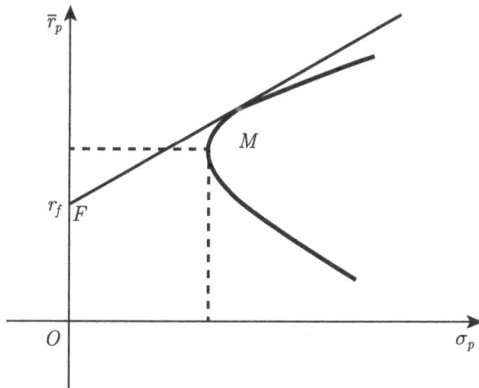

图 4-19

[①] $X=\frac{1}{2}\lambda\varSigma^{-1}\left(\overline{r}-\mathbf{1}r_f\right), X^{\mathrm{T}}=\frac{1}{2}\lambda\left(\overline{r}-\mathbf{1}r_f\right)^{\mathrm{T}}\varSigma^{-1}, \overline{r}_p-r_f=\frac{1}{2}\lambda\left(\overline{r}^{\mathrm{T}}-\mathbf{1}^{\mathrm{T}}r_f\right)\varSigma^{-1}\left(\overline{r}-\mathbf{1}r_f\right),$
$\frac{1}{2}\lambda=\frac{\overline{r}_p-r_f}{\left(\overline{r}^{\mathrm{T}}-\mathbf{1}^{\mathrm{T}}r_f\right)\varSigma^{-1}\left(\overline{r}-\mathbf{1}r_f\right)}=\frac{\overline{r}_p-r_f}{A\left(r_f\right)^2-2Br_f+C}, X^*=\frac{\overline{r}_p-r_f}{A\left(r_f\right)^2-2Br_f+C}\varSigma^{-1}\left(\overline{r}-\mathbf{1}r_f\right),$
$\sigma_p^2=X^{\mathrm{T}}\varSigma X=\frac{\left(\overline{r}_p-r_f\right)^2}{\left(A\left(r_f\right)^2-2Br_f+C\right)^2}\left(\overline{r}^{\mathrm{T}}-\mathbf{1}^{\mathrm{T}}r_f\right)\varSigma^{-1}\left(\overline{r}-\mathbf{1}r_f\right)=\frac{\left(\overline{r}_p-r_f\right)^2}{A\left(r_f\right)^2-2Er_f+C}.$

下面我们考虑投资于第 i 个风险资产的资金占投资于所有风险资产的资金之和的比例.

令 $z_i = \dfrac{x_i}{x_1 + x_2 + \cdots + x_n}, i = 1, 2, \cdots, n,$ 则

$$Z = (z_1, z_2, \cdots, z_n)^{\mathrm{T}} = \frac{X}{\mathbf{1}^{\mathrm{T}} X} = \frac{1}{x_1 + x_2 + \cdots + x_n} \begin{pmatrix} x_1 \\ x_2 \\ \vdots \\ x_n \end{pmatrix}$$

$$= \frac{\dfrac{\overline{r}_p - r_f}{A\left(r_f\right)^2 - 2Br_f + C} \Sigma^{-1}\left(\overline{r} - \mathbf{1}r_f\right)}{\dfrac{\overline{r}_p - r_f}{A\left(r_f\right)^2 - 2Br_f + C} \mathbf{1}^{\mathrm{T}} \Sigma^{-1}\left(\overline{r} - \mathbf{1}r_f\right)} = \frac{\Sigma^{-1}\left(\overline{r} - \mathbf{1}r_f\right)}{\mathbf{1}^{\mathrm{T}} \Sigma^{-1}\left(\overline{r} - \mathbf{1}r_f\right)} = \frac{\Sigma^{-1}\left(\overline{r} - \mathbf{1}r_f\right)}{B - Ar_f}.$$

投资于第 i 个风险资产的资金占投资于所有风险资产的资金之和的比例与给定的组合的期望收益率 $\overline{r}_p = \mu$ 无关, 与切点 M 处投资组合的比例相同. 换句话说, 在 $F, S_1, S_2, \cdots, S_n$ 的组合中, 只要投资者以组合的风险 σ_p 最小为目的, 那么所获得的 z_i 是一致的, 亦即投资于第 i 个风险资产的资金与投资于所有风险资产的资金之和的比例是相同的, 这一比例与个人的偏好无关, 这也是我们所要求的风险证券 $S_1, S_2, \cdots, S_n$ 的组合.

由此我们得到下面的分离定理.

定理 4.2 (分离定理)　设 F 是无风险资产, $S_1, S_2, \cdots, S_n$ 是风险资产, M 是切点证券组合, 它对应的风险资产的组合为 $(z_1^0, z_2^0, \cdots, z_n^0)$, 则每一个投资者投资到 $F, S_1, S_2, \cdots, S_n$ 的最优组合为 $(1 - x, xz_1^0, xz_2^0, \cdots, xz_n^0)$, 这意味着投资者投资于无风险资产 F 的资金比例为 $1 - x$, 投资于所有的风险资产的资金比例和为 x, 其中:

(1) 不同的投资者将选择不同的 x, 这与个人偏好有关;

(2) 不同的投资者有共同的切点组合, 亦即有共同的 $(z_1^0, z_2^0, \cdots, z_n^0)$, 这与个人的偏好无关, 已经从个人偏好中分离出来, 只要其打算投资于风险证券 S_1, $S_2, \cdots, S_n$, 其比例 $(z_1^0, z_2^0, \cdots, z_n^0)$ 对每个人是相同的.

将本小节的结果概括起来, 得到下面的结果.

(1) 由 $F, S_1, S_2, \cdots, S_n$ 产生的有效边界是一条直线, 它是连接 F 点与切点组合 M 的直线. 这一条直线对所有投资者都是相同的, 它与投资者的偏好无关.

(2) 投资者如果想选择 $F, S_1, S_2, \cdots, S_n$ 的最优组合进行投资, 他将在这条有效前沿上选择投资方案. 因此, 他首先将其投资的总资金 W 按照比例 x 和 $1 - x$ 分成两部分, 其中 $(1 - x)W$ 的资金投资于无风险资产 F, 剩下的 xW 的资金投资于风险资产 $S_1, S_2, \cdots, S_n$. x 取值的大小, 取决于个人投资者的偏好. 绝对风

险厌恶者的 x 值接近 0, 相对风险厌偏好者的 x 值靠近 1, 绝对风险偏好者的 x 值可能大于 1, 即向银行进行借款, 连同本金一同投资于切点组合.

(3) 不论哪一种投资者, 只要他投资于 $F, S_1, S_2, \cdots, S_n$ 的组合, 那么他投资于每一种风险资产 $S_1, S_2, \cdots, S_n$ 的比例 $(z_1^0, z_2^0, \cdots, z_n^0)$ 是相同的, 不同的仅仅是其投资到切点组合的资金总额 xW 各有差异而已.

4.5　连续时间随机投资组合及消费问题①

为简单起见, 假设投资者仅投资两种证券. 一种为无风险债券, 价格满足

$$
\begin{cases}
\mathrm{d}P_0(t) = rP_0(t)\mathrm{d}t, \\
P_0(0) = p_0,
\end{cases}
$$

其中 $r > 0$ 为无风险利率. 另一种为有风险的股票, 其价格用如下方程描述:

$$
\begin{cases}
\mathrm{d}P_1(t) = bP_1(t)\mathrm{d}t + \sigma P_1(t)\,\mathrm{d}W_t, \\
P_1(0) = p_1,
\end{cases}
$$

其中 W_t 为 1 维标准布朗运动, 代表金融市场中的随机干扰; $b > 0$ 为预期收益率; $\sigma > 0$ 为波动率. 自然地, 我们有 $r < b$.

假定投资者在初始时刻 $t = 0$ 有资产 x, 而在 t 时刻的资产为 X_t^u, 其中投资于股票的比例为 $u, 0 \leqslant u \leqslant 1$, 即 uX_t^u 为投资于股票的资产; 故 $1 - u$ 为投资于债券的比例. 从而投资者的财富过程可写作

$$
\begin{cases}
\mathrm{d}X_t^u = ubX_t^u\mathrm{d}t + u\sigma X_t^u\mathrm{d}W_t + (1 - u)\,rX_t^u\mathrm{d}t \\
\qquad = [ub + (1 - u)\,r]\,X_t^u\mathrm{d}t + u\sigma X_t^u\mathrm{d}W_t, \\
X_0^u = x.
\end{cases}
$$

投资者的目标是选择投资比例 u, 使得效用函数

$$
J(x, u) = E\left[\int_0^T g(X_t^u)\,\mathrm{d}t + h(X_T^u)\right]
$$

达到最大. 定义

$$
V(x, t) = \sup_u E\left[\int_t^T g(X_s^u)\,\mathrm{d}s + h(X_T^u)\right],
$$

---

① 此部分内容可作为选修内容.

则由动态规划方法可知, $V(x,t)$ 满足如下的 HJB 方程:

$$
\begin{cases}
\dfrac{\partial V}{\partial t}(x,t) + \sup\limits_u \left\{ \dfrac{\partial V}{\partial x}(x,t) \left[ub + (1-u)\, r \right] x \right. \\
\qquad\qquad \left. + \dfrac{1}{2} \dfrac{\partial^2 V}{\partial x^2}(x,t)\, u^2 \sigma^2 x^2 + g(x) \right\} = 0, \\
V(x,T) = h(x),
\end{cases}
\tag{4.30}
$$

从而

$$
u^*(x,t) = \frac{\dfrac{\partial V}{\partial x}(x,t)(b-r)}{-\dfrac{\partial^2 V}{\partial x^2}(x,t)\, \sigma^2 x}.
$$

将其代回 (4.30), 即可解得 $V(x,t)$, 从而得到最优控制和最优值函数. 然而在一般情形下, 我们很难给出 (4.30) 的显式解. 下面我们讨论几种典型的效用函数.

(1) 令 $g \equiv 0, h(x) = x^\alpha$, 其中 $0 < \alpha < 1$. 若令 $V(x,t) = f(t)x^\alpha$, 则可解得最优投资比例为

$$
u^* = \frac{b-r}{(1-\alpha)\sigma^2},
$$

且 $f(\cdot)$ 满足如下方程:

$$
\begin{cases}
0 = \dot{f}(t) + \alpha f(t)\left[u^* b + r(1-u^*) \right] + \dfrac{1}{2}\alpha(\alpha-1)f(t)u^{*2}\sigma^2, \\
f(T) = 1,
\end{cases}
$$

解之可得

$$
f(t) = \mathrm{e}^{(t-T)\Delta},
$$

其中 $\Delta = -\alpha\left[u^* b + r(1-u^*) \right] - \dfrac{1}{2}\alpha(\alpha-1)u^{*2}\sigma^2$, 从而得到最优值函数.

(2) 令 $g \equiv 0, h(x) = \ln x$. 对 $\ln X_t^u$ 应用伊藤公式可得

$$
E\left[\ln X_t^u \right] = \ln x + E \int_0^T \left[ub + r(1-u) - \frac{1}{2}u^2\sigma^2 \right] \mathrm{d}t
$$

$$
= \ln x + E \int_0^T \left[-\frac{1}{2}\sigma^2 \left(u - \frac{b-r}{\sigma^2} \right)^2 + \frac{(b-r)^2}{2\sigma^2} \right] \mathrm{d}t,
$$

从而可得最优投资比例为

$$
u^* = \frac{b-r}{\sigma^2},
$$

且最优值函数为

$$\ln x + \frac{(b-r)^2}{2\sigma^2}T.$$

(3) CRRA (常数相对风险厌恶) 情形. 此时投资者不仅投资于债券和股票, 还可进行消费. 假设消费率为 c_t, 则财富方程为

$$\begin{cases} \mathrm{d}X_t^u = [ub + (1-u)\, r]\, X_t^u \mathrm{d}t - c_t \mathrm{d}t + u\sigma X_t^u \mathrm{d}W_t, \\ X_0^u = x. \end{cases}$$

投资者的目标是选择投资比例 u 和消费率 c_t, 使得

$$J(x,u,c) = E\left[\int_0^T Le^{-\beta t}\frac{c_t^{1-R}}{1-R}\mathrm{d}t + K\frac{(X_t^u)^{1-R}}{1-R}\right]$$

达到最大, 其中 $\beta > 0, 0 < R < 1$.

若设最优值函数为 $V(x,t) = f(t)x^{1-R}$, 则相应的 HJB 方程为

$$\begin{cases} 0 = \dot{f}(t)x^{1-R} + \sup_{u,c}\left\{(1-R)f(t)x^{-R}\left[(ub+r(1-u))x - c_t\right]\right. \\ \left. -\frac{1}{2}R(1-R)f(t)x^{-1-R}u^2\sigma^2 x^2 + Le^{-\beta t}\frac{c_t^{1-R}}{1-R}\right\}, \\ f(T) = \frac{K}{1-R}, \end{cases}$$

从而得到最优投资比例和最优消费率分别为

$$u^* = \frac{b-r}{R\sigma^2},$$

$$c^*(x,t) = \left[\frac{(1-R)f(t)}{Le^{-\beta t}}\right]^{-\frac{1}{R}}x,$$

且 $f(\cdot)$ 满足如下方程:

$$\begin{cases} 0 = \dot{f}(t) + \lambda f(t) + f_1(t)f(t)^{1-\frac{1}{R}}, \\ f(T) = \frac{K}{1-R}, \end{cases} \tag{4.31}$$

其中

$$\lambda = (1-R)\left[u^*b + r(1-u^*)\right] - \frac{1}{2}R(1-R)u^{*2}\sigma^2,$$

$$f_1(t) = R \left(Le^{-\beta t} \right)^{\frac{1}{R}}.$$

令 $\tilde{f}(t) = e^{-\lambda(T-t)} f(t)$, 则 (4.31) 可转化为

$$
\begin{cases}
0 = \dot{\tilde{f}}(t) + f_2(t)\tilde{f}(t)^{1-\frac{1}{R}}, \\
\tilde{f}(T) = \dfrac{K}{1-R},
\end{cases}
$$

其中

$$f_2(t) = f_1(t) e^{-\frac{\lambda}{R}(T-t)},$$

解之可得

$$\tilde{f}(t) = \left[\left(\frac{K}{1-R} \right)^{\frac{1}{R}} + \frac{1}{R} \int_t^T f_2(s)\mathrm{d}s \right]^R,$$

从而最优值函数为

$$V(x,t) = e^{\lambda(T-t)} \left[\left(\frac{K}{1-R} \right)^{\frac{1}{R}} + \frac{1}{R} \int_t^T R \left(Le^{-\beta s} \right)^{\frac{1}{R}} e^{-\frac{\lambda}{R}(T-s)}\mathrm{d}s \right]^R x^{1-R}.$$

课后练习

1. 名词解释: 风险资产; 有效边界; 非系统性风险.

2. 简要阐述现代证券组合理论的基本内容.

3. 分析对风险证券资产进行组合投资能降低风险的原因.

4. 评析证券投资收益的不同度量方法.

5. 简述组合投资理论的基本理论假设.

6. 假设两种资产收益率的均值为 0.10, 0.12, 其标准差为 0.22 和 0.3, 无风险利率是 5%, 两种资产的相关系数是 0.25, 请计算两种资产构成的最小方差组合的风险和收益率.

第 5 章　资本市场均衡

资本资产定价模型是现代金融经济学的重要基石之一, 利用该模型可对资产风险和期望收益之间的关系做出预测. 一方面, 它给出了各项投资的一个基准收益, 使得人们在分析证券产品时, 给定风险水平后, 可以关注期望收益与这种 "合理收益" (基准收益) 的差异. 另一方面, 对某行业未上市公司或资产的期望收益率做出合理的评估. 例如, 拟上市企业投资如何定价? 一个重大投资项目对公司股票价格产生怎样的影响? 虽然资本资产定价模型与实际验证的结论尚有差异, 但其在诸多领域实践中的准确度还是得到了普遍认可和应用. 本章首先介绍了资本资产定价模型主要内容和资本市场均衡理论; 然后介绍了指数模型、单因素和多因素套利定价理论以及法玛–弗伦奇三因素模型; 另外, 还描述了有效市场理论与行为金融的内涵和关系; 最后, 阐述了期权的有关知识和定价的方式, 以及倒向随机微分方程在期权定价等金融问题中的应用.

5.1　资本资产定价模型

5.1.1　资本资产定价模型概括描述

资本资产定价模型 (capital asset pricing model, CAPM) 是关于资本市场理论的均衡模型. 1952 年, 马科维茨建立了现代资产投资组合理论, 阐述了如何通过有效的分散化来选择最优的投资组合. 1964 年, 夏普通过在马科维茨投资组合理论的基础上对证券价格的风险与收益之间的关系进行深入研究, 在《金融杂志》上发表了题为《资本资产价格: 风险条件下的市场均衡理论》的文章, 该文章联合林特纳与莫森分别于 1965 年、1966 年的文章共同将马科维茨的投资组合理论发展为资本资产定价模型, 对投资理论的发展起到了巨大的推动作用.

作为现代金融市场价格理论的支柱, 资本资产定价模型的关键在于假设所有投资者都遵循效用最大化原则, 根据资产预期收益和收益的标准差来选择投资组合. 基于这样的假设, 资本资产定价模型解决了在市场均衡状态下, 资产的价格是如何依风险而确定的问题, 反映了资产风险与其期望收益之间的均衡关系, 使人们可以量化市场的风险, 对风险进行具体定价.

5.1.2　市场投资组合和资本市场线

市场投资组合 (market portfolio) 包含市场上存在的所有资产种类, 且各种资产所占的比例和每种资产的总市值占市场总市值的比例相同的投资组合. 资本市场线 (capital market line, CML) 是表明有效资产组合的期望收益率和标准差之间的关系的一条射线, 说明 "高风险带来高收益".

为从理论上解释市场投资组合和资本市场线, 我们先回到对风险资产下的投资机会的分析, 回顾将风险资产进行组合的有效边界.

在马科维茨模型的基本假设下, N 项风险资产构成的资产组合的期望收益率为各项资产期望收益率的加权平均:

$$E(R) = \sum_{i=1}^{N} \omega_i E(R_i), \tag{5.1}$$

其中, $E(R_i)$ 表示第 i 项资产的期望收益率; ω_i 为第 i 项资产在资产组合中占的比例.

N 项风险资产构成的资产组合的方差为

$$\mathrm{Var}(R) = \sum_{i=1}^{N} \omega_i^2 \sigma_i^2 + \sum_{i=1}^{N} \sum_{j \neq i}^{N} \omega_i \omega_j \rho_{ij} \sigma_i \sigma_j, \tag{5.2}$$

其中, σ_i^2 表示第 i 项资产的收益率方差; ω_i 为第 i 项资产在资产组合中的比例; ρ_{ij} 为第 i 项资产与第 j 项资产的相关系数.

由此可得单个风险资产及其所能构成的全部风险资产组合的期望收益率 $E(R)$ 与标准差 σ 之间的关系, 即资产组合集合的基本形状, 如图 5-1 所示.

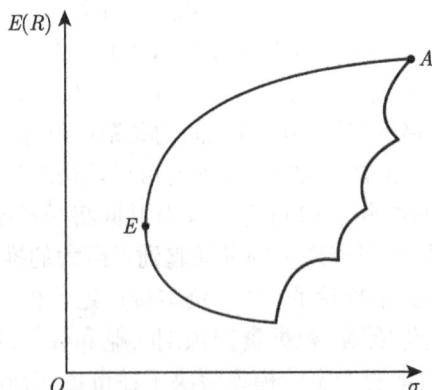

图 5-1　风险资产组合集合的基本形状

根据均值–方差准则可知, 有效边界为 EA 段, 即 EA 段包括全部有效资产组合, 也就是说 EA 段上的资产组合是在相同风险下期望收益最大的组合, 或在相同收益下风险最小的组合 (E 点以下曲线因相同风险下收益更低而不予考虑).

1958 年, 托宾在马科维茨模型的基础上取消全部资产都存在风险这一假设, 假设市场中存在无风险资产, 该资产可以自由地以一定的利率借入或贷出, 从而发展了资产组合理论, 建立了资产组合的 "托宾模型". 由于投资者可以按照无风险利率自由借入或贷出资金, 这样, 在现实的市场中, 就可以把每一种可能的风险资产和无风险资产混合起来.

无风险资产 f 与某一风险资产 i 构成的资产组合的期望收益率为

$$E(R_p) = \omega_f R_f + (1 - \omega_f)E(R_i), \tag{5.3}$$

资产组合的标准差为

$$\sigma_p = \sqrt{\omega_i^2 \sigma_i^2 + \omega_f^2 \sigma_f^2 + 2\omega_i \omega_f \rho_{if} \sigma_i \sigma_f}. \tag{5.4}$$

因为 f 为无风险资产, 所以收益的标准差为 0, 即 $\sigma_f = 0$, 且由于无风险资产与风险资产的协方差为 0, 因此, 资产组合的标准差可化简为

$$\sigma_p = (1 - \omega_f)\sigma_i, \tag{5.5}$$

解出 ω_f, 即

$$\omega_f = (\sigma_i - \sigma_p)/\sigma_i,$$

由此可得

$$E(R_p) = R_f + \frac{E(R_i) - R_f}{\sigma_i}\sigma_p. \tag{5.6}$$

这说明无风险资产 f 与某一风险资产 i 构成的资产组合的期望收益率 $E(R_p)$ 与标准差 σ_p 之间呈线性关系, 如图 5-2 所示.

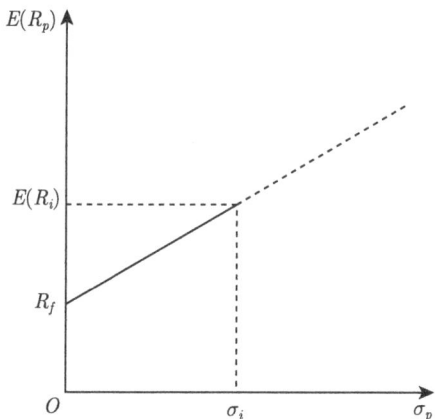

图 5-2 无风险资产与单个风险资产的新组合

　　根据均值–方差准则, 所有位于这条线上的组合都是有效的, 其他的任何资产组合或单项资产都是无效的, 即这条线就是有效资产组合的集合. 这条射线称为资本配置线, 实线部分表示贷出无风险资产并投资于风险资产, 虚线部分表示借入无风险资产并投资于风险资产, 其斜率为夏普比率.

　　由于我们可以把风险资产组合看作单一的风险资产, 因此, 托宾模型可以应用到马科维茨模型中. 任何一个风险资产组合都可以与无风险资产进行新的组合, 如图 5-3 所示.

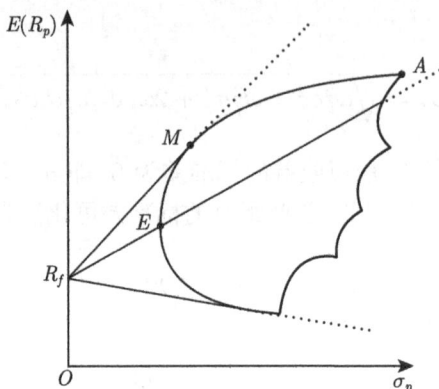

图 5-3　无风险资产与风险资产组合的新组合

　　因为无风险资产与风险资产组合构成的新组合都处在连接无风险资产与风险资产组合的射线上, 又由于马科维茨模型中的有效边界是凸向纵轴的, 因此, 存在唯一的风险资产投资组合, 该风险资产组合与无风险资产进行新的组合所产生的风险与收益可以给投资者带来最大的效用, 这一投资组合就是从无风险利率出发经过有效边界 EA 的切点 M. 也就是说, $R_f M$ 这条射线的斜率是最高的, 投资者选择这条射线上的投资组合就能达到最高的效用.

　　因此, 无论投资者风险偏好如何, 都会选择相同的风险资产组合 M, 风险资产组合 M 被称为市场投资组合或市场化风险资产的最优证券组合.

　　由托宾模型可知, 无风险资产与单个风险资产进行组合时, 资产组合的收益与风险是线性相关的, 有

$$E(R_p) = R_f + \frac{E(R_i) - R_f}{\sigma_i} \sigma_p.$$

　　现将单个风险资产 i 换为市场投资组合 M, 则无风险资产与市场投资组合构成的资产组合的收益与风险具有关系:

$$E(R_p) = R_f + \frac{E(R_m) - R_f}{\sigma_m}\sigma_p, \tag{5.7}$$

其中, $E(R_p)$ 和 σ_p 分别为无风险资产与市场投资组合构成的新组合的收益和风险; R_f 为无风险利率; $E(R_m)$ 和 σ_m 分别为市场投资组合的收益和风险.

无风险资产与市场投资组合的新组合的收益和风险之间的关系表现为 $R_f M B$ 这条线, 如图 5-4 所示.

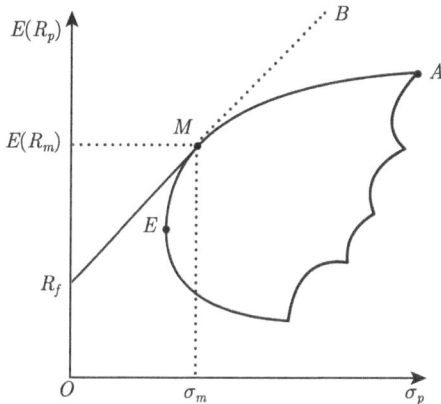

图 5-4　资本市场线

根据均值–方差准则, 所有位于这条线上的资产组合都是有效的, 其他任何资产组合或单个资产都是无效的, 这条线被称为资本市场线, 它是由无风险资产与市场投资组合的所有可能的组合构成的直线, 也是斜率最大的资本配置线.

资本市场线反映的是有效资产组合 (无风险资产与市场投资组合构成的所有可能的组合) 的风险溢价, 是该资产组合的标准差的函数, 标准差衡量的是投资者总的资产组合的风险.

5.1.3　证券市场线

资本市场线说明了在市场处于均衡的情况下有效资产组合的期望收益率与标准差之间的线性关系以及衡量风险的方法. 但到目前为止, 我们还没有说明无效资产组合或单个资产的收益与风险之间的关系以及风险的衡量. 为此, 夏普提出了证券市场线 (security market line, SML), 确定了单个资产或资产组合的收益与风险之间的关系, 适用于所有资产, 不论有效还是无效.

由于资本市场线代表的是全部有效资产组合的期望收益与风险之间的关系, 因此, 一般情况下, 单个资产的收益与风险的坐标点应该位于资本市场线之下, 说明非组合投资是无效的. 某单个资产 i 与包含该资产的市场投资组合 M 的关系如图 5-5 所示.

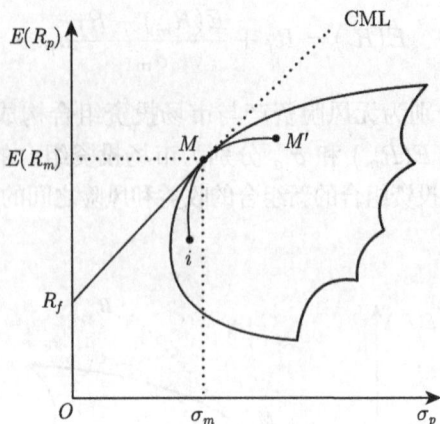

图 5-5　市场投资组合与任意单个资产的组合

　　曲线 iMM' 表示单个资产 i 与包含该资产的市场投资组合 M 的新组合的风险与收益之间的关系, 与资本市场线相切. 单个资产与市场投资组合的新组合曲线都与资本市场线相切. 如果不相切, 则意味着与资本市场线相交, 那么就会有位于资本市场线左上方的组合, 这与资本市场线代表全部有效资产组合矛盾.

　　假设投资于资产 i 的比例为 ω, 投资于市场投资组合 M 的比例为 $1 - \omega$, 则 $\omega = 0$ 表示全部资金都投资于市场投资组合 M; $\omega = 1$ 表示全部资金都投资于资产 i; 由于市场投资组合中包含资产 i, 所以 $\omega = 0.5$ 表示投资于资产 i 的比例高于 50%, 若要使新的资产组合中不含资产 i, 须令 $\omega < 0$, M' 表示当 $\omega < 0$ 时的新组合.

　　下面我们就根据曲线 iMM' 与资本市场线相切这一特征推导市场投资组合 M 中的单个资产的收益与单个资产的不同类别风险之间的关系.

　　单个资产 i 与市场投资组合 M 的新组合的期望收益为

$$E\left(R_p\right) = \omega E(R_i) + (1 - \omega)E(R_m). \tag{5.8}$$

新组合的标准差为

$$\sigma_p = \sqrt{\omega^2\sigma_i^2 + (1 - \omega)^2\sigma_m^2 + 2\omega(1 - \omega)\rho_{im}\sigma_i\sigma_m}. \tag{5.9}$$

曲线 iMM' 在 M 点的斜率为

$$\left.\frac{\mathrm{d}E(R_p)}{\mathrm{d}\sigma_p}\right|_{\omega=0} = \frac{E(R_i) - E(R_m)}{\rho_{im}\sigma_i\sigma_m - \sigma_m^2} \cdot \sigma_m. \tag{5.10}$$

CML 的斜率为

$$\frac{E(R_m) - R_f}{\sigma_m}. \tag{5.11}$$

由曲线 iMM' 与资本市场线相切于 M 点, 即曲线 iMM' 在 M 点的斜率等于资本市场线的斜率, 可得

$$\frac{E(R_i) - E(R_m)}{\rho_{im}\sigma_i\sigma_m - \sigma_m^2} \cdot \sigma_m = \frac{E(R_m) - R_f}{\sigma_m}. \tag{5.12}$$

因此

$$E(R_i) - E(R_m) = \frac{E(R_m) - R_f}{\sigma_m^2} \cdot (\rho_{im}\sigma_i\sigma_m - \sigma_m^2),$$

则

$$E(R_i) = R_f + [E(R_m) - R_f] \cdot \frac{\rho_{im}\sigma_i\sigma_m}{\sigma_m^2}. \tag{5.13}$$

记 $\frac{\rho_{im}\sigma_i\sigma_m}{\sigma_m^2} = \beta_i$, 即为 β 值, β 值衡量的是单个资产 i 的风险相对于整个市场中风险的波动程度.

这样, 市场投资组合 M 中的单个资产 i 的收益与其风险之间的关系为

$$E(R_i) = R_f + \beta_i[E(R_m) - R_f], \tag{5.14}$$

这就是证券市场线或资本资产定价模型的表达式. 式中: $E(R_i)$ 为资产 i 的期望收益率; $E(R_m)$ 为市场投资组合的期望收益率; R_f 为无风险利率; β_i 表示资产 i 的风险.

图 5-6 给出的就是期望收益率与 β 系数之间的关系, 即证券市场线. 由此模型可知, 资产 i 的期望收益率等于无风险利率和该项资产的风险溢价之和. 而风险溢价 $\beta_i[E(R_m) - R_f]$ 又由两个因素确定: 一个是市场投资组合 M 的风险溢价 $E(R_m) - R_f$, 另一个是资产的风险系数 β. 由于 $E(R_m) - R_f$ 对所有资产都是相同的, 所以风险系数 β 是决定资产 i 的风险溢价的唯一因素. 也就是说, 单个资产的期望报酬率只与该资产的系统风险有关, 而与其非系统性风险无关.

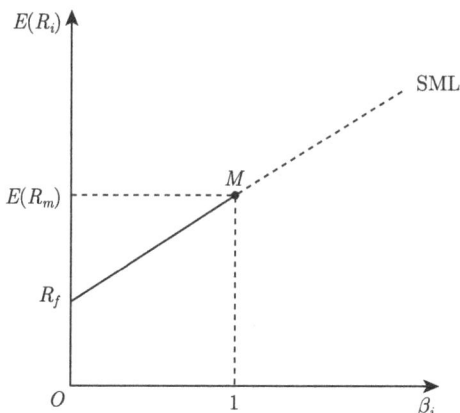

图 5-6 证券市场线

如果一项资产的 β 值等于 1, 说明该资产与市场投资组合具有相同的风险, 资产价格与市场同等变动, 资产的收益率等于市场投资组合的收益率, 称该资产为中性资产; 如果一项资产的 β 值大于 1, 说明该资产的期望收益率大于市场投资组合的收益率, 称该资产为激进型资产; 如果一项资产的 β 值小于 1, 说明该资产的期望收益率小于市场投资组合的收益率, 称该资产为防御型资产.

证券市场线说明一项有价证券的风险溢价是它的风险系数 β 乘以市场投资组合的风险溢价. 除此之外, 还可以看出: β 值越高, 风险越大, 投资于这项资产所要求的风险报酬也就越高, 资产的期望收益率越大.

资本市场线与证券市场线均反映了资产风险与其期望收益之间的均衡关系, 是资本资产定价模型的两个重要结论, 二者之间存在如下关系.

(1) 资本市场线表示的是有效资产组合的期望收益与总风险之间的关系, 资产组合的风险由收益标准差衡量. 在资本市场线上的点均为有效资产组合.

(2) 证券市场线反映的是单个资产的期望收益与其系统风险之间的关系, 单个资产的风险由该资产对资产组合方差的贡献度即 β 值衡量. 在均衡市场中, 所有证券都将落在证券市场线上.

(3) 在证券市场线上的点不一定在资本市场线上, 资本市场线实际上是证券市场线的一个特例. 当单个资产或一个资产组合是有效组合时, 该项资产或资产组合与市场投资组合 M 的相关系数等于 1, 此时的证券市场线和资本市场线形状是一致的, 如果不考虑坐标系的差异, 它们是相同的, 因为

$$R_p = R_f + (R_m - R_f) \cdot \frac{\mathrm{Cov}_{pm}}{\sigma_m^2} = R_f + (R_m - R_f) \cdot \frac{\rho_{pm}\sigma_p\sigma_m}{\sigma_m^2}$$

$$= R_f + (R_m - R_f) \cdot \frac{\rho_{pm}\sigma_p}{\sigma_m} = R_f + (R_m - R_f) \cdot \frac{\sigma_p}{\sigma_m}, \tag{5.15}$$

其中 Cov 代表协方差. 而公式 $R_p = R_f + (R_m - R_f) \cdot \frac{\sigma_p}{\sigma_m}$, 就是资本市场线.

5.1.4 CAPM 假设和延伸

1. 资本资产定价模型的基本假设

资本资产定价模型的推导是建立在以下条件之上的.

(1) 投资者根据资产预期收益和收益的方差来选择投资组合;

(2) 投资期限为单期;

(3) 投资者对每种资产收益和风险的预期都相同, 且他们都是价格接受者;

(4) 投资者为风险厌恶者;

(5) 投资者可以按照无风险利率自由地借入或贷出资金;

(6) 没有交易成本和交易税, 或者交易成本和交易税对所有投资者都相等;

(7) 投资是无限可分割的;

(8) 所有资产都在市场上公开交易、允许卖空;

(9) 所有市场信息都是公开的, 投资者可以及时免费获取.

2. 资本资产定价模型的延伸

资本资产定价模型描述的是在市场均衡状态下资产或资产组合的期望收益率与风险之间的关系, 在投资领域占据核心地位. 然而由于真实市场环境往往复杂多变, 模型的实证检验得出了多样的结论. 所以, 为了更好地学习资本资产定价模型, 了解模型的延伸形式是非常有必要的, 下面我们主要介绍三种资本资产定价模型的延伸形式.

1) 零 β 值资本资产定价模型

资本资产定价模型 (CAPM) 假设市场中存在无风险资产, 投资者可以按照无风险利率自由地借入或贷出资金. 布莱克于 1972 年发表的文章中提出了另一种不需要无风险资产的模型, 该模型用零 β 值的组合代替无风险资产, 论证了即使市场中不存在无风险利率, 单个资产的收益率与其 β 值之间的线性关系也是存在的.

具体地, 1972 年, 莫顿和罗尔提出了有效资产组合的一系列特点, 其中包括: 有效资产组成的资产组合仍在有效边界上; 除最小方差组合外, 有效边界上的任一资产组合, 都在有效边界的下半部存在一个与其不相关的资产组合. 也就是说, 在有效资产组合中, 存在一些资产组合, 其收益与市场投资组合完全不相关, 即这些资产组合与市场投资组合的 β 值为零, 我们称这些证券组合为零 β 值组合. 尽管这种组合不具有系统性风险, 但仍存在非系统性风险. 这种零 β 值组合并不影响资本市场线, 但是会对证券市场线的构造产生影响.

当投资者无法自由地借入或贷出无风险资产时, 投资者会选择有效边界上风险溢价较高的资产组合, 即投资者倾向于选择 β 值较高的资产组合. 所以, 高 β 值股票的价格会上升, 风险溢价下降. 假设零 β 值组合 Z 的收益率 R_z 高于无风险利率 R_f, 这说明通过市场投资组合 M 的证券市场线会更平缓, 即市场组合的风险溢价会更小. 因此, 我们选择市场投资组合 M 和零 β 值组合 Z, 可以得到如下资本资产定价模型的公式:

$$E(R_i) = E(R_z) + \beta_i[E(R_m) - E(R_z)]. \tag{5.16}$$

如图 5-7 所示, 市场投资组合 M 和零 β 值组合形成的新组合的风险与收益之间也呈线性关系. 显然, 单个资产的风险溢价是其 β 值和市场组合的风险溢价的函数.

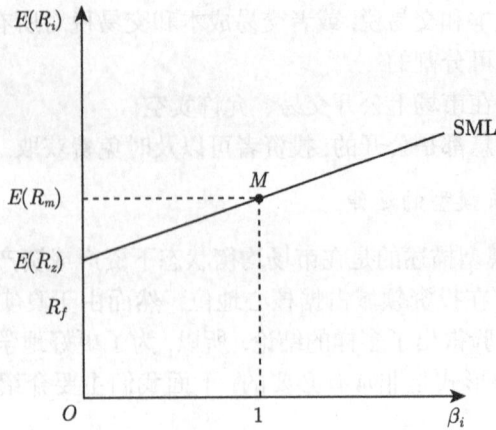

图 5-7　零 β 值组合的证券市场线

2) 跨期资本资产定价模型

传统的资本资产定价模型假设投资者的投资期限为单期, 显然这一假设并不现实. 1973 年, 莫顿放松这一假设, 构建了一个连续时间的投资组合与资产定价的理论框架, 把资本资产定价模型延伸到动态环境中, 提出了跨期资本资产定价模型 (ICAPM).

当资产组合未来收益率的不确定性是唯一的风险来源并且投资机会保持不变时, 跨期资本资产定价模型与传统的资本资产定价模型预测的期望收益率 β 关系相同. 然而, 在现实市场中, 投资者除了面临来源于资本市场的风险外, 还要考虑额外风险. 在把额外风险来源考虑在内的前提下, 莫顿以消费为基础延伸了 CAPM, 提出连续时间的跨期资本资产定价模型, 模型的表达式如下:

$$E(R_i) = R_f + \beta_{im}[E(R_m) - R_f] + \sum_{k=1}^{K} \beta_{ik}[E(R_k) - R_f], \tag{5.17}$$

其中: $E(R_i)$ 为资产 i 的期望收益率; $E(R_m)$ 为市场投资组合的期望收益率; R_f 为无风险利率; β_{im} 表示资产 i 的风险系数 β 值; K 为额外市场风险的个数; β_{ik} 表示资产 i 对第 k 个因子的敏感度; $E(R_k)$ 表示第 k 个因子的期望收益率.

该模型表明, 在连续时间投资下, 投资者除获得承担市场风险的补偿外, 还获得了额外市场风险因素的风险补偿. 这一模型后来被推广为多因素模型, 我们将在下一节中详细讨论.

3) 基于消费的资本资产定价模型

莫顿构建的跨期资本资产定价模型是资产定价领域的一项重大突破, 他为资本资产定价模型的扩展提供了新思路: 以消费为基础. 1979 年, 布里顿以投资者追求终身消费效用最大化为出发点, 认为投资者必须权衡在整个生命周期的各个阶段中用于当期消费和用于支撑未来消费的储蓄和投资的比例, 当这个比例达到最优时, 每增加一元当前消费所带来的效用必须等于该一元投资带来的未来消费所产生的边际值, 得到一个资产收益率与平均消费增长率之间的线性关系模型, 即基于消费的资本资产定价模型 (CCAPM).

一般来说, 当消费处在较高的水平时, 它的回报较高; 当消费受抑制时, 它的回报较低. 因此, 如果一项资产与消费的增长有较高的协方差, 那么从消费的角度来讲它的风险就会更大, 投资者所要求的风险溢价会更高. 布里顿以与消费完全相关的资产组合 C (跟踪消费资产组合) 代替了 CAPM 中的市场投资组合 M, 以利用消费定义的风险系数代替了利用市场投资组合定义的风险系数, 将资产的风险溢价表示为消费风险的函数, 提出基于消费的资本资产定价模型:

$$E(R_i) = R_f + \beta_{ic}[E(R_c) - R_f], \tag{5.18}$$

其中, $E(R_i)$ 为资产 i 的期望收益率; $E(R_c)$ 为资产组合 C 的期望收益率; R_f 为无风险利率; β_{ic} 为消费风险系数, 表示资产 i 的收益率变化关于消费变化的敏感度.

CCAPM 表明资产的风险溢价与消费风险系数 β 正相关, 这一结果与传统的资本资产定价模型高度相似. 不同的是, 该模型更关注消费机会的风险而不是市场风险.

5.1.5 资本市场均衡理论

由证券市场线的分析可知, 无论投资者风险偏好如何, 在构建资产组合时, 他们都会选择相同的风险资产组合, 然后再通过资金的借入或贷出来达到自身效用最大化. 也就是说, 投资者持有无风险资产和市场投资组合的比例由效用曲线决定, 效用曲线的这一作用称为分离定理.

根据分离定理, 投资者的投资决策可以分为两个阶段. 第一阶段是对风险资产的选择, 确定风险资产组合 M, 这一组合就是从无风险利率出发经过风险资产组合有效边界的切点. 在这一阶段, 投资者只需考虑风险资产本身的特性, 不需要考虑自身的风险偏好. 由于投资者对每项资产的期望收益、方差和相关系数以及无风险利率的估计是相同的, 所以他们都将选择同一风险资产组合. 第二阶段是投资比例的确定, 投资者根据自己的风险偏好, 以无风险利率借入或贷出资金, 配置所持有的无风险资产与风险资产组合 M 的比例. 图 5-8 表示不同风险偏好者的投资选择.

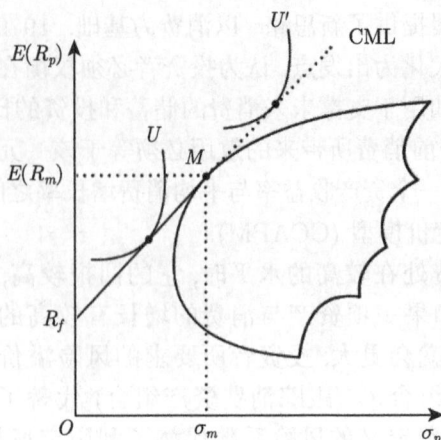

图 5-8   分离定理与投资者选择

根据分离定理, 每一个投资者所选择的资产组合中的风险资产的组成是一样的, 他们都选择风险资产组合 M; 资产的价格使得对每种资产的需求量正好等于市场上资产的供给量; 无风险利率使得对资金的借贷量相等, 即市场上的所有无风险证券必须结清. 资本市场可以达到均衡, 否则, 投资者将重新配置他们的最优资产组合, 直到对资金的借贷量相等且所有风险资产的供给等于需求.

当资本市场处于均衡时, 风险资产组合 M 就等于市场投资组合. 因此, 在实际中通常称风险资产组合 M 为市场投资组合. 所有投资者都以无风险利率借入或贷出资金, 然后将资金投资到市场投资组合 M 上.

5.1.6   证券市场风险结构

证券市场风险是指投资者进行证券投资时所面临的收益或损失的不确定性, 可以用收益率的标准差或风险系数 β 值来衡量. 尽管收益率的标准差能够较好地刻画证券的风险, 但并不能对证券的风险结构进行分析. 因此, 在分析证券市场风险结构的过程中, 主要用风险系数 β 值来度量投资风险.

由证券市场线的结论可知: 单个资产的价格只与该资产因市场投资组合 M 的收益变动而发生的变动有关. 由于风险系数 β 值衡量的是单个资产相对于市场组合的波动性, 所以 β_i 是决定资产 i 的风险溢价的唯一因素.

可建立模型:
$$R_i = \alpha_i + \beta_i R_m + \varepsilon_i, \tag{5.19}$$

其中, R_i 是资产 i 的实际收益率; R_m 是市场投资组合 M 的实际收益率; α_i 和 β_i 分别为方程的截距和斜率; ε_i 为收益残差, 表示资产 i 的实际收益率与预期收益率的偏离程度, 其期望值通常假定为零.

等式 (5.19) 两边取方差可得资产 i 的风险为

$$\sigma_i^2 = \beta_i^2 \sigma_m^2 + \sigma_{\varepsilon_i}^2, \tag{5.20}$$

可见, 任意资产的风险, 即方差 σ_i^2 可以分解为两部分, 一部分是 $\beta_i^2 \sigma_m^2$, 称为资产 i 的系统性风险, 这部分风险是由于市场组合 M 收益变动引起的, 与整个市场的波动有关; 另一部分是 $\sigma_{\varepsilon_i}^2$, 称为非系统性风险, 这部分风险与整个市场的波动无关, 是与公司的特质联系在一起的.

证券市场风险结构包括系统性风险与非系统性风险. 一般而言, 系统性风险是指对市场中所有资产的收益都会产生影响的因素造成的资产收益的不确定性; 非系统性风险是由个别资产本身的各种因素造成的该资产收益的不确定性. 在证券市场风险结构中, 影响整个市场波动的系统性风险因素, 主要是由宏观经济形势、政治形势以及整个社会环境等因素的变化所造成的, 主要包括经济周期波动风险、市场风险、利率风险、通货膨胀风险以及政策风险等. 对投资者而言, 这部分风险是不可避免的, 因为不管投资者如何分散他们的投资组合, 市场的总体风险都是无法消除的. 与系统性风险相对应, 非系统性风险则是由公司的特质所引起的, 公司的经营状况、财务状况、内部管理方式、投资决策的科学性、职工的素质等直接决定了非系统性风险的大小. 对投资者而言, 这部分风险可以通过建立资产组合来降低和分散. 下面我们就详细说明为什么组合投资能达到风险分散的效果.

资产组合的风险 σ_p^2 同样可以分为系统性风险 $\beta_p^2 \sigma_m^2$ 和非系统性风险 $\sigma_{\varepsilon_p}^2$, 即

$$\sigma_p^2 = \beta_p^2 \sigma_m^2 + \sigma_{\varepsilon_p}^2, \tag{5.21}$$

且有

$$\sigma_{\varepsilon_p}^2 = \sum_{i=1}^{N} \omega_i^2 \sigma_{\varepsilon_i}^2, \tag{5.22}$$

其中, ω_i 为第 i 项资产在资产组合中的比例; $\sigma_{\varepsilon_i}^2$ 为第 i 项资产的非系统性风险.

可见, 资产组合的非系统性风险取决于组合资产组合的各个资产的非系统性风险 $\sigma_{\varepsilon_i}^2$, 且权重为各资产投资比例的平方 ω_i^2. 因此, 资产组合的非系统性风险并不是组合中各资产非系统性风险的简单加权平均, 而是随着资产组合中资产数目的增多而减小. 不妨设各资产等额投资, 即 $\omega_i = \dfrac{1}{N}$, 则资产组合的非系统性风险为

$$\sigma_{\varepsilon_p}^2 = \sum_{i=1}^{N} \omega_i^2 \sigma_{\varepsilon_i}^2 = \frac{1}{N} \left[\frac{1}{N} \sum_{i=1}^{N} \sigma_{\varepsilon_i}^2 \right] = \frac{1}{N} \overline{\sigma}_{\varepsilon_p}^2. \tag{5.23}$$

假定各个资产的非系统性风险不是无穷的, 也就是说 $\sigma_{\varepsilon_i}^2$ 是有界的. 显然, 随着资产数目 N 增大, 资产组合的非系统性风险 $\sigma_{\varepsilon_p}^2$ 趋于零.

由于系统性风险 $\beta_p^2 \sigma_m^2$ 的大小主要取决于 β_p, 而 β_p 等于资产组合中各资产的 β 值的加权平均, 即

$$\beta_p = \sum_{i=1}^{N} \omega_i \beta_i. \tag{5.24}$$

因此, 组合投资只能平均系统性风险. 不妨设各资产等额投资, 即 $\omega_i = \dfrac{1}{N}$, 则

$$\beta_p = \frac{1}{N} \sum_{i=1}^{N} \beta_i. \tag{5.25}$$

显然, 随着资产数目 N 增大, β_p 无明显增大或减小, 而是趋于一个平均值, 所以, 系统性风险 $\beta_p^2 \sigma_m^2$ 也将趋于一个固定值.

综上, 资产组合可以有效地降低和分散风险, 但不能完全消除风险. 一般认为, 投资者选择 10~15 种资产进行组合投资时就基本可以消除非系统性风险, 进一步增加资产数目只会加大管理难度和交易费用, 反而不能有效降低风险. 组合投资对于风险分散的效果如图 5-9 所示.

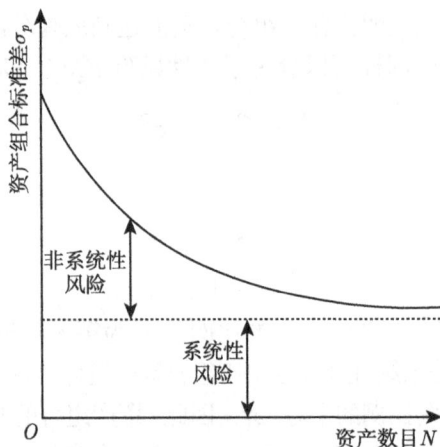

图 5-9   组合投资与风险分散

5.2   指数模型与套利定价理论

5.2.1   指数模型

资本资产定价模型精确地分析与预测了单个资产或资产组合的风险与收益之间的关系, 它是在马科维茨的投资组合理论上发展起来的, 在评估各项投资、估计

资产的期望收益率方面发挥着重要作用, 对投资策略的选择具有重要意义, 是现代金融学的重要基石. 但是, 在实际应用过程中, 资本资产定价模型存在以下三个问题.

一是模型计算量非常大. 根据马科维茨投资组合理论, N 项资产构成的资产组合的期望收益率、方差为

$$E(R) = \sum_{i=1}^{N} \omega_i E(R_i), \quad \text{Var}(R) = \sum_{i=1}^{N} \omega_i^2 \sigma_i^2 + \sum_{i=1}^{N} \sum_{j \neq i}^{N} \omega_i \omega_j \rho_{ij} \sigma_i \sigma_j. \quad (5.26)$$

这需要计算 N 个资产的期望收益率、标准差, $\dfrac{N^2 - N}{2}$ 个协方差, 共计 $\dfrac{N^2 + 3N}{2}$ 个数据. 当 N 的数目达到 1000 时, 证券分析师要收集和计算的数据将超过 50 万个, 毫无疑问, 这一计算量是巨大的.

二是马科维茨投资组合理论要求利用资产的历史数据求其期望收益率、标准差及相关系数, 但未来不会是历史的完全复制, 用历史数据去预测未来收益率显然是不够准确的.

三是资本资产定价模型实际上描述的是市场风险与单个资产或资产组合的期望与收益之间的关系, 只考虑了市场投资组合的风险溢价对单个资产或资产组合的风险溢价的影响, 即把市场风险全部集中表现在一个因素风险系数 β 中, 资产的风险只由风险系数 β 来解释. 它只能告诉投资者该项资产风险的大小, 而无法告知投资者风险来自何处.

为解决资本资产定价模型在应用过程中的问题, 1963 年, 夏普在证券关联性基础上, 建立了描述共同因素与证券收益之间的线性关系的模型——因素模型. 他认为证券间的关联性是由于某些共同因素的作用所造成的, 不同的证券对这些共同的因素有不同的敏感度, 这些影响所有证券的共同因素就是系统性风险. 由于因素模型中的因素常以指数形式出现, 如股价指数、物价指数等, 所以又称为指数模型.

1. 单因素模型

下面我们先从简单的单因素证券市场开始, 考虑证券收益的单因素模型.

我们知道, 证券收益的不确定性主要来自两个方面: 一方面是共同因素或宏观经济因素导致的系统性风险, 另一方面是公司特有因素导致的非系统性风险. 如果每一个证券的收益都与某个共同因素有关, 那么就可以用这一共同因素解释每一个证券的收益, 可以表示为单因素模型:

$$R_i = a_i + b_i F + \varepsilon_i, \quad (5.27)$$

其中, R_i 为证券 i 的实际收益率; F 为对证券收益产生普遍影响的共同因素; a_i 是共同因素为 0 时证券的期望收益率, 是截距; b_i 是证券 i 对因素 F 的敏感度, 是斜率; ε_i 为证券 i 的收益率的残差值, 是公司特有的收益率, 互不相关且与因素 F 无关, 其均值 $E(\varepsilon_i)$ 为 0.

因此, 证券 i 的期望收益率可以表示为

$$E(R_i) = a_i + b_i E(F), \tag{5.28}$$

其中, $E(R_i)$ 为证券 i 的期望收益率; $E(F)$ 为共同因素的期望值.

由于我们假设 F 与 ε_i 不相关, 且公司之间不具有相关性, 即证券 i 与证券 j 的残差值不相关, 所以有

$$\mathrm{Cov}\,(F, \varepsilon_i) = 0, \quad \mathrm{Cov}\,(\varepsilon_j, \varepsilon_i) = 0.$$

因此, 证券 i 的方差为

$$\sigma_i^2 = b_i^2 \sigma_F^2 + \sigma_{\varepsilon_i}^2, \tag{5.29}$$

其中, σ_i^2 为证券 i 的方差; σ_F^2 为共同因素 F 的方差; $\sigma_{\varepsilon_i}^2$ 为公司特有的方差.

可见, 任意证券的风险, 即方差 σ_i^2 可以分解为两部分, 一部分是因素风险 $b_i^2 \sigma_F^2$, 称为证券 i 的系统性风险; 另一部分是非因素风险 $\sigma_{\varepsilon_i}^2$, 称为证券 i 的非系统性风险.

对于 N 项资产构成的资产组合来说, 当组合中的每个资产的收益都与一个共同因素有关时, 资产组合的收益为

$$\begin{aligned}
R_p &= \sum_{i=1}^{N} \omega_i R_i \\
&= \sum_{i=1}^{N} \omega_i (a_i + b_i F + \varepsilon_i) \\
&= \sum_{i=1}^{N} \omega_i a_i + F \sum_{i=1}^{N} \omega_i b_i + \sum_{i=1}^{N} \omega_i \varepsilon_i. \tag{5.30}
\end{aligned}$$

记 $a_p = \sum_{i=1}^{N} \omega_i a_i, b_p = \sum_{i=1}^{N} \omega_i b_i, \varepsilon_p = \sum_{i=1}^{N} \omega_i \varepsilon_i$, 可得资产组合的单因素模型为

$$R_p = a_p + b_p F + \varepsilon_p. \tag{5.31}$$

同理可得资产组合的期望收益率为

$$E(R_p) = a_p + b_p E(F). \tag{5.32}$$

资产组合的方差为

$$\sigma_p^2 = b_p^2 \sigma_F^2 + \sigma_{\varepsilon_p}^2, \tag{5.33}$$

且有

$$\sigma_{\varepsilon_p}^2 = \sum_{i=1}^N \omega_i^2 \sigma_{\varepsilon_i}^2, \tag{5.34}$$

其中, ω_i 为第 i 项资产在资产组合中的比例; $\sigma_{\varepsilon_i}^2$ 为第 i 项资产的非系统性风险.

可见, 任意资产组合的风险同单一证券的风险一样, 也可以分解为两部分, 一部分是因素风险 $b_p^2 \sigma_F^2$, 称为资产组合的系统性风险; 另一部分是非因素风险 $\sigma_{\varepsilon_p}^2$, 称为资产组合的非系统性风险.

资产组合的非系统性风险取决于组合资产组合的各个资产的非系统性风险 $\sigma_{\varepsilon_i}^2$, 且权重为各资产投资比例的平方 ω_i^2. 因此, 资产组合的非系统性风险并不是组合中各资产非系统性风险的简单加权平均, 而是随着资产组合中资产数目的增多而减小. 不妨设各资产等额投资, 即 $\omega_i = \dfrac{1}{N}$, 则资产组合的非系统性风险为

$$\sigma_{\varepsilon_p}^2 = \sum_{i=1}^N \omega_i^2 \sigma_{\varepsilon_i}^2 = \frac{1}{N}\left(\frac{1}{N}\sum_{i=1}^N \sigma_{\varepsilon_i}^2\right) = \frac{1}{N}\overline{\sigma}_{\varepsilon_p}^2. \tag{5.35}$$

在资产的非系统性风险有界的假定条件下, 随着资产数目 N 增大, 组合呈现更加分散化趋势, 资产组合的非系统性风险 $\sigma_{\varepsilon_p}^2$ 趋于零.

对于系统性风险而言, 由于系统性风险 $b_p^2 \sigma_F^2$ 的大小主要取决于 b_p, 而 b_p 是证券 i 对因素 F 的敏感度 b_i 的加权平均, 因此, 组合投资只能平均系统性风险, 而不能使之显著上升或下降. 不妨设各资产等额投资, 即 $\omega_i = \dfrac{1}{N}$, 则

$$b_p = \frac{1}{N}\sum_{i=1}^N b_i. \tag{5.36}$$

显然, 随着资产数目 N 增大, b_p 无明显增大或减小, 而是趋于一个平均值, 所以, 系统性风险 $b_p^2 \sigma_F^2$ 也将趋于一个固定值.

综上, 对于单因素模型而言, 资产组合可以有效地降低和分散风险, 但不能完全消除风险. 当组合中的资产数目足够大, 组合为充分分散的投资组合时, 非系统性风险可以忽略不计.

在上述基础上, 证券 i 与证券 j 的协方差为

$$\mathrm{Cov}\,(R_i, R_j) = \mathrm{Cov}\,(a_i + b_i F + \varepsilon_i, a_j + b_j F + \varepsilon_j)$$

$$= \mathrm{Cov}\,(b_i F + \varepsilon_i, b_j F + \varepsilon_j)$$

$$= \text{Cov}\,(b_i F, b_j F)$$

$$= b_i b_j \sigma_F^2. \tag{5.37}$$

前面我们曾提到资本资产定价模型在实际应用过程中需要计算大量的数据, N 项资产构成的资产组合需要计算 N 个资产的期望收益率、标准差, $\dfrac{N^2 - N}{2}$ 个协方差. 当 N 的数目达到 1000 时, 证券分析师要收集和计算的数据将超过 50 万个. 而单因素模型的引入可以有效减少计算量. 可以看出, 对于 N 项资产构成的资产组合, 单因素模型在实际应用过程中只需计算 N 个参数 a_i, N 个参数 b_i, N 个公司特有的方差 $\sigma_{\varepsilon_i}^2$, 共同因素的期望值 $E\,(F)$, 共同因素的方差 σ_F^2, 共 $3N + 2$ 个数据. $N = 1000$ 时, 证券分析师要收集和计算的数据只有 3000 多. 显而易见, 与资本资产定价模型相比, 单因素模型极大地减少了计算量.

2. 单指数模型

在单因素模型中, 如果用证券市场的股票价格指数作为共同因素, 则称这种单因素模型为单指数模型. 单指数模型实际上是单因素模型的一个特例, 其中的共同因素为市场指数的收益率, 可以表示为

$$R_i - R_f = a_i + b_i\,(R_m - R_f) + \varepsilon_i, \tag{5.38}$$

其中, R_i 为证券 i 的实际收益率; R_f 为无风险利率; R_m 为市场指数的收益率; 截距项 a_i 为市场风险报酬 $R_m - R_f = 0$ 时证券的期望收益率; 斜率项 b_i 为证券对市场指数的敏感性, 即 β 系数; ε_i 为证券 i 的收益率的残差值.

单指数模型中证券 i 的期望收益率可以表示为

$$E(R_i) - R_f = a_i + b_i[E\,(R_m) - R_f], \tag{5.39}$$

其中, $E(R_i)$ 为证券 i 的期望收益率; $E\,(R_m)$ 为市场指数的期望收益率.

在单指数模型中, 证券 i 的风险溢价被分为两部分, 一是与市场相关的系统性风险溢价, 由市场风险溢价 $E(R_m) - R_f$ 和敏感系数 b_i 体现, 代表整个经济系统的状况; 二是与证券公司自身因素有关的非市场风险溢价 a_i.

证券 i 的方差为

$$\sigma_i^2 = b_i^2 \sigma_m^2 + \sigma_{\varepsilon_i}^2, \tag{5.40}$$

其中, σ_i^2 为证券 i 的方差; σ_m^2 为市场指数的方差; $\sigma_{\varepsilon_i}^2$ 为公司特有的方差.

可见, 任意证券的风险 σ_i^2 可以分解为两部分, 一部分是 $b_i^2 \sigma_m^2$, 这部分风险是由于市场指数收益变动引起的, 与整个市场的波动有关; 另一部分是 $\sigma_{\varepsilon_i}^2$, 这部分风险与整个市场的波动无关, 是与公司的特质联系在一起的.

证券 i 与证券 j 的协方差为

$$\begin{aligned}
\mathrm{Cov}\left(R_i, R_j\right) &= \mathrm{Cov}\left(R_f + a_i + b_i\left(R_m - R_f\right) + \varepsilon_i, R_f + a_j + b_j\left(R_m - R_f\right) + \varepsilon_j\right) \\
&= \mathrm{Cov}\left(b_i\left(R_m - R_f\right), b_j\left(R_m - R_f\right)\right) \\
&= b_i b_j \sigma_m^2.
\end{aligned}$$

$$(5.41)$$

这样, 与资本资产定价模型相比, 对于 N 项资产构成的资产组合, 单指数模型在实际应用过程中大大减少了需要估计的参数量.

3. 双因素模型

在现实证券市场中, 证券收益通常受很多因素的共同影响, 比如: 国内生产总值、利率水平、通货膨胀、股票价格指数等. 如果影响单个证券收益的因素可以概括为两个, 即每一个证券的收益都与两个共同因素有关, 那么就可以用这两个共同因素解释每一个证券的收益, 可以表示为双因素模型:

$$R_i = a_i + b_{i1} F_1 + b_{i2} F_2 + \varepsilon_i, \qquad (5.42)$$

其中, R_i 为证券 i 的实际收益率; F_1 和 F_2 为对证券收益产生影响的两个共同因素; a_i 是共同因素为 0 时证券的期望收益率; b_{i1} 是证券 i 对因素 F_1 的敏感度, b_{i2} 是证券 i 对因素 F_2 的敏感度; ε_i 为证券 i 的收益率的残差值, 互不相关且与共同因素 F_1, F_2 无关, 其均值 $E\left(\varepsilon_i\right)$ 为 0.

因此, 证券 i 的期望收益率可以表示为

$$E(R_i) = a_i + b_{i1} E\left(F_1\right) + b_{i2} E\left(F_2\right), \qquad (5.43)$$

其中, $E(R_i)$ 为证券 i 的期望收益率; $E\left(F_1\right), E\left(F_2\right)$ 为共同因素的期望值.

证券 i 的方差为

$$\sigma_i^2 = b_{i1}^2 \sigma_{F_1}^2 + b_{i2}^2 \sigma_{F_2}^2 + 2 b_{i1} b_{i2} \mathrm{Cov}\left(F_1, F_2\right) + \sigma_{\varepsilon_i}^2, \qquad (5.44)$$

其中, σ_i^2 为证券 i 的方差; $\sigma_{F_1}^2, \sigma_{F_2}^2$ 分别为共同因素 F_1, F_2 的方差; $\mathrm{Cov}\left(F_1, F_2\right)$ 为两个因素的协方差; $\sigma_{\varepsilon_i}^2$ 为公司特有的方差.

同单因素模型一样, 可以计算出证券 i 与证券 j 的协方差为

$$\begin{aligned}
\mathrm{Cov}\left(R_i, R_j\right) &= \mathrm{Cov}\left(a_i + b_{i1} F_1 + b_{i2} F_2 + \varepsilon_i, a_j + b_{j1} F_1 + b_{j2} F_2 + \varepsilon_j\right) \\
&= \mathrm{Cov}\left(b_{i1} F_1 + b_{i2} F_2 + \varepsilon_i, b_{j1} F_1 + b_{j2} F_2 + \varepsilon_j\right) \\
&= \mathrm{Cov}\left(b_{i1} F_1 + b_{i2} F_2, b_{j1} F_1 + b_{j2} F_2\right)
\end{aligned}$$

$$= b_{i1}b_{j1}\sigma_{F_1}^2 + b_{i2}b_{j2}\sigma_{F_2}^2 + (b_{i1}b_{j2} + b_{i2}b_{j1})\mathrm{Cov}\,(F_1, F_2)\,. \qquad (5.45)$$

可以得出结论: 双因素模型可以简化计算量; 资产组合可以有效地降低非系统性风险或分散系统性风险, 特别地, 若证券收益受共同因素的影响方向不一致, 则投资组合可以极大降低系统性风险.

4. 多因素模型

考虑到多种因素共同影响证券收益, 可以进一步将模型拓展为多因素模型:

$$R_i = a_i + b_{i1}F_1 + b_{i2}F_2 + \cdots + b_{ik}F_k + \varepsilon_i, \qquad (5.46)$$

其中, R_i 为证券 i 的实际收益率; $F_1, F_2, \cdots, F_k$ 为对证券收益产生影响的 k 个共同因素; a_i 是共同因素为 0 时证券的期望收益率; $b_{i1}, b_{i2}, \cdots, b_{ik}$ 是证券 i 对因素 $F_1, F_2, \cdots, F_k$ 的敏感度; ε_i 为证券 i 的收益率残差, 互不相关且与共同因素 $F_1, F_2, \cdots, F_k$ 无关, 其均值 $E\,(\varepsilon_i)$ 为 0.

5.2.2 套利定价理论

1976 年, 斯蒂芬·罗斯提出套利定价理论 (arbitrage pricing theory, APT). 与资本资产定价模型类似, 套利定价理论也是关于资本市场理论的均衡模型, 反映了资产风险与期望收益之间的线性均衡关系, 在资产定价方面发挥重要作用. 不同的是, 套利定价理论的基础是因素模型, 其假设条件比资本资产定价模型的假设更简单, 只假设: ① 收益产生过程由因素模型刻画, 即证券收益是由某些共同因素决定的; ② 市场上有足够证券, 可以构造出风险充分分散的资产组合; ③ 完善的资本市场中不存在套利机会.

1. 套利

所谓套利是指投资者利用同一资产的不同价格来赚取无风险利润的交易行为, 即获取 "免费的午餐". 套利定价理论的基本思想是一价定律, 一价定律是指市场上同一资产只有一个价格. 如果违背了这一定律, 就会产生无风险套利的机会, 投资者将以低价买入并同时以高价出售资产, 而这一套利行为将促使资产的价格发生变化, 使低价上升、高价降低, 从而使一物多价的情况消失, 市场恢复到均衡状态, 套利机会消失.

2. 单因素套利定价理论

下面我们先从模型的简单形式入手, 考虑只有一个共同因素影响证券收益的情形. 与前面讨论的单因素模型相同, 证券收益的不确定性主要来自于两个方面: 一方面是共同因素或宏观经济因素导致的系统性风险, 另一方面是公司特有因素

导致的非系统性风险. 证券的收益可以用下式表示:

$$R_i = E(R_i) + b_i F + \varepsilon_i, \tag{5.47}$$

其中, R_i 为证券 i 的实际收益率; $E(R_i)$ 为证券 i 的期望收益率; b_i 是证券 i 对共同因素的敏感度; F 为共同因素对其期望值的偏离程度, $E(F) = 0$; ε_i 为公司特有因素对证券收益的影响, 不同公司间互不相关且与共同因素无关, 其均值 $E(\varepsilon_i)$ 为 0.

例如, 某证券的收益只受通货膨胀率的影响, 该证券对通货膨胀率的敏感度为 2, 预期的通货膨胀率为 4%, 而实际通货膨胀率为 5%, 即 $F = 1\%$. 则由于受通货膨胀的影响, 该证券的实际收益将比预期收益高 $2 \times (5\% - 4\%) = 2\%$.

下面我们就来推导单因素套利定价模型.

通过前面的分析我们知道, 任意资产组合的风险可以分解为系统性风险和非系统性风险两大部分. 如果一个投资组合是充分分散化的, 即投资者按照一定的比例分散投资于数量足够多的证券, 那么该投资组合的非系统性风险可以被分散趋于零, 投资组合的风险只剩系统性风险.

市场中存在无风险套利机会时, 投资者将构造风险充分分散的套利组合, 即该组合由 N 项资产构成, N 足够大且满足: 不追加投资; 不增加风险; 预期收益为正.

资产组合的收益为

$$
\begin{aligned}
R_p &= \sum_{i=1}^{N} \omega_i R_i \\
&= \sum_{i=1}^{N} \omega_i E(R_i) + \sum_{i=1}^{N} \omega_i b_i F + \sum_{i=1}^{N} \omega_i \varepsilon_i.
\end{aligned} \tag{5.48}
$$

由于该组合是风险充分分散的组合, 所以组合的收益与组合中各证券的非系统性风险无关, 即

$$R_p = \sum_{i=1}^{N} \omega_i E(R_i) + \sum_{i=1}^{N} \omega_i b_i F. \tag{5.49}$$

又因为这一组合是套利组合, 所以投资者不追加投资, 仅在投资总额不变的条件下通过改变证券 i 的比例实现某些证券的买进或卖出, 即

$$\sum_{i=1}^{N} \omega_i = 0, \tag{5.50}$$

其中, ω_i 为证券 i 在资产组合中的占比的变化值; N 为组合中的资产数目. 且该组合的系统性风险为 0, 即套利组合对共同因素的敏感度为 0, 所以有

$$\sum_{i=1}^{N} \omega_i b_i = 0, \tag{5.51}$$

可得

$$R_p = \sum_{i=1}^{N} \omega_i E\left(R_i\right). \tag{5.52}$$

根据套利定价理论的无套利原则, 由于该组合的初始投资为 0 且为零风险投资组合, 因此组合的收益也为 0, 否则将存在无风险套利机会. 所以有

$$R_p = \sum_{i=1}^{N} \omega_i E\left(R_i\right) = 0. \tag{5.53}$$

下面我们运用线性代数知识进行严格推导.

记

$$W = \begin{pmatrix} \omega_1 \\ \omega_2 \\ \vdots \\ \omega_N \end{pmatrix}, \quad E\left(R\right) = \begin{pmatrix} E\left(R_1\right) \\ E\left(R_2\right) \\ \vdots \\ E\left(R_N\right) \end{pmatrix}, \quad b = \begin{pmatrix} b_1 \\ b_2 \\ \vdots \\ b_N \end{pmatrix}, \quad e = \begin{pmatrix} 1 \\ 1 \\ \vdots \\ 1 \end{pmatrix},$$

从而有

$$\sum_{i=1}^{N} \omega_i = W^{\mathrm{T}} \cdot e = 0,$$

$$\sum_{i=1}^{N} \omega_i b_i = W^{\mathrm{T}} \cdot b = 0,$$

$$\sum_{i=1}^{N} \omega_i E\left(R_i\right) = W^{\mathrm{T}} \cdot E\left(R\right) = 0.$$

即向量 W 与 N 维单位向量 e 正交, 向量 W 与向量 b 正交, 向量 W 与向量 $E\left(R\right)$ 正交. 由线性代数的相关知识可知, 向量 $E\left(R\right)$ 可由 N 维单位向量 e 与向量 b 线性表示, 即存在常数 λ_0, λ_1 使得

$$E\left(R\right) = \lambda_0 e + \lambda_1 b, \tag{5.54}$$

可以得出期望收益率与敏感度之间的线性关系:

$$E(R_i) = \lambda_0 + \lambda_1 b_i. \tag{5.55}$$

由于无风险资产不存在系统风险, 即无风险资产 f 对任何共同因素的敏感度 $b_f = 0$, 所以当我们选择的证券 i 为无风险资产 f 时, 可以得到 $E(R_f) = \lambda_0$.

所以, 单因素套利定价模型可表示为

$$E(R_i) = R_f + \lambda_1 b_i. \tag{5.56}$$

接下来我们考察系数 λ_1 代表的含义.

对于风险充分分散的投资组合 p, 由上述公式可知

$$E(R_p) = R_f + \lambda_1 b_p. \tag{5.57}$$

特别地, 设敏感度 $b_p = 1$, 则有

$$\lambda_1 = E(R_p) - R_f. \tag{5.58}$$

这表明 λ_1 为对共同因素 F 的敏感度为 1 的风险充分分散组合的风险溢价.

3. 套利定价理论与资本资产定价模型的联系与区别

套利定价理论与资本资产定价模型的联系: 套利定价理论与资本资产定价模型都是关于资本市场理论的均衡模型, 反映了资产风险与期望收益之间的线性均衡关系. 特别地, 当套利定价理论中影响证券收益的因素仅为市场因素时, 套利定价理论与资本资产定价模型是一致的, 也就是说, 资本资产定价模型是套利定价理论的特例.

套利定价理论与资本资产定价模型有以下主要区别:

(1) 套利定价理论的基本思想是无套利均衡原则, 是通过建立风险充分分散的组合进行无套利均衡分析得到的; 而资本资产定价模型是基于风险与收益之间的均衡关系的市场均衡, 是投资者都根据均值–方差准则进行决策的结果.

(2) 在资本资产定价模型中, 证券的风险仅考虑市场风险, 用某一证券相对于市场组合的 β 系数来解释, 这只能告诉投资者风险的大小, 而无法说明风险来自何处; 在套利定价理论中, 除市场风险外, 还考虑了市场之外的风险, 证券的风险由多个因素共同解释, 不仅能告诉投资者风险的大小, 还能说明风险来自何处, 影响程度有多大.

(3) 资本资产定价模型假设投资者厌恶风险, 属于风险回避者; 而套利定价理论不对投资者的风险偏好作出假设, 因此套利定价理论的适应性大大增强.

5.2.3　多因素套利定价理论

截至目前, 我们考虑的仅是单因素套利定价模型, 假设只有一种因素影响证券收益, 实际上这条假设过于简单, 在现实市场中, 影响证券收益的因素可能有很多个, 如利率水平、通货膨胀率等.

1. 双因素套利定价模型

我们可以在单因素套利定价模型的基础上进行拓展, 得到双因素套利定价模型. 假设影响单个证券收益的因素可以概括为两个, 即每一个证券的收益都与两个共同因素有关. 证券的收益可以用下式表示:

$$R_i = E(R_i) + b_{i1}F_1 + b_{i2}F_2 + \varepsilon_i, \tag{5.59}$$

其中, R_i 为证券 i 的实际收益率; $E(R_i)$ 为证券 i 的期望收益率; b_{i1}, b_{i2} 分别为证券 i 对两个共同因素的敏感度; F_1, F_2 为两个共同因素对各自的期望值的偏离程度, 期望值为 0; ε_i 为公司特有因素对证券收益的影响, 不同公司间互不相关且与共同因素无关, 其均值 $E(\varepsilon_i)$ 为 0.

例如某证券的收益受通货膨胀率、利率水平两个共同因素的影响, 该证券对通货膨胀率的敏感度为 2, 对利率的敏感度为 -1, 预期的通货膨胀率为 4%, 预期利率为 6%, 而实际通货膨胀率为 5%, 实际利率为 4%, 即 $F_1 = 1\%, F_2 = -2\%$. 则由于受通货膨胀率和利率水平的影响, 该证券的实际收益将上升 2×1% + (−1) × (−2%) = 4%.

同理, 通过无套利均衡分析可得期望收益率与敏感度之间具有线性关系:

$$E(R_i) = R_f + \lambda_1 b_{i1} + \lambda_2 b_{i2}. \tag{5.60}$$

2. 多因素套利定价模型

为适应多种风险来源的情况, 可以引入多因素套利定价模型:

$$R_i = E(R_i) + b_{i1}F_1 + b_{i2}F_2 + \cdots + b_{ik}F_k + \varepsilon_i. \tag{5.61}$$

同样可得期望收益率与敏感度之间存在如下关系:

$$E(R_i) = R_f + \lambda_1 b_{i1} + \lambda_2 b_{i2} + \cdots \lambda_k b_{ik}. \tag{5.62}$$

需要注意的是, 在单因素套利定价模型中, 我们通过构造对共同因素的敏感度为 1 的风险充分分散的投资组合可以得出结论: λ_1 代表共同因素的风险溢价. 在多因素模型情况下, 该结论同样适用. 首先我们要介绍 "因素 j 的纯因素组合" 的概念, 该组合是一个风险充分分散的投资组合, 对第 j 个因素的敏感度为 1, 对其他因素的敏感度为 0. 假设单个证券的收益受多个因素的共同影响, 那么投资者可以构造纯因素组合, 使得该组合只受一个因素的影响. 具体步骤: 一是先使组合中其他因素的敏感度为 0; 二是通过借入或贷出资金使组合对这一因素的敏感度为 1. 同单因素套利定价模型一样, λ_j 代表因素 j 的纯因素组合的期望收益率与无风险利率之差, 即 λ_j 为第 j 个因素的风险溢价.

设 P_j 为因素 j 的纯因素组合, 即 $b_{pj} = 1, b_{pq} = 0 \ (q \neq j)$, 则多因素套利定价模型可表示为

$$E(R_i) = R_f + [E(R_{P_1}) - R_f]b_{i1} + [E(R_{P_2}) - R_f]b_{i2} + \cdots + [E(R_{P_k}) - R_f]b_{ik}. \quad (5.63)$$

可见, 多因素套利定价理论表明: 证券 i 的风险溢价等于对每个风险来源进行补偿的和, 即由 K 个因素产生的风险溢价之和.

5.2.4 法玛–弗伦奇三因素模型

随着资本资产定价模型的实证检验的开展, 人们意识到市场风险系数 β 并不是影响股票收益率的唯一因素, 公司本身的一些特征, 如公司规模, 现金流量与股票价格之比, 账面价值与市场价格之比, 公司的销售收入增长率等也是影响股票收益率的重要因素.

1992 年, 法玛和弗伦奇通过对 β 值, 公司规模 (ME), 市盈率 (P/E), 负债率, 股权的账面价值与市场价值之比 (B/M) 五个因素对股票收益的影响研究发现: 股票市场的 β 值不能完全解释不同股票收益率之间的差异, 即 CAPM 模型不能很好地适应不同公司的平均股票收益. 研究结果同时表明: 公司规模, 股权的账面价值与市场价格之比, 市盈率, 负债率可以解释股票收益率之间的差异, 且前两个因素占主要影响, 后两个因素对股票收益的影响可以归到前面的两个因素中.

1993 年, 法玛和弗伦奇将这些因素进行分离, 进一步总结和完善了他们的结论, 提出了法玛–弗伦奇 (FF) 三因素模型, 即股票的收益受三个因素的共同影响, 这三个因素分别是: 市场超额收益, 公司规模, 股权的账面价值与市场价值之比. 模型的具体形式如下:

$$R_i - R_f = b_{i1}(R_m - R_f) + b_{i2}\text{SMB} + b_{i3}\text{HML} + \varepsilon_i, \quad (5.64)$$

其中, R_i 为证券 i 的实际收益率; $R_m - R_f$ 为市场的超额收益率; SMB 为规模小的公司的股票收益率与规模大的公司的股票收益率之差; HML 为股权的账面价值与市场价值之比高的公司的股票收益率和股权的账面价值与市场价值之比低的公司的股票收益率之差; b_{i1}, b_{i2}, b_{i3} 分别为证券 i 对这三个因素的敏感度; ε_i 为残差, 代表公司特有因素对证券收益的影响. 关于 SMB 和 HML 的计算, 我们按照

公司的市场价值以及账面价值与市场价值之比的大小形成 6 个组合, 然后利用这 6 个组合来模拟规模因子 SMB 与价值因子 HML 带来的收益率. 具体方法如下.

第一步, 在每个交易日内对所有的股票按其市场价值进行排序, 用中位数把样本内的股票分成两个小组, 即规模小 (S) 与规模大 (B) 的两组. 同样地, 我们也按账面价值与市场价值之比的大小进行排序, 按最小的 30%(L)、中间的 40%(M)、最大的 30%(H) 来取分界点. 这样, 我们通过上面的两种分类方法就可以构造出 6 个组合 ($S/L, S/M, S/H, B/L, B/M, B/H$), 以等权重来计算出 6 个组合的收益.

第二步, 利用已经构造的 6 个组合来计算 SMB 和 HML, 计算方法为

$$\text{SMB}_t = \left(\frac{(S/L)_t + (S/M)_t + (S/H)_t}{3} \right) - \left(\frac{(B/L)_t + (B/M)_t + (B/H)_t}{3} \right),$$

$$\text{HML}_t = \left(\frac{(S/H)_t + (B/H)_t}{2} \right) - \left(\frac{(S/L)_t + (B/L)_t}{2} \right).$$

5.3 有效市场理论与行为金融

5.3.1 随机游走与有效市场假说

早期的有效市场理论, 是建立在随机游走 (又称随机漫步) 理论基础之上的. 随机游走理论 (random walk theory) 认为, 证券价格的波动是随机的, 像一个在广场上漫无目的地行走的人一样, 价格的下一步将走向哪里, 是没有规律的. 证券市场中, 价格的走向受到多方面因素的影响. 一件不起眼的小事也可能对市场产生巨大的影响. 从长时间的价格走势图上也可以看出, 价格的上下起伏的机会差不多是均等的.

随机游走理论指出, 股票市场内有成千上万的精明人士, 每一个人都懂得分析, 而且资料流入市场都是公开的, 所有人都可以知道, 并无什么秘密可言. 因此, 股票现在的价格就已经反映了供求关系, 或者与本身价值不会相差太多. 所谓内在价值的衡量方法就是由每股资产值、市盈率、派息率等基本因素来决定, 这些因素亦非什么大秘密. 现时股票的市价根本已经代表了千万精明人士的看法, 构成了一个合理价位. 市价会围绕着内在价值而上下波动. 这些波动却是随意而没有任何轨迹可循的.

1900 年, 法国数学家巴舍利耶首次提出了金融资产价格服从对数正态分布的假设, 并假设股票价格服从布朗运动 (物理学中分子微粒所做的一种无休止的无序运动), 这成为随机漫步理论和有效市场假说共同的源头. 1959 年, 统计学家罗伯茨和天文学家奥斯本分别发表《股票市场 "方式" 和金融分析》与《股票市场的布朗运动》的论文, 将 "随机游走" 和 "布朗运动" 概念正式应用于股市, 他们在论

文中再次肯定了股价的对数序列是随机游走, 或者股价遵循几何布朗运动. 1965 年, 萨缪尔森 (Samuelson) 发表《恰当预期价格随机涨落的证明》一文, 再次强调了价格的随机性, 这里的 "恰当预期" 被理解为价格真正融合了所有市场参与者的期望和信息, 从而正式提出有效市场假说 (EMH). 这标志着市场价格行为研究的方式实现了从随机游走理论向有效市场假说的转变, 此后随机游走理论被看作是符合有效市场假说的一组经验观察.

1965 年, 法玛发表论文《股市价格的随机游走》(在正式发表时改名为《股市价格的形态》), 将萨缪尔森建立的证券市场鞅模型定名为 "有效市场", 首次提出 "效率市场" 和 "市场效率" 的概念. 法玛在《商业期刊》(*Journal of Business*) 上发表的论文, 对理论界和投资实务界产生了巨大的影响, 此后学术界开始了有效市场假说的完整讨论. 1970 年, 法玛在一篇经典性的综述论文中总结了市场效率的三种形式, 明确提出 "价格总是 '充分反映' 可获得信息的市场是 '有效' 的" 这一有效金融市场的经典定义.

法玛在最初的论文中还按所包含的信息集的不同把整个有效市场假说划分为三个层次, 并把对整个有效市场假说的实证检验分为对三个层次假说的实证检验. 这三个层次假说是

(1) 弱式有效市场假说;

(2) 半强式有效市场假说;

(3) 强式有效市场假说.

走近数学家 (六)

巴舍利耶 (Bachelier)1870 年生于法国勒阿弗尔, 1946 年在法国去世, 是法国数学家、现代金融数学奠基人.

巴舍利耶在巴黎大学学习数学, 师从著名数学家庞加莱 (Poincaré). 1900 年, 巴舍利耶发表了他的博士论文——《投机理论》. 在该文中, 巴舍利耶主要考虑期权定价问题, 用布朗运动作为股票价格, 并推导出界限期权价格. 在股票价格建模中, 巴舍利耶研究随机游走的部分和极限, 发现其极限过程连续、不可微, 一阶变差无穷, 二阶变差有限, 三阶或更高阶变差为 0, 这些独特性质刻画了布朗运动, 并启发了后来的伊藤公式.

巴舍利耶在其论文当中便已推导出布朗运动的密度函数满足热扩散方程, 并用它确定分子大小, 其学位论文比爱因斯坦在 1905 年发表的 "相对论" 相关论文中运用布朗运动来刻画粒子运动的随机性提早了 5 年, 论文中对布朗运动的处理比爱因斯坦更加优雅, 数学更加严谨. 在此之后, 他

也陆续发表了十几篇论文, 但由于当时测度论、概率论公理化体系尚未完善, 此时的法国数学界普遍认为其结果大致正确, 但其数学本身似乎并不严谨.

　　事实上, 巴舍利耶的工作是超越他的时代的. 直到 1955 年, 美国统计学家萨维奇 (Savage) 向萨缪尔森等一批著名经济学家寄送了《投机理论》一文, 经济学界这才发现了这位大师的天才思想, 并创立了巴舍利耶数理金融学学会, 该学会于 2000 年召开首届国际性大会, 以纪念巴舍利耶博士论文发表 100 周年.

5.3.2　有效市场理论

1. 效率市场的三个层次假说

1) 弱式有效市场假说

该假说认为在弱式有效的情况下, 市场价格已充分反映出所有过去历史的证券价格信息, 包括股票的成交价、成交量、卖空金额, 融资金融等. 在弱式有效市场条件下, 当前的证券价格完全反映了当前所有可用的证券市场数据, 投资者无法利用过去的股价所包含的信息获取超额利润. 如果弱式有效市场假说成立, 则股票价格的技术分析失去作用, 基本分析还可能帮助投资者获得超额利润. 弱式有效市场假说正是著名的随机游走理论, 这就意味着研究股价的历史价格序列对投资没有实际意义.

2) 半强式有效市场假说

该假说认为价格已充分反映出所有已公开的有关公司营运前景的信息. 这些信息有成交价、成交量、盈利资料、盈利预测值, 公司管理状况及其他公开披露的财务信息等. 投资者不仅无法从历史信息中获取超额利润, 而且也不能通过分析当前的公开信息获取超额收益. 如果半强式有效市场假说成立, 则在市场中技术分析和基本分析都失去作用, 拥有内幕消息可能获得超额利润.

3) 强式有效市场假说

该假说认为证券价格不但对过去的历史信息、现在的公开信息进行反映, 而且对没有公开的内幕信息进行反映, 强式有效市场的证券价格包括所有类型的信息. 这意味着, 在强式有效的市场条件下任何一组投资者都不能垄断获取与价格信息相关的信息, 也不能持续获得正的异常回报, 即使拥有内幕信息也不能获得超额利润. 随着投资者获得的信息集不断增加, 市场有效程度也在不断提高. 强式有效市场假说成立时, 半强式有效市场假说必须成立; 半强式有效市场假说成立时, 弱式有效市场假说亦必须成立. 所以, 先检验弱式有效市场假说是否成立; 若成立, 再检验半强式有效市场假说是否成立; 最后检验强式有效市场假说是否成立.

2. 市场有效性的理论基础

施莱弗 (Shleifer) 认为市场有效性的理论基础有 3 个, 任何一个都可以导致市场有效性.

1) 投资者理性

投资者理性时, 投资者能够在市场上确定出每一种证券的基本价值, 根据证券未来的现金流量的风险调整后进行证券估值. 当投资者确定各种证券的基本价值后, 他们就会对影响证券的各种信息进行快速反应, 无论好消息或坏消息都能被市场迅速吸收, 并在股价运动中体现出来. 如市场遇到利好消息时, 股价迅速反应而及时得到提升; 相反, 利空信息会导致股价迅速降低.

2) 独立的理性偏差

在很多情况下, 投资者并非完全理性, 但市场仍然被认为是有效的. 当市场上存在非理性的投资者时, 由于他们在市场上的交易是随机进行的且交易策略相互独立, 他们之间的交易很可能会相互抵消掉他们的非理性造成的错误定价. 这样, 证券价格会一直保持在其基本价值附近, 这就是独立的理性偏差. 当然, 这一论点存在较大局限性, 即有赖于非理性投资者的非相关性这一关键假设. 因此, 假若非理性投资者交易策略具有相关性 (同方向力量), 则需要第三个条件进行保证.

3) 套利

套利行为会消除来自同方向的非理性操作. 根据套利的基本思想, 只要市场上存在偏离基本价值的错误定价的证券, 且能找到可替代的证券, 套利者就可以在卖出高价证券后同时又买进相同或相似的价格偏低的证券. 这样操作的结果, 就可以使得被高估的证券重新回到其基本价值上. 事实上, 如果可替代的证券存在, 套利者之间的逐利竞争又使得他们的行动非常迅速高效, 这样, 证券价格就不可能较大程度地偏离其基本价值, 套利者自己也无法获取更多的超额收益. 这种情况同样适用于被低估的证券. 可见, 尽管市场上大量存在非理性的投资者, 并且他们的需求相互关联, 但只要存在近似的可替代证券, 通过套利行为就可以有效阻止证券价格被长期或大幅度高估与低估, 使得证券价格与其基本价值保持一致.

3. 市场有效性理论的意义

有效市场假说意味着复杂多变的金融资产价格运动遵循一定的变化规则, 价格每时每刻的动态变化都是相互独立、互相不受干扰的, 收益率的分布遵循正态分布特征. 这一思想对资本市场理论研究和实践投资都有重要意义.

1) 有效市场假说对资本市场理论的意义

(1) 有效市场假说是现代资本市场理论的重要基石.

证券市场上资产价格变化的相互独立性及收益率的正态分布, 意味着资产价格变化方差的有效性, 并以此应用方差有效地度量价格变化的离散程度, 从而可以度量证券市场风险, 证券市场风险衡量就有了一个精确量化且极易测量的标准. 许多经典的现代资本市场理论, 例如马科维茨的均值–方差理论、资本资产定价模型 (CAPM)、套利定价理论 (APT)、Black-Scholes 期权定价模型 (option pricing model) 都是在其基础上发展起来或与之密切联系的. 因此, 可以认为有效市场假说是现代资本市场理论的重要基石.

(2) 有效市场假说为资本市场定量研究提供了理论基础.

有效市场假说认为, 资本市场上过去的信息不会影响市场行为, 价格变化是独立分布的, 此假说使得可以像研究物理现象那样用随机微积分来研究资本市场, 且广泛应用于鞅和亚鞅等模型, 这就使得资本市场的精确度量成为可能, 从而有效市场假说成为资本市场数量化研究的基础. 例如, 根据有效市场假说条件下的资产价格运动的相互独立和近似正态分布特性, 就可用维纳过程 (Wiener process) 或布朗运动这样一个连续随机过程来近似描述资本市场的价格变化, 而对于维纳过程或布朗运动过程, 随机微积分能对其作出精确描述. 据此, 伊藤引理 (Itô lemma) 揭示了如何根据标的资产的随机微分过程推导出金融衍生产品的随机微分过程, 从而将金融资产定价和资本市场价格变化表面上的复杂不规则性构建起可以遵循的关联性, 进而使得整个金融资产定价和资本市场价格变化的精确性量化成为可能.

(3) 有效市场假说为资本市场研究提供了一个相对完整的理论框架.

有效市场假说是资本市场一种理想的完美状态, 它体现了经济学家梦寐以求的境界, 即竞争均衡. 在有效市场假说框架中, 其前提条件是证券存在一种客观的均衡价值, 股价已反映所有已知的信息, 且价格将趋向于均衡价值. 这一假说意味着投资者是理性的, 其购买和出售行为将使证券价格趋向其内在价值, 且调整到均衡的速度依赖于信息的可利用性和市场的竞争性. 在此框架下, 资本市场的风险衡量可用方差指标, 资本市场定价问题可用资本资产定价模型、套利定价理论和 Black-Scholes 期权定价模型等经典理论进行解决, 同时有效市场假说的三个不同层次假说可对资本市场的价格预测能力进行不同的分析. 概言之, 有效市场假说为资本市场风险衡量、资产定价和价格预测提供了一个相对完整的理论框架.

2) 有效市场假说对资本市场投资的启示

有效资本市场假说对投资者的证券投资活动具有如下重要意义.

(1) 市场有效意味着投资者不能得到超额回报. 因为在有效的市场条件下, 相关信息能够立刻在证券价格中体现出来, 投资者不应该期望得到超额回报.

(2) 如果市场有效, 技术分析是无用的, 基本分析也是无用的. 投资者通过分析个股, 企图找到价值被低估的股票, 并不会提高投资组合的收益, 因为这些信息已经被包含在价格中了. 通过分析公开信息, 确认投资业绩表现超越市场的证券是不可能的.

(3) 在证券市场上没有永远的赢家, 某些业绩表现突出的投资者仅仅是运气而已. 在有效市场中, 总存在输家和赢家. 仅仅因为投资者或基金经理在一定时期 "战胜市场"(beating the market), 并不意味着市场不是有效的. 要么他们具备别人不具备的才能, 要么他们比别人幸运. 问题是确认谁在未来战胜市场, 这可用一个简单的模型进行说明. 在有效市场中, 在任何一年大约有一半的投资者预测是正确的, 而另一半的预测是错误的. 这样经过第 2 年、第 3 年 …… 直到第 T 年, 我们发现, 只有 $\left(\dfrac{1}{2}\right)^T$ 的投资者在 T 年都正确.

(4) 投资指数基金是一种理想的投资决策. 由于在市场有效条件下, 大众已知的投资策略并不能产生超额利润. 投资者宁可投资于长期持有的分散化投资组合, 而不是企图挑选赢家或输家以及频繁地交易股票. 同时, 因为指数基金是一种充分分散的资产组合, 所以投资指数基金的被动式投资将是一种理想的投资决策.

(5) 证券组合管理的功能在于分散风险, 并非 "战胜市场". 由于有效市场中投资者不可能总是赢家, 证券组合管理的功能是满足组合管理的分散风险需要, 或根据不同投资者未来的现金流状况构建资产组合, 而不是 "战胜市场".

4. 市场有效性理论面临的挑战

尽管市场有效性理论提出后的 10 年, 无论是在理论上还是在实证检验上都获得了巨大的成功, 但随着投资学的发展, 它越来越面临巨大的挑战. 很多学者发现了一些有效市场假说不能解释的异常现象.

1) 股票溢价之谜

1985 年, 梅赫拉 (Mehra) 与普雷斯科特 (Prescott) 指出, 股票投资的历史平均收益率相对于债券投资高出很多. 从历史来看, 投资于股票市场的风险微乎其微, 但相对于债券而言, 人们在股票上的投资却非常少. 1991 年, 权 (Chan) 在《金融学期刊》上发表了《小公司和大公司的结构及回报特征》一文, 他证明投资于小公司的股票可以得到较高的收益, 这就是所谓的 "小公司效应".

2) 周五现象和年末效应

有学者发现, 当股市上涨时, 周五的价格达到最高, 如果周一买进、周五卖出, 就可以获得一定的超额收益; 股票价格常常在年末下跌、而次年年初又迅速上升, 因此在年末买进、次年年初卖出的投资策略也可以获得一定的超额收益.

3) 红利之谜

一般来讲, 股利要比资本利得支付更高的所得税, 减少股利支付会使股东的情况更好, 但纳税投资者却更喜欢股利, 股份公司也相应地更喜欢发放现金红利, 这一现象被称为 "红利之谜".

有效市场假说不能解释的异常现象还有很多, 这些现象都表明市场也并非完全意义上的有效市场. 尽管有效市场假说的倡导者认为上述实证研究结果并不能否定有效市场假说, 但是许多研究人员认为, 上述情况的出现说明了有效市场假说并不能很好地描述市场的实际运行状态, 需要用新的理论解释, 而行为金融学就是 20 世纪 80 年代以后兴起的、能够解释种种市场异常现象的新兴金融理论.

走近数学家 (七)

维纳 (Wiener)1894 年生于美国密苏里州的哥伦比亚, 1964 年在瑞典斯德哥尔摩去世, 是一位多产的涉及多学科的科学家. 维纳的父亲是哈佛大学斯拉夫语系教授, 尽管其没有从事数学相关的工作, 但一直保持着对数学的兴趣和爱好, 并对维纳的早期教育非常关心, 对维纳影响颇大.

维纳先去剑桥大学跟随罗素 (Russell) 研究数理逻辑. 后在德国哥根廷大学数学家希尔伯特 (Hilbert) 的指导下研究数学. 他学习过测度论、泛函分析、勒贝格 (Lebesgue) 积分等, 改进了吉布斯 (Gibbs) 统计力学, 研究过布朗运动 (又称维纳过程), 并由此开始研究概率论, 进而研究周期图, 以及比经典傅里叶 (Fourier) 分析和傅里叶积分更一般的广义调和分析. 维纳 1933 年当选美国科学院院士, 后在墨西哥国家心脏研究所的罗森布卢埃特 (Rosenblueth) 处, 结合神经生理学、电工学、数学、逻辑学等学科, 最终写成了划时代的《控制论》一书.

维纳和中国的关系也很密切. 他和他来自中国的博士生李郁荣共同研究了滤波器设计. 在维纳的指导下, 李郁荣获得博士学位并回到清华大学任教. 1935 年, 李郁荣邀请维纳到中国讲学, 当年 9 月份维纳开始在中国授课, 并与李郁荣合作发明了很好的电子滤波器, 为控制论学科的创立打下了基础.

5.3.3　行为金融

1. 行为金融学

行为金融学是在对现代金融理论 (尤其是有效市场假说和资本资产定价模型) 的挑战和质疑的背景下形成的, 是伴随着实验经济学、经济心理学而产生的, 是运用心理学、社会学、决策科学等理论和方法研究个人或群体的经济行为规律的科学.

2. 行为金融的理论基础

1) 期望理论

期望理论是行为金融学的重要理论基础. 卡纳曼和特维斯基通过实验对比发现, 大多数投资者并非标准金融投资者而是行为投资者, 他们的行为不总是理性的, 也并不总是风险回避的. 期望理论认为投资者对收益的效用函数是凹函数, 而对损失的效用函数是凸函数, 表现为投资者在投资账面值损失时更加厌恶风险, 而在投资账面值盈利时, 随着收益的增加, 其满足程度的速度减缓. 期望理论成为行为金融研究中的代表性学说, 利用期望理论解释了不少金融市场中的异常现象, 然而卡纳曼和特维斯基在期望理论中并没有给出如何确定价值函数的关键——参考点以及价值函数的具体形式, 这在理论上存在很大缺陷, 从而极大阻碍了期望理论的进一步发展.

2) 行为组合理论和行为资产定价模型

一些行为金融理论研究者认为将行为金融理论与现代金融理论完全对立起来并不恰当, 将二者结合起来, 对现代金融理论进行完善, 正成为这些研究者的研究方向. 在这方面, 斯塔特曼 (Statman) 和谢弗林 (Shefrin) 提出的行为组合理论 (BPT) 和行为资产定价模型 (BAPM) 引起了金融界的注意. BPT 是在现代资产组合理论 (MPT) 的基础上发展起来的. MPT 认为投资者应该把注意力集中在整个组合, 最优的组合配置处在均值方差有效前沿上. BPT 认为现实中的投资者无法做到这一点, 他们实际构建的资产组合是基于对不同资产的风险程度的认识以及投资目的所形成的一种金字塔式的行为资产组合, 位于金字塔各层的资产都与特定的目标和风险态度相联系, 而各层之间的相关性被忽略了. BAPM 是对资本资产定价模型 (CAPM) 的扩展. 与 CAPM 不同, BAPM 中的投资者被分为两类: 信息交易者和噪声交易者. 信息交易者是严格按 CAPM 行事的理性交易者, 不会出现系统偏差; 噪声交易者则不按 CAPM 行事, 会犯各种认知偏差错误. 两类交易者互相影响, 共同决定资产价格. 事实上, 在 BAPM 中, 资本市场组合的问题仍然存在, 因为均值方差有效组合会随时间而改变.

3. 行为金融理论的主要模型

1) DSSW 模型

为研究噪声交易, Delong、Shleifer、Sunners 和 Waldman (以下简称 DSSW) 于 1990 年建立了 DSSW 模型, 通过一个简化的迭代模型, 描述了外生有偏信息禀赋的投资者交易行为, 并分析了这些噪声交易者的生存能力.

在 DSSW 模型中, 存在两类投资者: 一类为理性交易者, 另一类为噪声交易者. 噪声交易者错误地认为他们拥有对风险资产未来价格的特殊信息. 他们对这种特殊信息的信心可能是来自技术分析方法、经纪商, 或者其他咨询机构的虚假信号, 而他们的非理性之处正在于他们认为这些信号中包含了有价值的信息, 并以此作为投资决策的依据.

作为对噪声交易者行为的回应, 理性投资者的最优策略应该是利用噪声交易者的这些非理性观念作为自己赚取利润的机会. 他们会在噪声交易者压低价格的时候买进而在相反的时机卖出，这种策略称为"反向交易策略"。这种反向交易策略在一些时候会使资产价格趋向其基本面价值，但并不总是能达成这种效果。也就是说，理性投资者的套利策略对于资产回归其基本面价值的作用不宜夸大，因为在很多情况下，套利的功能是有限的。在 DSSW 模型中，即使是不存在基本面风险的情况下，仅仅是噪声交易者的行为也会让从事套利活动的理性投资者面临风险，从而限制其套利的功能。

2) BSV 模型

Barberis、Shleifer 和 Vishny (以下简称 BSV) 于 1998 年建立了一个投资者情绪模型 (sentiment model)，以此来解释投资者过于激烈的或消极的反应。BSV 模型认为，人们在投资决策时存在两种心理判断偏差，即选择性偏差 (representative bias) 和保守性偏差 (conservatism bias)。选择性偏差是指投资者过分重视近期数据的变化模式，而对产生这些数据的总体特性重视不够；保守性偏差则是投资者不能及时根据变化了的情况修正自己的预测模型。BSV 模型是从这两个偏差出发，解释投资者决策模式是如何导致证券市场价格变化偏离有效市场假说的。投资者的过度自信，同样可以解释困惑金融学家的"波动性之谜"。假定一个投资者通过公开市场信息形成对未来现金流增长的先验信念，而后自己收集信息，对这些私有信息过度自信，投资者必然会高估这些私有信息的准确度，并给予比先验信息更高的权重。在此，如果投资者掌握的私有信息属利好信息，他们将会把股价推到与当前红利相比高得多的价位；相反，如果这些信息属于利空信息，投资者就会刻意打压股价，从而引起价格红利比的过度波动。

3) DHS 模型

Daniel、Hirshleifer 和 Subrahmanyam (以下简称 DHS) 于 1998 年建立的模型认为反应过度和反应不足是由投资者的过度自信和有偏的自我归因 (self-contribution) 引起的。DHS 模型将投资者分为有信息和无信息两类。其中无信息投资者不存在判断偏差，有信息投资者通常低估已有信息和长期信息并高估私人信息，结果使股价呈现过度反应状态。DHS 模型显示，投资者总趋于过度自信判断偏差，有信息投资者存在过度自信和对自己掌握信息的过度偏爱这两种判断偏差，而证券的市场价格正是由有信息投资者所决定的。

DHS 将一个过度自信的投资者定义为对私人信息准确性的高估，但其不会高估所有人都拥有的公众信息。过度自信将会对前期的私人信息赋予更大的权重，这将导致股价的过度反应。在投资者过度自信的诱因下，市场呈现过度反应的现象，资产价格出现过度波动相继伴生。一般而言，投资者对近期消息倾向于过度反应，致使股票价格偏离其内在价值。这种现象，无疑是对有效市场假说构成了严峻考验。

4) BHS 模型

基于 K&T 理论，Barberis、Huang 和 Santos (以下简称 BHS) 于 2001 年从

投资者的效用函数入手提出了基于均质市场假设的损失厌恶资产定价模型. BHS
模型以期望理论为基础, 将投资者的动态风险厌恶加上狭窄框架引入到传统的效
用函数的分析中, 投资者不仅从消费中获得效用, 同时也从资产价格的变动中获
得效用. 在 BHS 模型中, 投资者风险厌恶的程度取决于其先期的投资绩效. 先期
盈利的投资者则表现得比其他人更容易接受风险性赌博. 为了进一步说明损失风
险厌恶心理, 模型假设一个阶梯形价值函数, 在某一参照点上, 该函数在亏损时的
斜率较盈利时要大. 当获得一个提高派息率的好信息, 投资者对风险的容忍程度
增强. 由于风险厌恶程度的不确定性, 股票回报率相对股息波动幅度也会因此提
高. 即使不存在程度较高的风险厌恶心理, 股票风险溢价也会随着其回报率变化
程度的提高而升高.

4. 行为金融学对市场异常现象的解释

1) 对 "小公司效应" 的解释

一般来说, 投资者认为股票的折现率是股票过去业绩的函数, 如果上市公司
过去的业绩都很好, 投资者会认为这个股票的风险较低, 从而用较低的折现率折
现未来的现金流量. 在这种情况下, 因为较低的折现率会提高股票价格 (股票定价
模型表明股票价格与折现率呈反比例关系) 和股票红利的比例, 所以导致下一期
的报酬较低, 因此股票过去业绩越好, 折现率越低, 股票价格和分红比例越高, 投
资该类股票收益越低. 而投资者一般认为成长股票和大公司的股票在过去通常表
现较好, 投资者认为其风险较小而要求较低的回报, 而价值股票和小公司的股票
在过去通常表现比较差, 投资者认为是高风险的, 因而要求回报较高. 因此, 小盘
股比大盘股收益率更高, 即为 "小公司效应".

2) 对 "股票溢价之谜" 的解释

回避损失的心理导致一单位投资损失带来的效用减少是同样一单位收益带来
的效用增加的两倍; 而风险大小取决于其评估风险状况的频繁程度. 股票的投资
期限较短, 投资者对其风险评估就比较频繁, 这样投资者认为股票相对于没有违
约的政府债券的风险要大得多, 因此股票必须要有非常大的收益才能吸引投资者.
比如, 如果一个投资者每天检查他的投资组合的价值, 由于股票价格每日涨跌的
可能各占一半, 而投资损失对投资者效用的影响两倍于投资收益, 这会使投资者
感到股票投资的风险很高, 很不可取. 相反, 如果另一个投资者买完股票后 20 年
置之不理, 则他几乎不会感受到价格下跌 (投资损失) 的影响, 从而会觉得股票
投资的风险很低, 是一项很吸引人的投资. 由于投资者过分频繁地评估手中股票
的价值, 股票投资的心理风险大大增加, 从而不能正确认识股票投资的真正风险
的大小, 对股票投资要求了过高的投资回报或对企业债券投资要求了过低的投资
回报.

3) 对 "年末效应""周五现象" 的解释

行为金融学认为人们根据资金的来源、资金的所在和资金的用途等因素对资金进行归类, 这种现象被称为 "心理账户" (mental accounting). 如果人们把年末视为结算时间, 而把新年视为新的开始, 他们倾向于在年度之交改变他们的行为模式, 这就解释了年末效应. 行为金融学通过研究也发现人们通常在星期五以及假日之前情绪都比较高, 而在星期一的情绪却比较低落, 这在一定程度上也解释了周五现象.

4) 对 "红利之谜" 的解释

自我控制是指人们对自己情绪的控制, 当存在自我控制时, 人们无法依据理性来做出决策. 例如, 投资者认为股利是收入而不是资本, 他们就会把股利作为生活费花掉, 但他们不会花掉固定资产, 所以有很多投资者购买发放高股利的股票. 一般来说, 投资者的年纪越大越害怕失去控制而越倾向于购买发放高股利的股票, 这就在一定程度上解释了为什么在 1973 年纽约城市电力公司决定取消过去稳定的股利政策时会引起轩然大波.

5. 行为融资投资策略

1) 反向投资策略

行为金融理论发展至今, 较为成熟同时也是最受关注的论点之一是人们对信息的过度反应. 在此基础上, 产生了许多新的理论和投资策略, 反向投资策略就是其中之一. 反向投资策略就是买进过去表现差的股票而卖出过去表现好的股票来进行套利的投资方法. 这种策略的提出最初是基于 De Bondt 和 Thaler (1985, 1987) 对股市过度反应的实证研究. 其后, Poterba (1988) 与 Jegadeesh (1990) 提供了短期收益回归趋势的证据, Chopra 等 (1992) 和 Lakonishok 等 (1994) 也对美国股市的过度反应现象提供了研究支持. 对此, 行为金融理论认为, 这是由于投资者在实际投资决策中, 往往过分注重上市公司的近期表现, 通过一种质朴策略, 也就是简单外推的方法, 根据公司的近期表现对其未来进行预测, 从而导致对公司近期业绩情况做出持续过度反应, 形成对绩差公司股价的过分低估和对绩优公司股价的过分高估现象, 最终为反向投资策略提供了套利的机会.

2) 动量交易策略

动量交易策略, 即预先对股票收益和交易量设定过滤准则, 当股票收益或股票收益和交易量同时满足过滤准则就买入或卖出股票的投资策略. 行为金融意义上的动量交易策略的提出, 源于对股市中股票价格中间收益延续性的研究. 与 De Bondt 和 Thaler (1985, 1987) 的价格长期回归趋势、Jegadeesh (1990) 与 Lehmann (1990) 的以周为间隔的短期价格回归趋势的实证结果不同, Jegadeesh 与 Titman (1993) 在对资产股票组合的中间收益进行研究时发现, 以 3~12 个月为间隔所构造的股票组合的中间收益呈现出延续性, 即中间价格具有向某一方向连续变动的动量效应. Rouwenhorst (1998) 在对 12 个欧洲国家市场的研究中发现了类似的中间价格动量效应, 表明这种效应并非来自数据采样偏差. 事实上, 动量交易策略, 也称相对强度交易策略, 在实践中早在这些研究之前就已有了广泛的应用, 如美国的价值线排名 (value line rankings) 的利用等, 目前更是似乎找到了能够 "理直气壮" 的理论依据.

3) 成本平均策略和时间分散化策略

成本平均策略, 是指投资者在将现金投资为股票时, 通常总是按照预定的计划根据不同的价格分批地进行, 以备不测时摊低成本, 从而规避一次性投入可能带来的较大风险的策略. 时间分散化策略, 是指根据投资股票的风险将随着投资期限的延长而降低的信念, 建议投资者在年轻时将其资产组合中的较大比例投资于股票, 而随着年龄的增长将此比例逐步减少的投资策略.

成本平均策略和时间分散化策略有很多相似之处, 都是在个人投资者和机构投资者中普遍存在并广受欢迎的投资策略, 同时却又都被指责为收益较差的投资策略, 而与现代金融理论的预期效用最大化原则明显相悖. 行为金融理论的支持者们认为, 不能单纯地评价这两种策略的好与坏, 事实上, 二者体现了投资者的感受和偏好对投资决策的影响, 可以用行为金融理论来解释, 属于行为控制策略. Statman (1995, 1999) 利用行为金融理论中的期望理论、认知错误倾向、厌恶悔恨和不完善的自我控制等观点, 分别对成本平均策略和时间分散化策略进行了系统的解释, 指出了其合理性并给出了实施中加强自我控制的改进建议.

5.3.4　行为金融对有效市场理论的挑战

行为金融理论对传统有效性理论的挑战, 正是基于对有效市场假说理论基础的挑战, 主要表现在以下三个方面.

1. 投资者并非理性

布莱克 (Black, 1986) 指出, 市场大量的投资者凭借 "噪声" 而非信息进行交易. 人们往往不看重他们最初的财富水平, 而是更关注某一参照标准来衡量他们的得失与否. 投资者套牢时, 总是偏好 "捂牢不卖", 这恰是前景理论中投资者对损失风险偏好特征的典型例证. "羊群效应" 也是非理性的突出现象之一, 经济学中 "羊群效应" 是指市场上存在那些没有形成自己的预期或没有获得一手信息的投资者, 他们将根据其他投资者的行为来改变自己的行为. 股市的 "羊群效应" 是指投资者在交易过程中存在学习与模仿现象, 从而导致他们在某段时期内买卖相同的股票. 股市的 "羊群效应" 经常是以个体的理性开端的, 通过其放大效应和传染效应, 跟风者们渐渐表现出非理性的倾向, 进而达到整体的非理性. 当股市炒作过度时, 就出现了 "非理性繁荣".

2. 投资者的非理性行为并不一定相互抵消

卡纳曼和特维斯基的大量心理学的研究表明, 人们并不是偶尔偏离理性, 而是经常以同样的方式偏离. 由这种偏离造成的投资行为, 并不是表现为一种随机性, 而是在大致相同的时间, 大家都试图去买或卖同样的股票. 比如受到传言的影响, 或者大家都去模仿周围人的行为, 噪声交易者的行为就具有一定的社会性, 可能出现大量的投资者犯同样的错误, 且他们的错误又具有相关性. 凯恩斯的 "选美竞赛" 表述的是同一种思想.

3. 套利充满风险并作用有限

与有效市场理论相悖, 行为金融理论认为, 现实中的套利行为不仅充满风险, 而且作用有限. 因为套利机制是否有效, 关键是看能否找到受噪声交易者潜在影响证券的近似替代品. 为回避风险, 套利者在卖出或卖空证券价格被高估的证券的同时, 必须能买进同样或近似且价格没有被高估的替代证券. 但是, 在大多数情况下, 尽管套利理论可行, 却很难找到合适的替代品, 因而套利者不能从总体上对股票或债券设定一个价格水平. 由于大量的证券没有替代组合, 因此一旦由于某种原因它们出现 "定价偏差", 套利者也无法进行无风险的对冲交易. 即使某些投资者发现股价总体高估, 套利者也将无法卖空并买进替代的证券组合, 因而也很难将大量证券的价格维持在符合其基本价值的水平上.

研究发现, 在理性交易者和噪声交易者相互影响的经济体中, 消除错误定价是有成本的, 如发现套利机会的信息成本、套利操作的执行成本等, 套利者还要承担错误定价在一段时间内持续扩大的风险. 这些原因使很多错误定价不能变成套利机会, 因而定价偏差可能长期存在.

5.4 期 权 定 价

5.4.1 期权介绍

"期权" 是当今金融市场中最为常见的金融衍生品. 18 世纪末, 期权交易开始盛行于西方市场, 受管理办法不妥善、交易场所不固定等的影响, 其发展过程并不顺利, 遭到一定程度的阻碍. 直到 1973 年 4 月 26 日, 芝加哥期权交易所正式成立, 交易规范且有组织的期权时代才真正来临.

1. 期权的定义

期权, 又称选择权, 是指期权的买方向卖方支付一定数额的费用 (期权价格、期权费) 后, 在约定的时间以一定的价格购买或出售一定数量的标的资产的权利. 期权的购买者将一定数额的费用支付给卖方后, 只享受权利且可以自行选择是否执行该权利, 而无需承担义务; 期权的出售者在收取期权费后, 只有义务而没有权利. 若期权合约的购买者决定执行该权利, 则期权合约的出售者必须按照合约规定履行相应的买卖义务. 由此可以看出, 合约交易双方在各自的权利与义务方面实际上是不对等的.

2. 期权合约的要素

1) 到期日

期权合约赋予期权买方的权利是有时间限制的, 超过这一期限权利就会失效, 期权合约开始失效的那天称为到期日, 即到期日是期权买方可以行使权利的最后有效日, 代表期权合约的结束.

2) 执行价格

期权的**执行价格**, 又称协议价格, 是指期权合约中规定的购买或出售一定数量标的资产的价格. 这一价格是在签订期权合约时就确定下来的, 在期权有效期内, 无论标的资产的市场价格如何, 只要期权合约的购买者决定执行该买卖权利, 则期权合约的出售者必须按照合约规定以这一价格履行相应的买卖义务.

3) 期权费

期权费, 又称期权价格, 是指期权买方为获取期权合约所赋予的权利而支付给期权卖方的费用. 这个费用一旦支付, 不论期权购买者是否执行权利均不予退还. 其大小取决于期权合约的性质、到期月份及执行价格等因素.

3. 期权合约的种类

期权发展至今已十分成熟且种类众多, 按照不同的标准可以划分为以下几种.

1) 按期权购买者执行期权的时限划分

按期权购买者执行期权的时限划分, 期权可以分为欧式期权 (European option) 和美式期权 (American option).

欧式期权是指期权购买者只有在期权到期日才能行使买卖权利的期权. 该权利既不能提前行使, 也不能推迟行使, 但可以在市场上流通转让.

美式期权是指期权购买者可以在期权有效期内的任何时间行使买卖权利的期权.

可以看出, 美式期权的买方可以在期权有效期内根据标的资产的市场价格变化随时行使权利. 因此, 在其他条件都相同的情况下, 美式期权比欧式期权更具灵活性. 美式期权买方获利的可能性高于欧式期权买方, 而美式期权卖方相较于欧式期权卖方要承担更高的风险. 从而, 在其他情况一定时, 美式期权的卖方承担风险所要求的风险补偿或美式期权的买方愿意支付的期权费也相应地比欧式期权的期权费高.

通过上面的分析我们知道, 欧式期权和美式期权事实上不代表地理位置上的含义, 而是对期权购买者行使权利的时间有着不同的规定. 因此, 即使在欧洲国家的金融期权市场上也有美式期权的交易; 而在美国的金融期权市场上也有欧式期权的交易. 目前在世界范围内, 美式期权更为流行, 但欧式期权更容易分析, 一些美式期权的性质通常可以由欧式期权的性质推导出来, 因此我们主要以欧式期权为例进行分析.

2) 按期权购买者的权利划分

按期权购买者的权利划分, 期权可以分为看涨期权 (call option) 和看跌期权 (put option).

看涨期权, 又称为买入期权, 是指赋予期权的购买者在约定的时间以一定的价格购买一定数量的标的资产的权利的合约. 在期权交易中, 人们预期该标的资产的市场价格将上升, 则会支付给期权卖方一定的期权费, 买入看涨期权; 相反, 人们预期该标的资产的市场价格将下降, 则会卖出看涨期权, 获得期权费.

假设看涨期权的执行价格为 X, 标的资产到期日的市场价格为 S_T, 下面分析欧式看涨期权多头的价值.

由看涨期权的定义可以看出: 当 $S_T > X$ 时, 期权买方将行使权利, 以执行价格 X 购买标的资产, 此时期权价值为 $S_T - X$; 当 $S_T \leqslant X$ 时, 期权买方将放弃行使权利, 此时期权价值为 0. 因此, 欧式看涨期权买方 (多头) 的收益为

$$\max\{S_T - X, 0\}. \tag{5.65}$$

考虑期权费 c, 则欧式看涨期权多头的损益可表示为

$$L_T = \begin{cases} -c, & S_T \leqslant X, \\ S_T - X - c, & S_T > X. \end{cases} \tag{5.66}$$

欧式看涨期权卖方 (空头) 的损益与多头的损益恰好相反, 可表示为

$$L_T = \begin{cases} c, & S_T \leqslant X, \\ -S_T + X + c, & S_T > X. \end{cases} \tag{5.67}$$

欧式看涨期权的损益如图 5-10、图 5-11 所示.

从图中可以看出: 看涨期权多头的亏损是有限的, 最大亏损为期权费; 盈利是无限的; 相反地, 看涨期权空头的盈利是有限的, 最大盈利为期权费; 亏损是无限的. 当标的资产的市场价格等于期权的执行价格与期权费之和时达到盈亏平衡点, 也就是与横轴的交点, 此时看涨期权多头与空头的损益均为零.

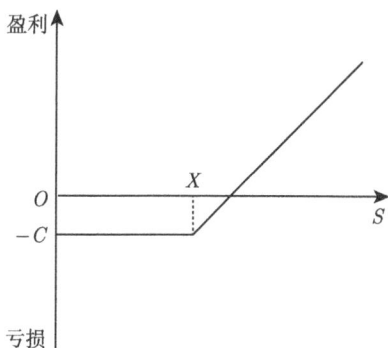

图 5-10 看涨期权多头的损益图

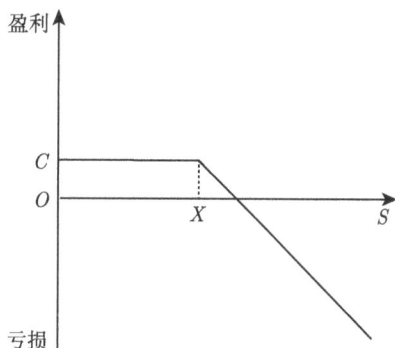

图 5-11 看涨期权空头的损益图

看跌期权, 又称为卖出期权, 是指赋予期权的购买者在约定的时间以一定的价格出售一定数量的标的资产的权利的合约. 在期权交易中, 人们预期该标的资产的市场价格将下降, 则会支付给期权卖方一定的期权费, 买入看跌期权; 相反, 人们预期该标的资产的市场价格将上升, 则会卖出看跌期权, 获得期权费.

假设看跌期权的执行价格为 X, 标的资产到期日的市场价格为 S_T, 下面分析欧式看跌期权多头的价值.

由看跌期权的定义可以看出: 当 $S_T \leqslant X$ 时, 期权买方将行使权利, 以执行价格 X 出售标的资产, 此时期权价值为 $X - S_T$; 当 $S_T > X$ 时, 期权买方将放弃行使权利, 此时期权价值为 0. 因此, 欧式看跌期权多头的收益为

$$\max\{X - S_T, 0\}. \tag{5.68}$$

考虑期权费 p, 则欧式看跌期权多头的损益可表示为

$$L_T = \begin{cases} -p, & S_T > X, \\ X - S_T - p, & S_T \leqslant X. \end{cases} \tag{5.69}$$

欧式看跌期权空头的损益与多头的损益恰好相反, 可表示为

$$L_T = \begin{cases} p, & S_T > X, \\ -X + S_T + p, & S_T \leqslant X. \end{cases} \tag{5.70}$$

欧式看跌期权的盈亏如图 5-12、图 5-13 所示.

从图中可以看出: 看跌期权多头的亏损是有限的, 最大亏损为期权费; 盈利也是有限的, 最大盈利为期权的执行价格与期权费之差. 相反地, 看跌期权空头的盈利是有限的, 最大盈利为期权费; 亏损也是有限的, 最大亏损为期权的执行价格与

期权费之差. 当标的资产的市场价格等于期权的执行价格与期权费之差时达到盈亏平衡点, 也就是与横轴的交点, 此时看跌期权多头与空头的损益均为零.

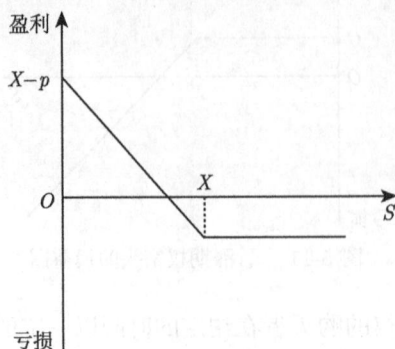

图 5-12　看跌期权多头的损益图　　　　　　图 5-13　看跌期权空头的损益图

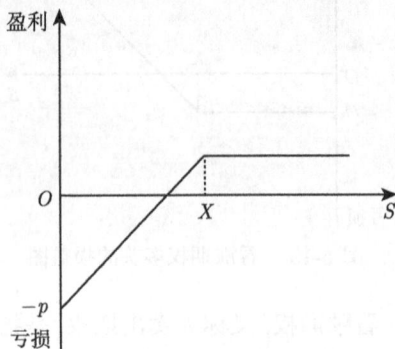

3) 按期权交易场所划分

按期权交易场所划分, 期权可以分为场内期权和场外期权.

场内期权, 又称交易所交易期权, 是指在期权交易所内进行交易的期权, 是标准化期权.

场外期权, 又称柜台期权, 是指在期权交易所之外的场所进行交易的期权, 与场内期权相比具有更强的灵活性, 交易更广泛.

4) 按标的资产的性质划分

按标的资产的性质划分, 期权可以分为现货期权 (spots option) 和期货期权 (futures option).

现货期权是指以各种金融工具本身作为期权合约标的资产的期权, 如各种股票期权、股票指数期权、外汇期权和债券期权等.

期货期权是指以各种金融期货合约作为期权合约标的资产的期权, 如各种外汇期货期权、利率期货期权以及股票指数期货期权等.

5) 按标的资产的市场价格与执行价格的关系划分

按标的资产的市场价格与执行价格的关系划分, 期权可以分为实值期权、平价期权和虚值期权.

实值期权指的是可以使期权买方获得盈利的期权. 对于看涨期权来说, 当标的资产的市场价格高于期权的执行价格时, 此时对买方来说期权是获益的, 期权购买者持有的期权是实值期权; 对于看跌期权来说, 当标的资产的市场价格低于期权的执行价格时, 此时期权买方行使卖权是有利可图的, 期权购买者持有的期权是实值期权.

平价期权指的是标的资产的市场价格等于期权的执行价格的期权, 此时买卖双方的盈亏均为零.

虚值期权指的是给期权买方带来亏损的期权. 对于看涨期权来说, 当标的资产的市场价格低于期权的执行价格时, 此时行使买权是无利可图的, 期权购买者持有的期权是虚值期权; 对于看跌期权来说, 当标的资产的市场价格高于期权的执行价格时, 此时期权买方行使卖权是无利可图的, 期权购买者持有的期权是虚值期权.

实值期权、平价期权和虚值期权都是期权有效期内某一时间点的期权状态, 随着时间的变化, 期权的状态也会发生改变. 一般来说, 在期权有效期的初期, 大多数期权都是虚值期权, 而实值期权往往在期权有效期的中后期出现.

4. 期权价值

一般来说, 期权价值由期权的内在价值和时间价值两部分构成.

1) 内在价值

实值期权的**内在价值**就是买方执行期权时所获收益的现值, 平价期权或虚值期权的内在价值为零, 反映了期权合约标的资产的市场价格与执行价格之间的关系.

下面我们以欧式看涨期权为例, 分析其内在价值. 假设欧式看涨期权的执行价格为 X; 标的资产到期日的市场价格为 S_T; S 为标的资产的当前市场价格; t 为当前时刻, 是期权到期前的任一时刻; T 为期权到期日; r 为无风险利率.

多方在期权到期日行使期权可以获得的收益为 $S_T - X$. 如果标的资产在期权有效期内无红利, 则多方行使期权时可以获得的收益的现值为 $(S_T - X)\mathrm{e}^{-r(T-t)} = S - X\mathrm{e}^{-r(T-t)}$; 如果标的资产在期权有效期内支付已知的现金红利, 其贴现值用 I 表示, 则多方行使期权时可以获得的收益的现值为 $(S_T - X)\mathrm{e}^{-r(T-t)} - I = S - I - X\mathrm{e}^{-r(T-t)}$.

所以, 无红利资产的欧式看涨期权的内在价值为 $\max\{S - X\mathrm{e}^{-r(T-t)}, 0\}$; 有红利资产的欧式看涨期权的内在价值为 $\max\{S - I - X\mathrm{e}^{-r(T-t)}, 0\}$.

类似可得无红利资产的欧式看跌期权的内在价值为 $\max\{X\mathrm{e}^{-r(T-t)} - S, 0\}$; 有红利资产的欧式看跌期权的内在价值为 $\max\{X\mathrm{e}^{-r(T-t)} - (S - I), 0\}$.

对于美式期权同样可以分析其内在价值, 下面我们不加证明地给出结论:

无红利资产的美式看涨期权的内在价值为 $\max\{S - X\mathrm{e}^{-r(T-t)}, 0\}$; 有红利资产的美式看涨期权的内在价值为 $\max\{S - I - X\mathrm{e}^{-r(T-t)}, 0\}$.

无红利资产的美式看跌期权的内在价值为 $\max\{X - S, 0\}$; 有红利资产的美式看跌期权的内在价值为 $\max\{X - (S - I), 0\}$.

2) 时间价值

期权的**时间价值**是指在期权有效期内标的资产价格波动为期权持有者带来收益的可能性所隐含的价值. 对于看涨期权来说, 期权有效期内标的资产价格上升为期权买方带来的收益就是时间价值; 对于看跌期权来说, 期权有效期内标的资产价格下降为期权买方带来的收益就是时间价值.

显然, 标的资产价格的波动率越高, 期权的时间价值越大. 同时, 期权的有效期也是影响期权时间价值的重要因素, 期权有效期越长, 其时间价值越大, 期权到期时的时间价值为 0. 此外, 期权的时间价值还受期权的内在价值的影响, 如图 5-14 所示, 可以看出, 期权为平价期权时其时间价值达到最大, 随着期权的实值状态和虚值状态不断加深, 期权的时间价值不断减小.

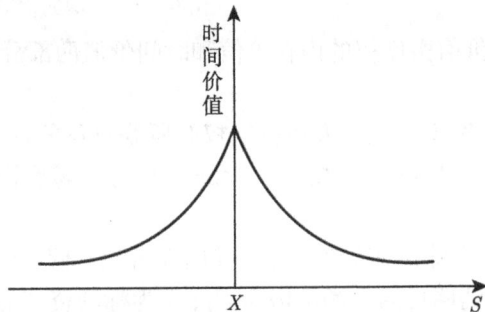

图 5-14　期权的时间价值与内在价值的关系

5. 期权价值的影响因素

我们已经知道期权费是由期权的内在价值和时间价值共同决定的, 因此引起期权内在价值和时间价值变动的因素就是影响期权价值的因素, 主要有标的资产的市场价格、期权的执行价格、期权的有效期、标的资产价格的波动率、无风险利率、标的资产的收益等.

1) 标的资产的市场价格与期权的执行价格

看涨期权行权时, 其收益等于标的资产的市场价格与执行价格之差, 因此, 标的资产的市场价格越高, 期权价格越高; 执行价格越低, 期权价格越高. 看跌期权行权时, 其收益等于执行价格与标的资产的市场价格之差, 因此, 标的资产的市场价格越低, 期权价格越高; 执行价格越高, 期权价格越高.

2) 期权的有效期

对于美式期权而言, 由于它可以在期权有效期内的任何时间执行, 所以有效期越长, 期权买方获利的可能性越大, 而且有效期长的美式期权包含了有效期短的美式期权的所有行权机会, 因此, 期权价格随着有效期的增加而升高. 对于欧式期权而言, 由于它只能在期权到期日执行, 有效期长的欧式期权不一定包含有效期短的欧式期权的所有行权机会, 我们无法简单判断欧式期权的有效期与其价格之间的关系.

3) 标的资产价格的波动率

标的资产价格的波动率是用来衡量标的资产价格变动不确定性的指标, 波动率的增加意味着标的资产价格发生大幅变动的可能性增加.

对于看涨期权来说, 多头的亏损是有限的, 最大亏损为期权费, 而盈利是无限的. 即标的资产价格的大幅上升可以使多方获利, 而标的资产价格的大幅下降不会使多方遭受过多损失, 因此, 期权价格随着标的资产波动率的增加而升高. 对于看跌期权来说, 多头的亏损是有限的, 最大亏损为期权费, 盈利也是有限的, 最大盈利为期权的执行价格与期权费之差. 即标的资产价格的大幅下降可以使多方获利, 而标的资产价格的大幅上升不会使多方遭受过多损失, 因此, 期权价格随着标的资产波动率的增加而升高.

4) 无风险利率

利率将影响标的资产的期望收益率和投资者未来收入的现值. 无风险利率上升时, 标的资产价格的预期增长率上升、投资者未来收入的现值减少. 因此, 对于看跌期权来说, 无风险利率上升时期权价格将降低. 对于看涨期权来说, 标的资产价格的预期增长率上升对期权价格的影响要大于未来收入的现值减少对期权价格的影响, 因此, 无风险利率上升时期权价格往往将上升.

5) 标的资产的收益

支付红利将使标的资产的价格降低, 而执行价格不发生变化. 看涨期权行权时, 其收益等于标的资产的市场价格与执行价格之差, 因此, 期权价格将下降. 看跌期权行权时, 其收益等于执行价格与标的资产的市场价格之差, 因此, 期权价格将上升.

通过上边的分析可知, 影响期权价格的因素有很多, 影响方向和影响程度有所不同, 我们将各种因素对期权价格的影响进行汇总, 如表 5-1 所示.

表 5-1 期权价格的影响因素及影响方向

影响因素	欧式看涨期权价格	欧式看跌期权价格	美式看涨期权价格	美式看跌期权价格
标的资产的市场价格	+	−	+	−
期权的执行价格	−	+	−	+
期权的有效期	不确定	不确定	+	+
标的资产价格的波动率	+	+	+	+
无风险利率	+	−	+	−
标的资产的收益	−	+	−	+

6. 看涨–看跌期权平价关系

看涨–看跌期权平价关系 (call-put parity) 指的是看涨期权的价格、看跌期权的价格和标的资产的价格之间的一种均衡关系. 下面我们以欧式期权为例推导这一关系, 思想是: 运用无套利原则, 构造两个分别包含看涨期权和看跌期权的投资组合, 如果这两个组合的期末价值相同, 那么这两个组合的初始价值必然相同.

假设期权执行价格为 X, 标的资产到期日的市场价格为 S_T, S 为标的资产的当前市场价格, r 为无风险利率, $T - t$ 为期权剩余有效期限, c 为看涨期权价格, p 为看跌期权价格.

1) 无收益资产

构造如下两个投资组合: ① 一份欧式看涨期权和数量为 $Xe^{-r(T-t)}$ 的现金; ② 一份欧式看跌期权和一单位标的资产, 其中看跌期权的有效期和执行价格与看涨期权的相同.

在期权到期日 T, ① 的价值为

$$\max\{S_T - X, 0\} + Xe^{-r(T-t)} \cdot e^{r(T-t)} = \max\{S_T, X\}.$$

② 的价值为

$$\max\{X - S_T, 0\} + S_T = \max\{X, S_T\}. \tag{5.71}$$

由此可见, ①和 ②在期权到期时具有相同的价值, 因此, 根据无套利原理, ① 和②在当前 t 时刻的价值必然相等, 所以有

$$c + Xe^{-r(T-t)} = p + S. \tag{5.72}$$

这就是无收益资产的欧式看涨–看跌期权平价关系. 看涨期权的价格、看跌期权的价格和标的资产的价格之间必须满足上述关系, 否则将存在套利机会.

2) 有收益资产

构造如下两个投资组合: ① 一份欧式看涨期权和数量为 $I + Xe^{-r(T-t)}$ 的现金, 其中 I 为标的资产在期权有效期内收益的贴现值; ② 一份欧式看跌期权和一单位标的资产, 其中看跌期权的有效期和执行价格与看涨期权的相同.

同理, 由无套利均衡分析可得有收益资产的欧式看涨–看跌期权平价关系:

$$c + I + Xe^{-r(T-t)} = p + S. \tag{5.73}$$

例 5.1　假设当前股票市场价格为 40 元, 有效期为 3 个月、执行价格为 40 元的欧式看涨期权和欧式看跌期权的价格分别为 3 元和 2 元, 3 个月期无风险利率为 5%.

由看涨–看跌期权平价关系 $p = c - S + Xe^{-r(T-t)} = 2.5 > 2$, 因此存在套利机会, 投资者可构造如下投资组合进行套利, 现金流情况如表 5-2 所示.

表 5-2 套利投资组合的现金流 (单位: 元)

投资者行为	当前价值 (t 时刻)	期权到期日价值 (T 时刻)	
		$S_T \leqslant 40$	$S_T > 40$
看涨期权空头	3	0	$40 - S_T$
看跌期权多头	-2	$40 - S_T$	0
买入一单位股票	-40	S_T	
按 5%利率借入资金	39.5	-40	
合计	0.5	0	

通过构造上述组合, 投资者当前可获利 0.5 元.

5.4.2 二叉树模型

期权是投资者规避金融风险的重要工具, 合理的期权定价在维护金融市场的稳定、促进金融市场的健康发展中具有重大意义. 我们首先介绍期权定价的二叉树模型. 二叉树模型又称二项式期权定价模型, 是对期权进行定价的基本方法之一, 相较于其他方法而言更简单有效, 便于理解.

1. 单期二叉树模型

二叉树模型是建立在以下假设之上的:

(1) 市场投资没有交易成本;

(2) 投资者都是价格的接受者;

(3) 投资者可以按照无风险利率自由借入或贷出资金;

(4) 存在卖空机制, 投资者可以卖空资产获得资金;

(5) 标的资产的未来价格只有两种可能.

下面我们就来推导欧式看涨期权定价的单期二叉树模型.

假设某无收益标的资产的当前价格为 S, 在期权到期日, 标的资产的价格要么上涨至当前价格的 u 倍, 要么下跌至当前价格的 d 倍, 其中 u 和 d 固定. 则标的资产价格的变化可表示为

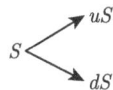

$$S \overset{uS}{\underset{dS}{\diagdown}}$$

由前面的分析可知, 看涨期权在到期日的价值为

$$C_u = \max\{uS - X, 0\},$$

$$C_d = \max\{dS - X, 0\}.$$

在标的资产两种可能的价格下, 看涨期权价格的变化可表示为

$$c \diagdown \begin{array}{l} C_u \\ C_d \end{array}$$

构造对冲投资组合: ① 卖出一单位欧式看涨期权; ② 买入 H 单位标的资产, 其中 H 称为套期保值比率, 保证该组合是无风险资产组合, 即不管标的资产的市场价格未来上升或下降, 该组合在期权到期时的价值是确定的.

该组合的现金流如表 5-3 所示.

表 5-3 对冲组合的现金流   (单位: 元)

投资者行为	当前价值 (t 时刻)	期权到期日价值 (T 时刻)	
		$S_T = uS$	$S_T = dS$
看涨期权空头	$-c$	$-C_u$	$-C_d$
买入 H 单位标的资产	HS	HuS	HdS
持有资产价值	$HS - c$	$HuS - C_u$	$HdS - C_d$

由于该组合为无风险资产组合, 因此, 在期权到期日 T 时刻有

$$HuS - C_u = HdS - C_d, \tag{5.74}$$

从而解得

$$H = \frac{C_u - C_d}{uS - dS}. \tag{5.75}$$

根据无套利原则, 无风险资产组合只能获得无风险收益, 即无风险资产组合的初始成本为其期末价值按照无风险利率 r 进行贴现的贴现值, 所以有

$$(HS - c)\,\mathrm{e}^{r(T-t)} = HuS - C_u. \tag{5.76}$$

将 H 代入并化简可得欧式看涨期权价格:

$$c = [pC_u + (1-p)\,C_d]\mathrm{e}^{-r(T-t)}, \tag{5.77}$$

其中

$$p = \frac{\mathrm{e}^{r(T-t)} - d}{u - d}. \tag{5.78}$$

例 5.2 假设某公司的股票当前价格为 20 元, 无风险利率为 4%. 一份以该股票为标的资产的看涨期权的执行价格为 21 元, 有效期为 1 年. 1 年后公司股票价格有两种可能: 上升 40%, 下降 30%.

标的资产价格的变化可表示为

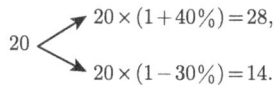

$$
20 \left\langle \begin{array}{l} 20 \times (1+40\%) = 28, \\ 20 \times (1-30\%) = 14. \end{array} \right.
$$

看涨期权在到期日的价值为

$$C_u = \max\{28 - 21, 0\} = 7,$$

$$C_d = \max\{14 - 21, 0\} = 0.$$

看涨期权价格的变化可表示为

$$
c \left\langle \begin{array}{l} 7 \\ 0 \end{array} \right.
$$

可以计算出 $p = \dfrac{\mathrm{e}^{0.04} - 0.7}{1.4 - 0.7} = 0.487$, 由单期二叉树定价模型可知, 该看涨期权价格为

$$c = 0.487 \times 7 \times \mathrm{e}^{-0.04} \approx 3.275 \,(\text{元}).$$

2. 两期二叉树模型

两期二叉树模型是单期模型的扩展, 只需将期权有效期分为两个时间间隔, 并假设标的资产价格在每个时间间隔内都只能以一定幅度上升或下降, 这样每一步都对应一个单期二叉树, 重复应用单期二叉树模型进行逆推即可确定期权价格.

两期二叉树模型中标的资产价格的变化及欧式看涨期权价格的变化可以表示为

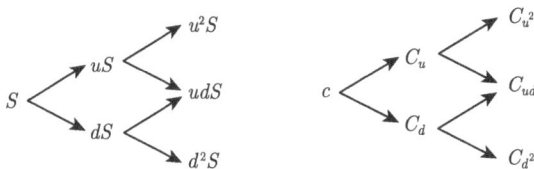

其中 $C_{u^2} = \max\{u^2 S - X, 0\}, C_{ud} = \max\{udS - X, 0\}, C_{d^2} = \max\{d^2 S - X, 0\}.$

假设一个时间间隔为 Δt, 根据单期二叉树模型可知

$$C_u = [pC_{u^2} + (1-p)\,C_{ud}]\mathrm{e}^{-r\Delta t}, \tag{5.79}$$

$$C_d = [pC_{ud} + (1-p)\,C_{d^2}]\mathrm{e}^{-r\Delta t}, \tag{5.80}$$

$$c = [pC_u + (1-p)\,C_d]\mathrm{e}^{-r\Delta t}, \tag{5.81}$$

其中

$$p = \frac{\mathrm{e}^{r\Delta t} - d}{u - d}. \tag{5.82}$$

将 C_u 和 C_d 代入并化简可得两期二叉树定价公式:

$$c = [p^2 C_{u^2} + 2p\,(1-p)\,C_{ud} + (1-p)^2\,C_{d^2}]\mathrm{e}^{-2r\Delta t}. \tag{5.83}$$

例 5.3　假设某公司的股票当前价格为 100 元, 无风险利率为 8%. 一份以该股票为标的资产的看涨期权的执行价格为 100 元, 有效期为 1 年. 在今后每 6 个月, 股票价格要么上涨 10%, 要么下跌 10%.

标的资产价格的变化可表示为

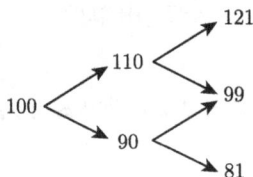

看涨期权在到期日的价值为

$$C_{u^2} = \max\{121 - 100, 0\} = 21,$$

$$C_{ud} = \max\{99 - 100, 0\} = 0,$$

$$C_{d^2} = \max\{81 - 100, 0\} = 0.$$

可以计算出 $p = \dfrac{\mathrm{e}^{0.08\times0.5} - 0.9}{1.1 - 0.9} = 0.704$, 由单期二叉树公式可得

$$C_u = 0.704 \times 21 \times \mathrm{e}^{-0.08\times0.5} \approx 14.204,$$

$$C_d = 0.$$

看涨期权价格的变化可表示为

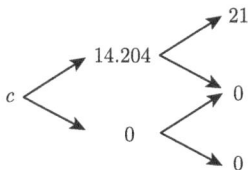

再次利用单期二叉树公式, 可得该看涨期权价格为

$$c = 0.704 \times 14.204 \times e^{-0.08 \times 0.5} \approx 9.608(元).$$

我们已经介绍了单期二叉树模型和两期二叉树模型. 类似地, 通过将期权有效期分割成多个时间间隔, 可以将单期二叉树模型推广至多期二叉树模型, 这里我们不再赘述. 在此过程中, 随着步数的增加, 标的资产价格变化的可能范围越来越广, 更接近实际情况, 二叉树定价模型的准确性也越来越高.

5.4.3 Black-Scholes 期权定价模型

1973 年, 由布莱克和斯科尔斯开发的 Black-Scholes (B-S) 期权定价模型步入公众视野. Black-Scholes 期权定价模型在期权价格的确定范畴具有启发性意义, 拉开了衍生品定价的帷幕. 同时, 默顿提出了与 Black-Scholes 期权定价模型几乎相同的期权定价理论, 并削弱了 Black-Scholes 期权定价模型的假设条件, 对模型的适用范围进行了推广. 因此, Black-Scholes 期权定价模型又称为 Black-Scholes-Merton 期权定价模型. 下面我们主要介绍 Black-Scholes 期权定价模型.

Black-Scholes 期权定价模型是以下几个假设条件为前提的:

(1) 市场有效, 投资者没有无风险套利的机会;

(2) 股票或期权合约的买卖不涉及交易成本;

(3) 投资者可以卖空股票, 并以当日所售股票的价格获得资金;

(4) 证券交易是连续的, 标的资产价格随机游走, 其变动遵循几何布朗运动;

(5) 期权为欧式期权, 买方只能选择在到期日当天行权;

(6) 在期权有效期内, 标的股票不发放现金股息和红利;

(7) 无风险利率为常数.

在上述假设下, 布莱克和斯科尔斯构造了如下对冲投资组合: ① 卖出一单位欧式看涨期权; ② 买入数量为 H 单位的标的资产. 通过调整多头头寸可以保证该组合是无风险资产组合, 即该投资组合的收益率为确定的, 此时投资者的风险得到完全对冲, 实现零风险投资.

根据无套利定价原则, 该无风险资产组合的收益率一定与无风险利率相等, 否则将存在套利机会, 具体表现为: 投资组合的收益率 $> r$ 时, 以无风险利率 r 借入资金、买进投资组合; 投资组合的收益率 $< r$ 时, 卖空投资组合、买入无风险证券.

　　基于上述投资组合, 布莱克和斯科尔斯利用随机微分、偏微分方程等推导出著名的 Black-Scholes 期权定价公式:

$$c = SN(d_1) - Xe^{-r(T-t)}N(d_2), \tag{5.84}$$

其中

$$d_1 = \frac{\ln\dfrac{S}{X} + \left(r + \dfrac{\sigma^2}{2}\right)(T-t)}{\sigma\sqrt{T-t}}, \tag{5.85}$$

$$d_2 = \frac{\ln\dfrac{S}{X} + \left(r - \dfrac{\sigma^2}{2}\right)(T-t)}{\sigma\sqrt{T-t}} = d_1 - \sigma\sqrt{T-t}, \tag{5.86}$$

c 为欧式看涨期权价格; X 为期权的执行价格; t 为期权到期日前的某时刻; T 为期权到期日; S 为标的股票在 t 时刻的价格; r 为市场的无风险利率; σ 为标的股票价格的波动率; $N(\cdot)$ 为标准正态分布的分布函数.

　　类似的分析可得欧式看跌期权定价公式:

$$p = Xe^{-r(T-t)}N(-d_2) - SN(-d_1), \tag{5.87}$$

或者根据欧式看涨–看跌期权平价关系, 也可以推导出与看涨期权具有相同期限和执行价格的看跌期权的价格.

　　例 5.4　假设某不支付红利的股票当前价格为 50 元, 无风险利率为 12%, 股票价格的年波动率为 10%, 以该股票为标的资产的欧式看涨期权、看跌期权的执行价格为 50 元, 有效期为 1 年.

　　计算可得

$$d_1 = \frac{\ln\dfrac{50}{50} + \left(0.12 + \dfrac{0.1^2}{2}\right) \times 1}{0.1\sqrt{1}} = 1.25,$$

$$d_2 = 1.25 - 0.1\sqrt{1} = 1.15.$$

查标准正态分布表可知

$$N(1.25) = 0.8944,$$

$$N(1.15) = 0.8749.$$

由 Black-Scholes 期权定价公式可得该看涨期权的价格为

$$c = 50 \times 0.8944 - 50e^{-0.12} \times 0.8749 \approx 5.92(\text{元}).$$

根据欧式看涨–看跌期权平价关系, 该看跌期权的价格为

$$p = 5.92 + 50\mathrm{e}^{-0.12} - 50 \approx 0.27(\text{元}).$$

通过 Black-Scholes 期权定价公式, 可以直观地看到欧式看涨期权价格的影响因素有 S, X, T, σ, r. 具体地, 当前股价 S 越高, 期权价格越高; 执行价格 X 越高, 期权价格越低; 距离到期日时间 $T - t$ 越长, 期权价格越高; 股价波动率 σ 越大, 期权价格越高; 无风险利率 r 越高, 期权价格越高.

在实际应用中, 除波动率以外的期权价格的若干影响因素都可从交易市场中直接获得. 所以, 在确定期权的波动率后, 可以顺利地确定某一期权的价格.

期权的波动率通常由标的资产收益率的年化标准差来刻画, 可以用来衡量以连续复利计算的标的资产收益率的变动程度. 由于波动率受标的资产价格的影响, 而标的资产价格变化是一个随机过程, 所以, 期权定价公式中的真实波动率难以直接计算, 通常需要估计, 常用的估计有历史波动率 (historical volatility) 和隐含波动率 (implied volatility).

在所想要计算波动率的时点之前的某时间段内标的资产的波动率, 被称为历史波动率. 它可通过对资产的历史交易数据进行一系列计算求得, 是往昔一个时期内标的资产收益率变动程度的反映. 由于 Black-Scholes 期权定价模型中假设波动率为常数, 所以历史波动率可以作为期权有效期内真实波动率的估计. 日波动率可根据在这之前的 n 天的历史交易数据来计算:

$$\sigma = \sqrt{\frac{1}{n-1}\sum_{t=1}^{n}(\mu_t - \overline{\mu})^2}, \tag{5.88}$$

其中, σ 为标的资产价格的日历史波动率; μ_t 为以连续复利计算的标的资产在第 t 天内的收益率, $\mu_t = \ln\dfrac{S_t}{S_{t-1}}$; 均值 $\overline{\mu} = \dfrac{1}{n}\sum_{t=1}^{n}\mu_t$ 为标的资产的期望收益率.

假设一年有 246 个交易日, 则标的资产收益率的年化标准差为

$$\sigma = \sqrt{\frac{246}{n-1}\sum_{t=1}^{n}(\mu_t - \overline{\mu})^2}.$$

隐含波动率是指将市场上的期权交易价格及除波动率以外的几个参数代入 Black-Scholes 期权定价模型反推出来的波动率数值, 是在 Black-Scholes 期权定价模型足够准确的前提下波动率的市场预期值. 由于隐含波动率与期权的市场价格相联系, 一般认为与历史波动率相比, 隐含波动率对期权有效期内真实波动率的估计效果更好.

走近数学家 (八)

　　布莱克 1938 年生于美国, 1995 年去世. 布莱克于 1964 年获哈佛大学应用数学博士学位, 1971 年在芝加哥大学获得第一份研究工作, 两年后回到波士顿就职于麻省理工学院管理学院.

　　斯科尔斯 1941 年出生于加拿大安大略省, 1968 年在麻省理工学院管理学院任职, 在此期间和布莱克相识. 1969 年在法玛和米勒 (Miller) 的指导下获芝加哥大学经济学博士学位.

　　布莱克与斯科尔斯于 1973 年发表《期权定价和公司债务》一文, 在这篇文章中, 他们给出了期权定价公式, 即著名的 Black-Scholes 公式. 它与以往期权定价公式的重要差别在于只依赖于可观察到的或可估计出的变量, 这使得 Black-Scholes 公式避免了对未来股票价格概率分布和投资者风险偏好的依赖, 正是这篇文章的开创性研究为他们带来了极大的荣誉, 这篇文章所提出的 Black-Scholes 期权定价模型对这一领域具有革命性的意义, 也对后续的金融领域的研究产生了广泛而深刻的影响.

　　在此之后, 默顿对 Black-Scholes 期权定价公式所依赖的假设条件做了进一步减弱, 并在许多方面对其做了推广. 斯科尔斯和默顿获 1997 年度的诺贝尔经济学奖. 为了表彰布莱克所做的贡献, 美国金融协会设立费希尔·布莱克奖, 每两年颁发一次, 以表彰年轻人在金融领域的原创性工作.

5.4.4　倒向随机微分方程在金融中的应用

　　随机微分方程 (SDE) 的研究已经有几十年的历史, 并取得了辉煌的成果. 其结果与其他领域相结合, 如我们所熟知的测度论、偏微分方程及算子半群理论等, 也取得了许多优秀的结果. 而倒向随机微分方程 (BSDE) 的产生却比较晚: 线性情况是 1978 年由比斯姆 (Bismut) 在研究随机最优控制问题中提出的, 一般的非线性情况的基本框架是巴赫杜 (Pardoux) 教授和彭实戈教授在 1990 年给出的. 倒向随机微分方程与正向随机微分方程在结构上有着本质的区别, 此外, 从应用的角度讲, 正向随机微分方程考虑的是如何认识一个客观存在的随机过程, 而倒向随机微分方程关心的是在有随机干扰的环境中如何使一个系统达到预期的目标.

倒向随机微分方程的经典结构为

$$\begin{cases} -\mathrm{d}Y_t = g\left(t, Y_t, Z_t\right)\mathrm{d}t - Z_t\mathrm{d}B_t, \\ Y_T = \xi, \end{cases} \quad 0 \leqslant t \leqslant T, \tag{5.89}$$

其中 $g: \Omega \times [0, T] \times \mathbb{R}^n \times \mathbb{R}^{n \times d} \to \mathbb{R}^n$, 称为生成元; ξ 是一个给定的 $\mathcal{F}_T$-可测的随机变量, 称为终端条件.

如果一对适应随机过程 $(Y_t, Z_t)_{t \in [0,T]}$ 满足 (5.89), 则称 $(Y_t, Z_t)_{t \in [0,T]}$ 为倒向随机微分方程 (5.89) 的解.

下面我们介绍一些关于倒向随机微分方程的结论.

定理 5.1 (倒向随机微分方程解的存在唯一性) 若 g 满足

(H_1) $\forall (y, z) \in \mathbb{R}^n \times \mathbb{R}^{n \times d}, g(\cdot, y, z)$ 是 $\mathbb{R}^n$ 值的 $\mathcal{F}_T$-适应的过程, 且

$$\int_0^T |g(\cdot, 0, 0)|\,\mathrm{d}s \in L^2(\Omega, \mathcal{F}_T, P; \mathbb{R}^n);$$

(H_2) g 关于 (y, z) 满足利普希茨条件, 即存在一个常数 $C > 0$, 使得对 $\forall y, y' \in \mathbb{R}^n, z, z' \in \mathbb{R}^{n \times d}$, 有

$$|g(t, y, z) - g(t, y', z')| \leqslant C(|y - y'| + |z - z'|), \tag{5.90}$$

则对于任意给定的终端条件 $\xi \in L^2(\Omega, \mathcal{F}_T, P; \mathbb{R}^n)$, BSDE (5.89) 存在唯一解, 即存在满足 (5.89) 的唯一的过程 $(Y_t, Z_t)_{t \in [0,T]} \in \mathcal{M}(0, T; \mathbb{R}^n \times \mathbb{R}^{n \times d})$.

对于线性一维 BSDE, 我们可以很容易地进行求解.

考虑如下线性一维 BSDE:

$$\begin{cases} -\mathrm{d}Y_t = [a_t Y_t + b_t Z_t + f_t]\mathrm{d}t - Z_t\mathrm{d}B_t, \\ Y_T = \xi, \end{cases} \quad 0 \leqslant t \leqslant T, \tag{5.91}$$

其中 a_t, b_t 是取值于 $\mathbb{R}$ 的有界函数; $f_t \in \mathcal{M}(0, T; \mathbb{R})$ 且 $E\left[\sup\limits_{t \leqslant T} |f_t|^2\right] < +\infty$.

由定理 5.1 知该 BSDE 存在唯一解, 此时我们可以显式地将其解出. 为此我们引入 Y_s 的对偶过程 $(X_s)_{s \geqslant t}$, 它满足 SDE:

$$\begin{cases} \mathrm{d}X_s = a_s X_s \mathrm{d}s + b_s X_s \mathrm{d}B_s, \\ X_t = 1, \end{cases} \tag{5.92}$$

可以解出: $X_s = \exp\left\{\int_t^s \left(a_r - \frac{1}{2}b_r^2\right)\mathrm{d}r + \int_t^s b_r\mathrm{d}B_r\right\}$. 对 X_sY_s 在 $[t,T]$ 上用伊藤公式, 解得

$$Y_t = E\left[\xi X_T + \int_t^T f_s X_s\mathrm{d}s\Big|\mathcal{F}_t\right]. \tag{5.93}$$

进一步, 我们考虑以下两种特殊情况.

(1) 若 $a_t \equiv b_t \equiv f_t \equiv 0, X_T = 1$, 则 $Y_t = E[\xi|\mathcal{F}_t]$, ξ 的条件数学期望即为 BSDE 的解. 同时, $Y_t = E[\xi|\mathcal{F}_t]$ 为鞅, 有

$$Y_0 = \xi - \int_0^T Z_s\mathrm{d}B_s = E\xi, \tag{5.94}$$

从而

$$Y_t = \xi - \int_t^T Z_s\mathrm{d}B_s = E\xi + \int_0^T Z_s\mathrm{d}B_s - \int_t^T Z_s\mathrm{d}B_s = E\xi + \int_0^t Z_s\mathrm{d}B_s, \tag{5.95}$$

即 $Y_t = Y_0 + \int_0^t Z_s\mathrm{d}B_s$, 满足鞅表示定理.

(2) 若 $f_t \equiv a_t \equiv 0$, 此时

$$\begin{cases} -\mathrm{d}Y_t = b_t Z_t\mathrm{d}t - Z_t\mathrm{d}B_t, \\ Y_T = \xi, \end{cases} \quad \begin{cases} \mathrm{d}X_s = b_s X_s\mathrm{d}B_s, \\ X_t = 1. \end{cases} \tag{5.96}$$

此时 $Y_t = E[\xi X_T|F_t]$, 若 $\xi = I_A, A \in \mathcal{F}_T$, 则 $Y_0 = EI_A X_T = \int_A X_T\mathrm{d}P$. 令 $Q(A) = \int_A X_T\mathrm{d}P$, 则 $Q(\Omega) = 1$, $Q(\cdot)$ 为概率测度, 且由 $P(A) = 0 \Rightarrow Q(A) = 0$ (即 Q 关于 P 绝对连续), 于是 $X_T = \dfrac{\mathrm{d}Q}{\mathrm{d}P} = \exp\left\{\int_0^T b_r\mathrm{d}B_r - \frac{1}{2}\int_0^T b_r^2\mathrm{d}r\right\}$, $X_0 = 1$. 则 $Y_0 = Q(A) = E_Q I_A = EX_T I_A$, 即为 Girsanov 变换 (倒向方程的解联系 Girsanov 变换).

定理 5.2 (一维 BSDE 的比较定理)   设 $(Y^i, Z^i), i = 1, 2$, 分别为下面 BSDE 的解:

$$\begin{cases} -\mathrm{d}Y_t^i = g^i(t, Y_t^i, Z_t^i)\mathrm{d}t - Z_t^i\mathrm{d}B_t, \\ Y_T^i = \xi^i, \end{cases} \tag{5.97}$$

其中 g^i 满足条件 $(\mathrm{H}_1), (\mathrm{H}_2)$; $\xi^i \in L^2(\Omega, \mathcal{F}_T, P; R)$. 若有

$$\xi^1 \geqslant \xi^2, \quad g^1(t, Y_t^2, Z_t^2) \geqslant g^2(t, Y_t^2, Z_t^2), \quad \text{a.s., a.e.,}$$

则有

$$Y_t^1 \geqslant Y_t^2, \quad \text{a.s., a.e.}$$

更进一步有 (严格的比较定理)

$$Y_0^1 = Y_0^2 \Leftrightarrow \xi^1 = \xi^2, g^1\left(t, Y_t^2, Z_t^2\right) = g^2\left(t, Y_t^2, Z_t^2\right). \tag{5.98}$$

接下来, 我们来看一下经典的费曼–卡茨 (Feynman-Kac) 公式, 它将偏微分方程与 SDE 联系起来, 即获得偏微分方程的概率表示.

定理 5.3 (线性费曼–卡茨公式) 任意给定 $(x,t) \in \mathbb{R}^n \times [0,T]$, 设过程 $(X_s^{x,t})_{t \leqslant s \leqslant T}$ 满足如下的 SDE:

$$\begin{cases} \mathrm{d}X_s^{x,t} = b\left(X_s^{x,t}\right)\mathrm{d}s + \sigma(X_s^{x,t})\mathrm{d}B_s, \\ X_t^{x,t} = x, \end{cases} \tag{5.99}$$

其中 $b(x): \mathbb{R}^n \to \mathbb{R}^n, \sigma(x): \mathbb{R}^n \to \mathbb{R}^{n \times d}$ 为给定的满足利普希茨条件和线性增长条件的函数. $u(x,t): \mathbb{R}^n \times [0,T] \to \mathbb{R}^m$ 是 $C^{2,1}$ 的, 且满足如下的偏微分方程:

$$\begin{cases} \dfrac{\partial u}{\partial t} + \mathcal{L}u + c\left(x\right)u + l\left(x\right)u = 0, \\ u\left(x,T\right) = \varPhi(x), \end{cases} \tag{5.100}$$

其中 $\mathcal{L}$ 是如下的二阶椭圆算子:

$$\mathcal{L}u = \frac{1}{2}\sum_{i,j}^m \left[\sigma\sigma^T\right]_{i,j}(x)\frac{\partial^2 u}{\partial x_i \partial x_j} + \sum_i^m b_i(x)\frac{\partial u}{\partial x_i},$$

则

$$u\left(x,t\right) = E\left[\int_t^T \mathrm{e}^{\int_t^s c\left(X_r^{x,t}\right)\mathrm{d}r} l\left(X_s^{x,t}\right)\mathrm{d}s + \varPhi(X_T^{x,t})\mathrm{e}^{\int_t^T c\left(X_r^{x,t}\right)\mathrm{d}r}\right]. \tag{5.101}$$

反之, 若由 (5.101) 定义的函数 $u(x,t) \in C^{2,1}$, 则 u 是方程 (5.100) 的解.

下面我们把上述的线性费曼–卡茨公式推广至非线性的情形. 令

$$u(x,t) = Y_s^{x,t}\big|_{s=t}: \mathbb{R}^n \times [0,T] \to \mathbb{R}^m, \tag{5.102}$$

则对 $\mathrm{e}^{\int_t^s c\left(X_r^{x,t}\right)\mathrm{d}r} Y_s^{x,t}$ 用伊藤公式可得 $Y_s^{x,t}$ 满足下面的 BSDE:

$$\begin{cases} -\mathrm{d}Y_s^{x,t} = \left[c\left(X_s^{x,t}\right)Y_s^{x,t} + l\left(X_s^{x,t}\right)\right]\mathrm{d}s - Z_s^{x,t}\mathrm{d}B_s, \\ Y_T^{x,t} = \varPhi(X_T^{x,t}). \end{cases} \tag{5.103}$$

事实上, 所谓的 "概率表示" 不一定非要写成 (5.101) 式的期望形式, 写成 BSDE 解的形式就可以了. 因为 BSDE (5.103) 是线性的形式, 因此表示的偏微分方程也是线性的. 那么, 如果 BSDE 变为非线性的, 又会有什么样的结果呢? 会表示成什么样的偏微分方程呢? 非线性费曼–卡茨公式解决了上述问题.

定理 5.4 (非线性费曼–卡茨公式)　仍然考虑满足 (5.99) 的过程 $(X_s^{x,t})_{t \leqslant s \leqslant T}$, 引入与之耦合的 BSDE:

$$
\begin{aligned}
&\mathrm{d}Y_s^{x,t} = f\left(X_s^{x,t}, Y_s^{x,t}, Z_s^{x,t}\right)\mathrm{d}s - Z_s^{x,t}\mathrm{d}B_s, \\
&Y_T^{x,t} = \Phi(X_T^{x,t}).
\end{aligned}
$$

如果 (5.102) 定义的函数 $u(x,t) = (u^1, u^2, \cdots, u^m)^{\mathrm{T}}(x,t)$ 是 $C_b^{2,1}$ 的, 则它也是偏微分方程

$$
\begin{cases}
\dfrac{\partial u}{\partial t} + \mathcal{L}u + f(x, u, u_x\sigma) = 0, \\
u(x, T) = \Phi(x)
\end{cases}
\tag{5.104}
$$

的唯一 $C_b^{2,1}$ 解. 反之, 若 PDE (5.104) 有 $C_b^{2,1}$ 解, 则解唯一且 (5.102) 式成立. 其中

$$
Y_s^{x,t} = u\left(X_s^{x,t}, s\right), \quad Z_s^{x,t} = u_x\left(X_s^{x,t}, s\right)\sigma(X_s^{x,t}).
$$

最后, 我们介绍 BSDE 在期权定价中的应用.

假设市场中有两种证券可以连续交易.

一种是无风险债券:

$$
\mathrm{d}P^0(s) = r(s)P^0(s)\mathrm{d}s.
$$

另一种是股票:

$$
\begin{cases}
\mathrm{d}P(s) = b(s)P(s)\mathrm{d}s + \sigma(s)P(s)\mathrm{d}B_s, \\
P(t) = x.
\end{cases}
$$

其中: r, b, σ 为确定性有界函数, 且 $b > r, \sigma \neq 0, \sigma^{-1}$ 也有界; B_s 为 1 维布朗运动.

我们考虑以该股票为标的资产的欧式看涨期权的定价问题: 设 T 为期权到期日, K 为期权的执行价格, 于是 T 时刻该期权合约的价值为 $(P(T) - K)^+$. 1973 年, 布莱克和斯科尔斯根据无套利原则给出了如上的欧式期权的定价公式, 下面我们给出一种利用 BSDE 对欧式期权进行定价的方法.

设 t 时刻投资者的总资产为 $X(t)$, 投资于股票的资产为 $\pi(t)$, $(X(t), \pi(t))$ 称为投资策略. 该投资策略称为自融资的, 若

$$
\mathrm{d}X(t) = [r(t)X(t) + (b(t) - r(t))\pi(t)]\mathrm{d}t + \sigma(t)\pi(t)\mathrm{d}B_t.
\tag{5.105}
$$

无套利原则告诉我们: 如果两种投资策略在将来的价值相同, 那么现值也应该相同. 因此, 如果我们能够找到一个投资于上述债券和股票的自融资策略使得其在 T 时刻的价值与欧式看涨期权的价值相同, 则对任意时刻 $t \in [0, T]$, 二者的价值都应该相等. 故 t 时刻期权的价格为满足如下 BSDE 的 $X(t)$:

$$\begin{cases} \mathrm{d}X(t) = [r(t)X(t) + (b(t) - r(t))\,\pi(t)]\,\mathrm{d}t + \sigma(t)\pi(t)\mathrm{d}B_t, \\ X(T) = (P(T) - K)^+. \end{cases} \tag{5.106}$$

令 $\sigma(t)\pi(t) = q(t)$, 则 $\pi(t) = \sigma^{-1}(t)q(t)$, 从而

$$\begin{cases} -\mathrm{d}X(t) = [-r(t)X(t) - (b(t) - r(t))\,\sigma^{-1}(t)q(t)]\,\mathrm{d}t + q(t)\mathrm{d}B_t, \\ X(T) = (P(T) - K)^+. \end{cases} \tag{5.107}$$

由非线性费曼-卡茨公式, 令 $u(p, t) = X(t)$, 则 u 满足

$$\begin{cases} u_t + \dfrac{1}{2}\sigma^2(t)p^2 u_{pp} + r(t)p u_p - r(t)u = 0, \\ u(p, T) = g(p), \end{cases} \tag{5.108}$$

其中 $g(p) = (p - K)^+$, $q(s) = u_p \sigma_p$, 故 $\pi(s) = u_p p$.

注意到上面方程的形式, 利用 Girsanov 变换将方程进行变形, 再利用线性费曼-卡茨公式得到解, 即令

$$\lambda(t) = \sigma^{-1}(t)\,(b(t) - r(t)), \tag{5.109}$$

$$\frac{\mathrm{d}\mathbb{Q}}{\mathrm{d}\mathbb{P}} = \exp\left\{ -\int_0^T \lambda(s)\mathrm{d}B_s - \frac{1}{2}\int_0^T \lambda^2(s)\,\mathrm{d}s \right\}, \tag{5.110}$$

则 $\overline{B}_s = B_s + \displaystyle\int_0^s \lambda(r)\mathrm{d}r$ 为 $\mathbb{Q}$ 下的布朗运动, 将其代入股票价格波动方程有

$$\mathrm{d}P(t) = r(t)P(t)\mathrm{d}t + \sigma(t)P(t)\mathrm{d}\overline{B}_t, \tag{5.111}$$

这里 $\mathbb{Q}$ 为风险中性概率测度.

由线性费曼-卡茨公式, 可得

$$u(p, t) = E_{\mathbb{Q}}\left[\mathrm{e}^{-\int_t^T r(s)\mathrm{d}s} g(P(T)) \right]. \tag{5.112}$$

更进一步, 如果 r, b, σ 为常数的话, 我们可以得到方程的显式解:

$$u(P(t), t) = P(t)N(d_1(P(t))) - K\mathrm{e}^{-r(T-t)}N(d_0(P(t))), \tag{5.113}$$

其中

$$d_0\left(x\right) = \frac{1}{\sigma\sqrt{T-t}}\ln\left(\frac{x}{Ke^{-r(T-t)}}\right) - \frac{1}{2}\sigma\sqrt{T-t}, \tag{5.114}$$

$$d_1\left(x\right) = d_0\left(x\right) + \sigma\sqrt{T-t}, \tag{5.115}$$

$N\left(\cdot\right)$ 为标准正态分布的累积函数, 即 $N\left(x\right) = \dfrac{1}{\sqrt{2\pi}}\displaystyle\int_{-\infty}^{x}e^{-\frac{r^2}{2}}dr$.

走近数学家 (九)

　　彭实戈 1947 年生于山东省. 2005 年当选为中国科学院院士, 2007 年被任命为科技部国家重点基础研究发展计划项目 "金融风险控制中的定量分析与计算" 的首席科学家, 2011 年被美国普林斯顿大学聘为 "2011—2012 年普林斯顿全球学者".

　　彭实戈长期致力于随机控制、金融数学和概率统计方面的研究. 1983 年他来到法国巴黎第九大学留学. 3 年内, 彭实戈获得了巴黎第九大学数学与自动控制三阶段博士学位和普罗旺斯大学应用数学博士学位. 1986 年, 他决定回国. 回国后, 他来到复旦大学, 成了中国最早期的博士后之一. 1990 年他成为山东大学数学系教授.

　　彭实戈建立了一般随机最大值原理, 解决了随机控制理论中长期未解决的公开问题. 确定性的最大值原理是确定性最优控制理论中的三个具有里程碑意义的工作之一, 它对经典最优控制理论的发展起了重要的作用. 如何建立随机最优控制理论中的随机最大值原理一直是此领域的一个重要难题, 吸引了众多数学家和控制论专家的注意. 直到 20 世纪 60~70 年代, 他们仅得到了扩散项不依赖控制变量的随机最大值原理, 而对扩散项含有控制情况下的一般随机控制系统却始终未获成功. 1988 年至 1989 年, 彭实戈在复旦大学做博士后期间, 开创性地引进了 "二阶对偶方法", 攻克了这个随机控制领域长期未解决的难题; 他还创立了倒向随机微分方程理论. 在研究随机控制的最大值原理过程中, 彭实戈引进了一种新的方程——倒向随机微分方程, 这类方程不仅在形式上而且在解决问题的观念和方法上都与经典的随机微分方程有本质的不同. 1989 年, 彭实戈与访问复旦大学的法国巴赫杜教授合作, 证明了这类方程适应解的存在唯一性; 彭实戈还建立了动态非线性数学期望理论, 促进了概率论的发展. 1997 年, 他在文章中引入了 g-期望以及条件 g-期望的概念, 从而建立了动态非线性数学期望理论基础, 将柯尔莫哥洛夫创立的概率论推广到非线性情况, 并将其应用于动态金融风险度量的理论与计算, 他的这些研究结果对于概率论、统计学、风险分析、随机分析的发展有重要的推动作用, 也为他实现建立非线性概率理论的目标奠定了深厚的基础.

由于彭实戈教授在随机控制、金融数学等领域的卓越贡献, 2010 年他受邀在第 26 届国际数学家大会上做 "一小时报告". 在往届国际数学家大会上, 华人数学家只有陈省身等少数几位被邀请做一小时报告, 而在大陆全职任教的数学家中, 彭实戈是大会邀请的首位一小时报告人. 2011 年, 彭实戈获华罗庚数学奖, 2020 年获未来科学大奖中的 "数学与计算机科学奖". 彭实戈教授至今仍在山东大学任教, 培养了一批又一批国内顶尖的数学人才.

课后练习

1. 什么是市场投资组合和资本市场线?

2. 简述资本资产定价模型及其推导.

3. 简述资本市场线与证券市场线的关系.

4. 什么是套利? 简述套利定价理论.

5. 简述有效市场理论及其意义.

6. 什么是行为金融理论? 有哪些模型?

7. 简述期权的含义及其分类.

8. 期权如何定价? 简述几种期权定价模型.

9. 某公司拟进行股票投资, 计划购买 A, B, C 三种股票, 并分别设计了甲、乙两种投资组合. 已知三种股票的 β 系数分别为 2.0, 1.0, 0.5, 它们在甲投资组合下的投资比例分别为 50%, 30%, 20%; 乙投资组合的风险收益率为 3.4%. 无风险收益率为 6%, 市场组合收益率为 10%.

要求:

(1) 按照资本资产定价模型计算 A 股票的必要收益率;

(2) 计算甲投资组合的 β 系数和风险收益率;

(3) 计算乙投资组合的 β 系数和必要收益率;

(4) 评价甲、乙两种投资组合的风险大小.

10. 假设现在 A 公司股票价格为 50 元, 无风险利率为 4% (年利率). 一份以该股票为标的资产的看涨期权的执行价格为 52.08 元, 有效期为 6 个月. 在今后每 1 个月, 股票价格要么上涨 12.46%, 要么下跌 11.08%. 求该看涨期权现在的价值.

第 6 章　不确定条件下的投资

　　某家电子企业面临未来的市场环境及条件不确定时, 应当如何做出投资于新工厂的决策策略呢? 传统的解决该类问题的方式是使用所谓的净现值 (net present value, NPV) 法则. 首先我们需要计算该新工厂在未来将产生的预期收益的现值; 其次, 计算建设该工厂未来所有支出的成本的现值; 最后计算二者之间的差 (该差值即为净现值). 若净现值大于零, 则进行该项目的投资, 否则放弃该项目投资.

　　实际上, 传统的净现值法则没有认识到不可逆性、不确定性和时间选择性相互作用的定性和定量的重要内涵. 而正是这一疏忽给传统投资理论带来了某些缺陷. 例如, 与较早的投资预期相比, 真实的投资对利率的变化和税收政策的改变不太敏感, 而对动荡和不确定的经济环境更为敏感. 而我们所说的, 实物期权理论正能解决这些不合常理的事情, 并在此过程中对作出更有效的公共投资策略提供一些指导.

　　随着经济的发展, 市场的不确定因素不断增加. 净现值法则在许多投资决策面前显得 "力不从心", 第一, 出于净现值法则对现金流的过分依赖, 现金流贴现估价法只能反映公司当前所有产生现金流的资产的价值, 而对拥有未被利用的资产 (这些资产只是临时不产生任何现金流) 的公司进行估价时, 这一部分未被利用的资产的价值就不会反映在贴现的预期未来现金流所获得的价值中. 同样对于未被充分利用的资产的估价也会产生同样的问题, 这样就造成了对项目价值的低估. 第二, 随着市场中不确定性的增加, 在净现值法则中对未来现金流的预期不可能是一成不变的, 净现值法则在对此类项目进行估价时往往会显得束手无策. 第三, 净现值法则暗含着这样的假设, 如果企业现在不投资, 将来不可以再投资了. 实际上在现实的投资决策中有推迟投资的可能, 又如, 可以在市场不确定的情况下先做出试探性的投资, 然后根据市场发展情况再进行大规模的投入. 不可逆性及延期进入的可能是现实中许多投资实例的非常重要的特征. 对于投资者来说, 选择合理的进入时机非常重要.

　　本章将重点介绍未来存在不确定的情况下, 企业进行投资决策的新的理论方法——实物期权法, 将金融上的期权思想应用到企业投资决策中, 将投资机会视为一期权, 为投资决策带来了新的方向. 它充分考虑到投资的特点, 即投资的不可逆性、投资的可延迟性、投资带来后续的投资机会, 以及投资决策的灵活性, 从而修正了传统的净现值法则, 并给出了更为准确的投资时机. 本章的部分内容节选自迪克西特 (Dixit) 与平迪克 (Pindyck) 的《不确定条件下的投资》一书, 在此表示衷心感谢, 更加系统详细的内容与方法, 读者可以参见该书.

6.1 通过简单的例子阐释思想

6.1.1 简单例子

本章首先选择几个简单的例子来介绍, 当投资的项目面临未来价值不确定、不可逆时如何进行相关的投资决策.

假设 2022 年, 某电子厂商正在决定是否将投产某种最新的电子元器件 K, 该投资是完全不可逆的, 即该厂的这一新的生产线只能生产该电子元器件 K, 如果该电子元器件 K 的市场完全消失的话, 该厂无法收回其最初的投资. 假设投资该电子元器件的生产线的成本 I 是 1050 元, 不考虑建设周期, 我们认为能够在极短的时间内建成. 生产线建成后, 每年可生产 1 个单位的该产品, 一直进行下去, 且没有运用成本. 假设当前时刻该产品的价格为 250 元, 明年该产品的价格是不确定, 以 0.5 的可能性 (我们后续将会讨论概率变化如何影响投资决策) 上涨到 400元, 以 0.5 的可能性下跌到 100 元. 假设从明年开始后, 该产品的价格不变, 那么该厂商该做出如何决策呢? 是现在立即投资? 还是再等一年, 看看明年的情况再投资呢? (假设贴现率为 20%.)

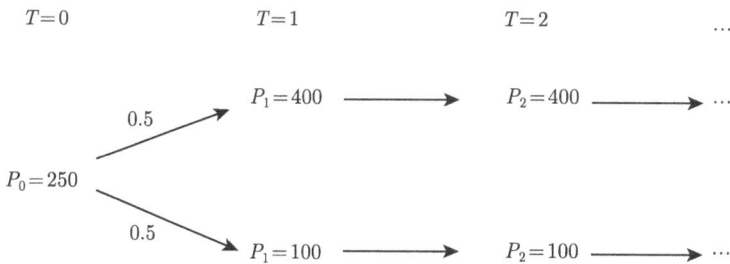

我们注意到该产品的未来预期价格总是 250 元. 利用传统的净现值法则可以计算, 该项投资的净现值为

$$\mathrm{NPV} = -1050 + \sum_{t=0}^{\infty} \frac{250}{(1.2)^t} = -1050 + 1500 = 450(\text{元}).$$

NPV > 0, 似乎应该立即投资该项目. 但实际上该结论是不正确的, 因为上述计算过程, 忽略了一种成本, 即现在进行投资的机会成本. 现在进行投资, 就意味着失

去了在将来投资的机会. 为了更清楚地看到这一点, 让我们重新计算一下净现值, 这次不是立即投资, 而是等一年, 如果那个时候价格上升的话就投资, 否则就不投资. 在这种情况下,

$$\text{NPV} = 0.5 \times \left(-\frac{1050}{1.2} + \sum_{t=1}^{\infty} \frac{400}{(1.2)^t} \right) = \frac{675}{1.2} = 562.5(\text{元}).$$

注意, 在 $T = 0$ 时刻没有支出和收益. 在 $T = 1$ 时刻, 只有当价格上涨到 400 元时才会花费 1050 元的成本, 其发生的概率为 0.5. 如果我们在决定投资该项目之前等待一年, 则该项目的净现值为 562.5 元; 如果我们现在就进行投资的话, 则其净现值为 450 元, 很明显等待一年比立即投资更好. 在本例当中, 第二年执行投资所带来的净收益为 562.5 元, 也是这项投资机会的价值.

我们已经计算第一年进行投资的净收益是小于 562.5 元的, 同时还可以计算出如果在第三年及以后的年度里进行投资, 净收益都会小于 562.5 元. 因此, 第二年投资所带来的净收益最大, 也就是这个延迟期权的价值. 一旦现在进行投资, 就失去了这个等待时机再投资的机会, 也就失去了这个投资机会的价值, 因此, 这个投资机会的价值就是现在进行投资的机会成本.

拥有在下一年做出投资而不是现在就投资或永远不投资的灵活性的价值是多少呢? 这种灵活性的价值恰好是这两个净现值的差, 即 562.5 − 450 = 112.5(元). 这意味着, 为了获取更加灵活的投资机会, 投资者愿意多支出 112.5 元.

在这里, 出现机会成本是有条件的. 如果是否投资必须现在决定, 否则就永远不能投资的话, 那么就不存在 "现在进行投资" 的机会成本的问题, 传统的净现值法则是适用的. 另外, 如果投资是可逆的, 即使现在进行投资了, 在将来情况不好的时候, 也可以完全回收当时的投入, 就跟没有投资一样, 这样也不存在机会成本的问题. 另外等待可以带来信息也是前提之一, 否则, 如果等待不可以带来信息, 就没有等待的必要, 因为, 等待之后的结果跟现在是一样的. 那么这就是一个要么现在投资要么永远都不投资的问题, 因此不存在机会成本的问题. 投资的不可逆性、可延迟性和等待可以带来信息是将机会成本算入净现值的前提条件.

6.1.2   投资新观点——实物期权理论

投资机会类似于普通股的看涨期权, 它赋予我们作出投资支出 (期权的执行价格) 并获得一个价值随机波动的项目的权利 (不需要执行). 在上一节的例子中, 我们拥有一种称为 "实值" 的期权, 意思是现在执行它, 它产生的净回报为正. 我们发现即使净回报为正, 等待而非立即执行会更好.

实物期权问题是近期讨论的一个热点问题. 实物期权实际上就是金融期权的定义在实际 (非金融性) 资产方面的延伸, 是指实际资产 (产品) 的未定权益, 由于

其与期权定价理论有些相似之处, 因而在研究中常借鉴期权定价理论的一些结果, 但增加了如时间等限制条件. 实物期权是一种权利而非义务, 以一个预先约定的价格, 即执行价格, 在预先约定的时间内对项目采取某种行动: 如延迟投资、扩张投资、直接签协议或放弃投资等. 当然这种实物期权也可以用金融期权的理论进行定价.

当今国际金融界, 实物期权理论非常令人瞩目, 并在过去的几年间得到了长足的发展, 学术界也先后出版了多部实物期权方面的专著. 从 1997 年起, 专门从事实物期权理论研究与咨询的学术团体 ROG (Real Options Group) 已组织召开了多届实物期权国际年会, 研究探讨实物期权理论方面的最新进展. 从会议的应用文章中可以看到实物期权理论已广泛应用于新产品的开发、公司的估价以及对自然资源的投资等投资决策的各个方面.

近年来, 实物期权理论得到了广泛应用. 尤其是在一些经济发达的国家和地区, 实物期权理论作为一种辅助的决策工具, 已被广泛应用于投资决策、公司的财务分析、筹资及公司购并等领域之中.

实物期权的价值, 最本质的含义就是投资机会带给持有者的最大收益. 如果实物期权所依赖的项目的价值变化是随机的, 则也可以直接使用未定权益法进行定价.

金融期权与实物期权的对应关系如表 6-1 所示.

表 6-1　金融期权与实物期权

金融期权	实物期权 (实物投资机会)
股票现价 S	投资项目价值 V
执行价格 X	投资成本 I
到期期限 T	到期期限 T
标的物价格的波动率 σ	投资项目价值的波动率 σ
无风险利率 r	无风险利率 r
期权有效期内预计发放的红利 q	投资机会存在期内预计的现金流 δ

令 F_0 表示该实物投资机会现在的价值, 即为拥有投资于该工厂投资者愿意现在支付的金额. 令 F_1 表示下一年该投资机会的价值, F_1 是一随机变量, 它取决于电子元器件的价格变化. 如果该电子元器件价格上涨到 400 元, 则 $F_1 = \sum_{t=0}^{\infty} \frac{400}{(1.2)^t} - 1050 = 1350$ (元). 如果价格下跌到 100 元, 则不执行该期权, 这种情况下期权价格 $F_1 = 0$. 我们的问题是该实物投资机会现在的价值 F_0 是多少?

为了解决该问题, 我们构建一种投资组合: 该投资机会以及一定数量的元器件. 我们将选择合适的元器件数量, 使得该投资组合是无风险的, 且该投资组合的预期收益率等于无风险利率 r. 假设投资者持有该投资机会 (实物期权), 并卖空 n

个单位的该电子元器件, 那么该投资组合现在的价值为 $\Phi_0 = F_0 - 250n$, 下一年
该投资组合的价值为 $\Phi_1 = F_1 - nP_1$. 运气比较好的话, $\Phi_1 = 1350 - 400n$; 如果
运气不好 $\Phi_1 = -100n$. 现在选择合适的 n, 使得该投资组合是无风险的, 即 Φ_1 的
值与元器件的价格 P_1 是无关的, 我们有

$$1350 - 400n = -100n,$$

可得 $n = 4.5$. 以这种方式选择的 n, 不论元器件的价格是上涨还是下跌, $\Phi_1 = -450$.

持有该投资组合的回报是资本收益 $\Phi_1 - \Phi_0$, 再减去持有空头时所必须进行的
支付. 可以计算该电子元器件的资本收益的预期回报率为 $0.5 \times \dfrac{400 - 250}{250} + 0.5 \times$
$\dfrac{100 - 250}{250} = 0$. 理性的投资者将不会持有该产品的多头, 除非其预期可以获得至
少 20% 的回报. 因此卖空每一单位该产品每年所需支付的费用为 $0.2P_0 = 50$ 元.
在一年内该投资组合的回报为

$$\Phi_1 - \Phi_0 - 4.5 \times 50 = \Phi_1 - (F_0 - nP_0) - 225$$
$$= -450 - F_0 + 4.5 \times 250 - 225$$
$$= 450 - F_0.$$

由于该回报是无风险的, 其收益率必须等于无风险的收益率, 从而有

$$450 - F_0 = 0.2 \times (F_0 - 1125),$$

可得 $F_0 = 562.5$ 元, 与上一节中遵循等待一年的最优策略假设下所计算出来的投
资机会的净现值是一致的.

投资机会的价值, 即投资于该项目的期权价值是 562.5 元, 现在进行投资的回
报为 $-1050 + \sum_{t=0}^{\infty} \dfrac{250}{(1.2)^t} = -1050 + 1500 = 450 \,(元)$, 但一旦进行了投资, 该
期权就消失了, 因此 562.5 元是该投资的机会成本. 现在进行投资的总的成本为
$1050 + 562.5 = 1612.5 \,(元) > \sum_{t=0}^{\infty} \dfrac{250}{(1.2)^t} = 1500 \,(元)$. 结论就是, 我们应该保
持期权的生命力, 不应该现在投资.

6.1.3 实物期权的特征

本节我们继续通过简单的实例, 来介绍该投资机会的价值, 即实物期权的价
值如何取决于不同参数的取值, 特别是我们将介绍投资机会的价值如何受投资的
直接成本 I、产品的初始价格 P_0 以及下一期的价格变化的概率 q 的影响的.

1. 直接成本 I 的变化

在之前的例子中, 我们假定投资该项目的直接成本 $I = 1050$ 元, 如果直接成本 I 低于 1050 元时, 该投资机会的价值是多少呢?

当直接成本 I 变化时, 首先我们应确定我们的投资组合中持有空头的电子产品的头寸 n.

如果该电子元器件价格上涨到 400 元, 则该投资机会的价值 $F_1 = \sum_{t=0}^{\infty} \dfrac{400}{(1.2)^t}$ $- I = 2400 - I$. 投资组合价值为 $\Phi_1 = F_1 - nP_1 = 2400 - I - 400n$.

如果该电子元器件价格下跌到 100 元, 则该投资机会的价值 $F_1 = 0$, 此时投资组合的价值 $\Phi_1 = F_1 - nP_1 = 0 - 100n = -100n$. 类似于上一小节, 我们继续选择合适的 n, 使得该投资组合是无风险的, 即 Φ_1 的值与元器件的价格 P_1 是无关的, 我们有

$$2400 - I - 400n = -100n.$$

我们得到投资组合中所必需的空头取决于

$$n = 8 - \frac{I}{300}.$$

该投资组合在 $T = 1$ 时刻的价值 $\Phi_1 = \dfrac{I}{3} - 800$.

在一年内该投资组合的回报为

$$\Phi_1 - \Phi_0 - n \times 0.2 P_0 = \frac{I}{3} - 800 - (F_0 - nP_0) - n \times 0.2 P_0 = 800 - F_0 - \frac{I}{3}.$$

同样该回报是无风险的, 其收益率必须等于无风险的收益率, 从而有

$$\begin{aligned} 800 - F_0 - \frac{I}{3} &= 0.2 \times \left(F_0 + \frac{5}{6}I - 2000 \right), \\ F_0 &= 1000 - \frac{5}{12}I. \end{aligned} \tag{6.1}$$

很自然的问题就是, 当直接成本 I 在哪个取值范围内时, 应该立即投资? 在哪个取值范围内时, 应该等待一年再投资? 我们发现不难解决这个问题, 只要投资的回报至少与全部成本 (包括直接成本 I 与机会成本 F_0) 相等, 我们就应当现在投资. 我们可以知道, 来自现在就投资的价值为 $\sum_{t=0}^{\infty} \dfrac{250}{(1.2)^t} = 1500$ (元), 如果 $1500 > I + F_0$ 时, 我们就应该现在投资. 将式 (6.1) 代入, 我们可得

$$1500 > I + 1000 - \frac{5}{12}I,$$

解得 $I < \dfrac{6000}{7}$. 这意味着:

(1) 如果投资的直接成本 $I < \dfrac{6000}{7}$, 投资者就应该立即投资; 等待一年意味着放弃第一年的收益, 且失去的收益超过了调整该项目的机会成本.

(2) 如果投资的直接成本 $I = \dfrac{6000}{7}$, 现在投资和等待一年再投资是没有差别的.

(3) 如果投资的直接成本 $I > \dfrac{6000}{7}$, 等待会更好一些, 此时调整该项目获得的机会成本将会超过放弃第一年的收益.

图 6-1 展示了该投资的机会成本当前的价值 F_0 对项目的直接成本 I 的依赖关系. 该图表明投资的机会成本当前的价值 F_0 以及现在就投资的回报 $V_0 - I$, 二者均为项目的直接成本 I 的函数. 如果投资的直接成本 $I > \dfrac{6000}{7}$, 此时投资的机会成本 $F_0 = 1000 - \dfrac{5}{12}I > V_0 - I = 1500 - I$, 应当保持期权的活力, 在正式决定投资之前, 我们应当再等一年. 然而当投资的直接成本 $I < \dfrac{6000}{7}$, 此时投资的机会成本 $F_0 = 1000 - \dfrac{5}{12}I < V_0 - I = 1500 - I$, 则现在就应该投资, 那么该项目的净回报为 $V_0 - I$. 特别地, 当直接成本 I 很小时, 来自立即投资的净回报变得非常大. 在充分大的临界点或临界值充分大时, 等待的成本超过了等待的收益, 立即执行成为最优.

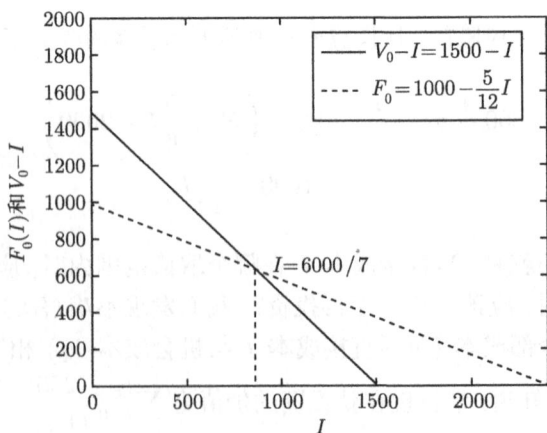

图 6-1　投资成本与投资机会价值

2. 初始价格 P_0 的变化

下面我们将投资的直接成本还是固定在 1050 元, 改变该电子元器件的初始价格 P_0. 我们假定, 无论初始价格 P_0 如何变化, 在下一时刻, 该电子元器件的价格 P_1 均以 0.5 的概率上涨 50%, 或以 0.5 的概率下跌 50%.

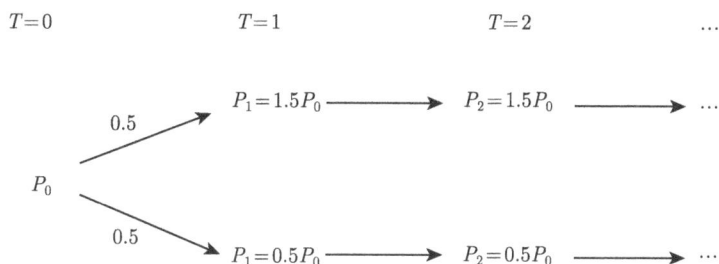

为了评估该实物期权, 我们仍然构建投资组合: 该投资机会以及一定数量的元器件. 该投资组合的价值 $\Phi_0 = F_0 - nP_0$. 下一年的价值 Φ_1 依赖于电子器件的价格 P_1. 该电子工厂在下一年的价值为 $V_1 = \sum_{t=0}^{\infty} \dfrac{P_1}{(1.2)^t} = \sum_{t=0}^{\infty} P_1 \left(\dfrac{5}{6}\right)^t = 6P_1$. 只有当其价值 V_1 超过投资的直接成本 I 时, 我们才有可能投资. 因而 $F_1 = \max\{0, 6P_1 - 1050\}$.

假定初始价格位于一年后的价格 P_1 上升到值得投资, 与下降到不值得投资范围内时, 那么如果价格上涨, 该投资组合的价值 $\Phi_1 = 9P_0 - 1050 - 1.5nP_0$, 如果价格下跌, 则该投资组合的价值 $\Phi_1 = -0.5nP_0$, 则使得该投资组合是无风险的合适的头寸 n 满足

$$n = 9 - \frac{1050}{P_0}.$$

以这种方式选择的头寸, 不论未来价格上涨还是下跌, $\Phi_1 = 525 - 4.5P_0$.

下面计算该投资机会的价值, 首先该空头所需的回报为 $0.2nP_0 = 1.8P_0 - 210$, 该投资组合的实际回报为 $2.7P_0 - 315 - F_0$. 由于该投资组合的回报是无风险的, 从而 $2.7P_0 - 315 - F_0 = 0.2 \times \Phi_0 = 0.2 \times (F_0 - nP_0) = 0.2F_0 - 1.8P_0 + 210$. 解得 $F_0 = 3.75P_0 - 437.5$. 只有当价格在下一年上涨时我们才会投资, 然而如果初始价格 P_0 过低, 我们可能永远不会投资. 由 $F_0 = 3.75P_0 - 437.5$, 我们知道当 $P_0 = \dfrac{350}{3}$ 时, $F_0 = 0$.

(1) 如果 $P_0 \leqslant \dfrac{350}{3}$, 即使下一时刻价格上涨 50%, 该项目的价值 V_1 仍将小于投资成本 1050 元;

(2) 如果该电子产品工厂当前的价值 V_0 超过其总成本 $1050+F_0$, 我们应当立即投资. 我们令 P_0^* 代表临界价格, 满足 $6P_0^* = 1050+F_0 = 1050+3.75P_0^*-437.5$, 解得 $P_0^* = \dfrac{2450}{9}$. 如果 $P_0 > \dfrac{2450}{9}$, 现在投资比等待会更好.

(3) 如果 $\dfrac{350}{3} < P_0 \leqslant \dfrac{2450}{9}$, 只有在未来价格上涨时才在下一时刻投资.

上述结论见表 6-2.

表 6-2　实物期权价值与投资规则

区域	期权价值	最优投资规则
$P_0 \leqslant \dfrac{350}{3}$	$F_0 = 0$	永不投资
$\dfrac{350}{3} < P_0 \leqslant \dfrac{2450}{9}$	$F_0 = 3.75P_0 - 437.5$	在未来价格上涨时才在下一时刻投资
$P_0 > \dfrac{2450}{9}$	$F_0 = 6P_0 - 1050$	在阶段 0 时刻投资

在图 6-2 中, 我们给出了投资机会的价值 F_0 随初始价格 P_0 的变化而变化的趋势, F_0 关于 P_0 是凸函数. 如果我们选择要么现在投资, 要么永不投资, 那么实物期权是 0 与 $6P_0 - 1050$ 中的最大值. 只要 $6P_0 - 1050 > 0$, 我们就应该现在投资而不是等待.

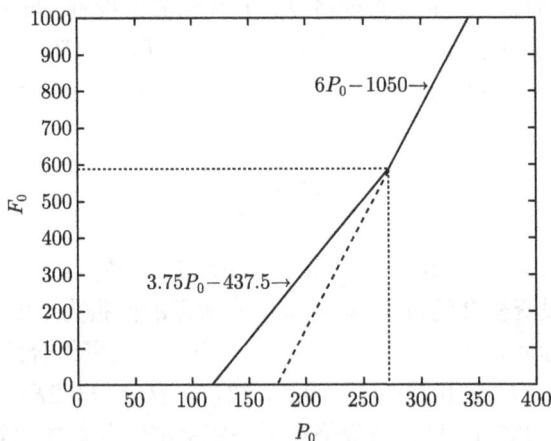

图 6-2　初始价格 P_0 与投资机会的价值 F_0

3. 价格变化的概率 q

下面我们探讨投资机会的价值及投资规则如何取决于项目价格变化的概率分布, 即价格上涨或下跌的概率 q 如何影响投资机会的价值 F_0.

首先我们探讨投资机会的价值 F_0 随概率 q 的变化情况. 我们令初始的价格 P_0 是任意的, 价格上涨或下跌的概率都是 50%, 同时将投资的直接成本 I 固定在 1050 元, 我们可以采用前面相同的步骤来确定投资机会的价值及最优的投资规则.

可以证明, 在构建的无风险的投资组合中, 电子元器件的空头的头寸 $n = 9 - \dfrac{1050}{P_0}$, 独立于概率 q. 尽管在投资组合中, 电子元器件的空头的头寸 n 不依赖于概率 q, 但卖空每一单位该产品每年所需支付的费用确实取决于 q, 这是因为从持有的该产品中获得的预期资本收益取决于 q.

令 $E_0(P_1)$ 代表该产品下一时刻的预期价格, $E_0(P_1) = q \times 1.5P_0 + (1 - q) \times 0.5P_0 = (q + 0.5) \times P_0$. 那么该产品的预期资本收益率为 $\dfrac{E_0(P_1) - P_0}{P_0} = \dfrac{(q + 0.5) \times P_0 - P_0}{P_0} = q - 0.5$. 卖空每一单位该产品每年所需的回报为 $[0.2 - (q - 0.5)]P_0 = (0.7 - q)P_0$. 令 $\varPhi_1 - \varPhi_0 - (0.7 - q)nP_0 = 0.2\varPhi_0$. 我们发现, 当 $P_0 > \dfrac{2450}{9}$, 该投资机会的价值为 $F_0 = 7.5qP_0 - 875q$.

注意到, 只要 $P_0 > \dfrac{2450}{9}$, 该投资机会的价值 F_0 随着概率 q 的增加而增加. 从直观上看, 这正是我们需要的, 未来价格上涨的概率逐渐增加, 意味着价格上涨的可能性越高, 延期执行期权的可能性越高, 更加倾向于不立即进行投资.

我们下面再来看概率 q 如何影响投资规则. 我们知道, 只要 $F_0 > V_0 - I$, 最好是等待而不是立即投资. 此时 $V_0 = P_0 + \sum_{t=1}^{\infty} \dfrac{(q + 0.5)P_0}{(1.2)^t} = (5q + 3.5)P_0$. 因此只需 $7.5qP_0 - 875q > (5q + 3.5)P_0 - 1050$, 即 $P_0 < P_0^* = \dfrac{2100 - 1750q}{7 - 5q}$, 则最好是需要等待, 而非立即投资. 此外 P_0^* 随概率 q 的上升而下降, 这意味着价格提高的概率较高, 将促使企业更快地投资.

6.1.4 投资不确定性的其他来源

投资的不确定性可能外生于投资, 信息只能通过时间来获得, 即不确定性只能通过时间的推移来解决. 外生的信息 (市场价格等) 不会因为企业进行投资而得以揭示, 它只能通过时间来解决, 即等待是有价值的, 这为延迟投资带来了必要性. 这种可等待的投资就是延迟投资期权, 或者叫做等待期权, 这是一个美式看涨实物期权.

投资的不确定性也可能内生于投资, 只有通过投资才能使投资者获得信息, 并带来进一步抉择的机会 (通常是另外的投资机会), 而进一步的抉择机会是有价值的, 这部分价值应该包括在该投资所带来的收益当中. 例如, 用于产品研发项目的投资可以带给厂商将来进行生产制造的权利而非义务. 那么该项投资的价值不仅包括这项投资带来的现金流的折现, 还包括这项投资带给厂商的其他选择权利的价值. 另外, 因为不确定性内生于投资, 时间并不能带来信息, 所以投资者没有等待的必要, 因此, 也就不存在等待期权这样一个机会成本, 那么该投资就成为一个现在若不投资则永远不投资的问题.

内生与外生的不确定性也可能共同存在于投资中. 下面我们通过例子来检验投资不确定性的一些来源.

1. 投资成本的不确定性

项目投资成本的不确定性可以使我们做出延迟投资或加速投资的决策. 如果不确定性问题的解决不依赖于公司的作为, 那么它与投资花费的不确定性有诸多相同的影响, 并对人们等待产生激励. 但如果不确定性可以部分地被投资解决, 它有相反的影响, 即激励人们去立即投资.

投资成本的不确定性对需要长时间建造的大项目尤其重要. 例如: 核电厂、石油化学工业、开发新的飞机线路, 以及大型城市建设项目等, 都涉及相当多的不确定成本.

关于项目成本 I, 我们考虑有两个不同的不确定性根源. 首先, 是我们所说的投入要素的成本 (input cost) 的不确定性, 因为工厂生产需要各种投入要素, 比如钢材、水泥和劳动力, 而这些建设的投入资金随时间随机波动. 再者, 政府规定不可预测地随时调整, 都有可能改变一项及几项建设投资的需要量. 这类的不确定性对投资花费产生的未来价值 V 的不确定性 (它产生一个现在投资而不是等待更多消息的机会成本) 与对投资决策产生有同样的影响.

在我们分析的电子厂商投产某种最新的电子元器件的项目中, 假定现在的投资成本 $I = 1050$ 元, 但明年它可能上升为 1700 元或下降为 400 元, 每种可能性均为 0.5. 假定贴现率仍是 20%. 那么我们是现在投资还是再等一年, 明年再投资呢? 如果我们现在投资, 净现值仍然是 $\text{NPV} = -1050 + \sum_{t=0}^{\infty} \dfrac{250}{(1.2)^t} = -1050 + 1500 = 450 > 0$, 这次仍然忽略了机会成本. 为看清这一点, 我们再来计算净现值, 但这次假设我们只在等到明年 I 下降为 400 元时投资, 它的概率为 0.5, 且假设它在第零年没有任何花费和收入. 此时

$$\text{NPV} = \frac{1}{2}\left[-\frac{400}{1.2} + \sum_{t=1}^{\infty} \frac{250}{(1.2)^t}\right] = 458.33(元).$$

投资商如果在决定投资之前等一年, 项目现在的净现值是 458.33 元, 所以等待较立即投资要好. 从这一点上看, 不确定性总是倾向于延迟投资, 或者至少增加投资的阻碍.

2. 利率的不确定性

下面我们探讨另外一种不确定性——利率不确定性将如何影响企业的投资决策.

利率的不确定性一方面可能会提高未来投资的期望值, 使得投资更有吸引力; 另一方面也可能会导致投资的推迟, 因为它创造了等待的价值.

我们仍然考虑前面的两阶段的投资模型, 假定该产品的价格固定在 250 元, 建设该厂的直接成本 $I = 1200$ 元, 其中唯一不确定的是利率, 前面假定利率 $r = 20\%$, 下一年有 0.5 的可能性上涨为 30%, 也有 0.5 可能性下跌到 10%, 然后将永远保持在这一水平.

如果没有利率的不确定性, 利率保持在 20%, 那么该项目明年的价值将是

$$V_1 = \sum_{t=1}^{\infty} \frac{250}{(1.2)^t} = 1250 \,(\text{元}).$$

下一年如果利率是有变化的, 且以 0.5 的可能性上涨为 30%, 0.5 的可能性下跌到 10%, 此时该项目明年的价值将是

$$V_1 = \begin{cases} \displaystyle\sum_{t=1}^{\infty} \frac{250}{(1.3)^t} = 833.3 \,(\text{元}), & \text{概率为 } 0.5, \\ \displaystyle\sum_{t=1}^{\infty} \frac{250}{(1.1)^t} = 2500 \,(\text{元}), & \text{概率为 } 0.5. \end{cases}$$

因此 V_1 的期望值 $E(V_1) = \dfrac{1}{2}(833.3 + 2500) = 1666.65 \,(\text{元}).$

这一数值较利率为确定值时高

$$1666.65 - 1250 = 416.65 \,(\text{元}).$$

我们看到利率的不确定性增加该投资项目的期望价值. 但不确定性如何影响投资决策?

首先, 我们注意到, 如果没有利率的不确定性, 我们显然想现在立即投资, 则现在投资的项目的净现值是

$$\text{NPV} = -1200 + \sum_{t=0}^{\infty} \frac{250}{(1.2)^t} = -1200 + 1500 = 300 \,(\text{元}).$$

而如果等到明年则当前项目的净现值为 $\dfrac{1500}{1.2} - \dfrac{1200}{1.2} = 1250 - 1000 = 250 \,(\text{元}).$

而当利率不确定时情形则不同. 如果我们现在投资该项目, 净现值为

$$\text{NPV} = -1200 + 250 + \frac{E(V_1)}{1.2} = -950 + \frac{1666.65}{1.2}$$

$$= -950 + 1388.9 = 438.9\,(\text{元}),$$

净现值为正.

但假设在决定是否投资以前等到明年, 如果此时利率上升到 30%, 项目的价值将只有 1083.3 元, 此值小于 1200 元的投资成本, 因此我们只在利率下降到 10% 时才决定投资. 因为该情形发生的可能性是 0.5, 因而等待的净现值为

$$\text{NPV} = \frac{1}{2} \times \left[-\frac{1200}{1.2} + \frac{1}{1.2} \times \sum_{t=1}^{\infty} \frac{250}{(1.1)^t} \right]$$

$$= \frac{1}{2} \times \left(-1000 + \frac{2500}{1.2} \right) = \frac{1}{2} \times \frac{1300}{1.2}$$

$$= 541.67\,(\text{元}).$$

此时净现值较高, 所以等待较立即投资要好.

6.2　最佳投资时机

我们假设不确定性是外生的, 即不确定性只有通过时间才能解决, 而投资并不能解决不确定性. 如果项目将来的现金流存在着极大不确定性, 那么厂商最好的选择是等待, 一直等到不确定性解决了以后, 再做决定是否进行投资, 而不是现在就进行投资. 因此, 延迟投资是最佳选择. 这里存在一个 "延迟投资" 期权, 即一个美式实物期权. 这个延迟投资期权的价值就是现在进行投资的机会成本, 应该计入投资的成本中去的, 延迟投资的价值越大, 说明现在进行投资的机会成本就越大, 现在投资的成本也越大, 厂商越倾向于延迟投资.

假设企业投资是完全不可逆的, 即沉没成本是不能被恢复的, 投资可无限延迟.

下面看一下企业拥有这样一个延迟期权的价值是多少、企业如何选择投资时机, 以及影响延迟期权价值和投资时机的因素. 我们利用连续时间下的未定权益法来解决.

6.2.1　基本模型

假定某企业需要决定在何时投资于某一新的项目, 该项目的投资成本为 I, 已知且固定. 该项目在任意 t 时刻的价值 V_t 服从如下形式的几何布朗运动:

$$dV_t = V_t \left(\alpha dt + \sigma dW_t \right), \tag{6.2}$$

其中, W_t 是 1 维布朗运动, α 代表该项目的单位时间期望回报率, σ 是波动率. 式 (6.2) 表明该项目当前的价值是已知的, 但是未来的价值是不确定的, 其方差是随时间期限线性增长的. 尽管随着时间的不断推移, 企业会获取该项目的更多的信息, 但是该项目未来的价值仍是不确定的.

注意到企业的投资机会相当于永久性美式看涨实物期权, 执行价格为投入成本, 标的资产为该项目, 期限为无穷大. 因此, 这样投资决策等同于决定何时执行该期权, 因此该类投资决策问题可看作期权定价问题.

我们以 $F(V)$ 代表该投资机会的价值, 在时刻 t 进行投资的回报为 $V_t - I$, 我们的基本问题是如何使得该投资机会的价值的现值达到最大:

$$F(V) = \max_t E\left[(V_t - I)\,\mathrm{e}^{-\rho t}\right], \tag{6.3}$$

式中, t 为做出决策的未来时间, ρ 是贴现率. 为了使得该问题有意义, 令 $\delta = \rho - \alpha$, 我们假定该项目的单位时间期望回报率 $\alpha < \rho$ (即 $\delta > 0$); 否则选择较大的时间 t, 该项目的价值 V 可能会无限变大. 这意味着等待更长的时间总是最优的决策, 会导致该问题的最优解不存在.

6.2.2 确定情形下的投资规则

为了更好地刻画该不确定性投资决策的影响方式, 我们首先考虑不存在不确定性的情形, 为此我们假定该项目的波动率 $\sigma = 0$.

当 $\sigma = 0$, 则该项目在 t 时刻的价值为 $V_t = V_0 \mathrm{e}^{\alpha t}$. 假定当前时刻的价值为 V, 假定该企业在未来的任意时刻 t 投资, 则该投资机会的价值为

$$F(V) = \left(V\mathrm{e}^{\alpha t} - I\right)\mathrm{e}^{-\rho t}. \tag{6.4}$$

(1) 若 $\alpha \leqslant 0$, 则该项目的价值为常数或随时间递减. 如果 $V > I$, 则立即投资是最优选择, 否则永不投资, 则投资机会的最优价值 $F(V) = \max_t \{V - I, 0\}$.

(2) 若 $0 < \alpha < \rho$, 即使当前的 $V < I$, 该投资机会的价值仍有 $F(V) > 0$, 因为该项目的期望增长率 $\alpha > 0$, 则该项目的价值 V 随时间的推移最终会超过 I. 即使 V 超过了 I, 等待而不是现在投资也是最好的选择. 该最大化问题的一阶条件为

$$\frac{\mathrm{d}F(V)}{\mathrm{d}t} = -(\rho - \alpha)\,V\mathrm{e}^{-(\rho - \alpha)t} + \rho I\mathrm{e}^{-\rho t} = 0.$$

从而可得最优的投资时机为

$$t^* = \max\left\{\frac{1}{\alpha}\ln\frac{\rho I}{(\rho - \alpha)\,V}, 0\right\}. \tag{6.5}$$

可以注意到, 如果该项目当前时刻的价值 V 大于需要支付的成本 I 并不是太多, 则 $t^* > 0$, 这意味着等待而不是现在投资可能是更好的选择.

在该情形下, 什么条件下立即投资是最优的? 令 $t^* = 0$, 我们得到

$$V^* = \frac{\rho}{\rho - \alpha} I. \tag{6.6}$$

如果该项目当前时刻的价值 $V \geqslant V^*$, 则该企业应该立即投资.

将式 (6.5) 代入 (6.4), 我们得到 $F(V)$ 的具体表达式为

$$F(V) = \begin{cases} \left(\dfrac{\alpha I}{\rho - \alpha} \right) \left[\dfrac{(\rho - \alpha) V}{\rho I} \right]^{\frac{\rho}{\alpha}}, & V \leqslant V^*, \\ V - I, & V > V^*. \end{cases} \tag{6.7}$$

6.2.3 随机情形下的投资规则———期权定价法

下面我们考虑随机情形下的此类投资问题, 假设该项目的波动率 $\sigma > 0$. 该问题相当于确定适当的时间点, 支付沉没成本 I 以获得价值为 V 的项目, 使得项目的回报得到最优. 由于 V 的变化是随机的, 因此我们不能确定一个时间 T, 从而在 T 时刻进行投资. 替代性方法是选择最优的项目价值 V^*, 使得项目回报在 0 时刻的现值达到最大.

实际上, 我们的投资规则是以 V^* 的形式出现的, 一旦该项目当前时刻的价值 $V \geqslant V^*$, 则该企业应该立即投资, 投资是最优的. 我们下面将会讨论, 对于较高的波动率 σ, 将会导致较大的 V^*, 这意味着等待有更高的价值. 一般地, 增长 $(\alpha > 0)$ 和不确定性 $(\sigma > 0)$ 都能创造等待的价值, 并影响投资时机.

假设 ρ_{vm} 为项目价值 V 与市场组合的相关系数, 那么 V 的期望收益率 μ 为

$$\mu = r + \varphi \rho_{vm} \sigma, \tag{6.8}$$

式中, r 为无风险利率; φ 为风险的市场价格. 因此如果拥有该项目, 投资者要求从该项目上获得的经风险调整后的期望收益率为 μ.

我们假定 V 变化的期望变化率 $\alpha < \mu$, 否则企业将永不投资.

我们令 $\delta = \mu - \alpha$, 表示 μ 与 α 之间的差异. 如果 V 为一股普通股的价值, δ 将是股票的股息率. 股票的预期总回报为 $\mu = \delta + \alpha$, 即股息率加上资本收益的预期率. 如果股息率 δ 为 0, 该股票的看涨期权将会持有至到期日, 而永远不会在到期前执行.

对于我们的投资项目 V 来讲, μ 为拥有该项目总的预期回报率, 它是资本市场所建立的均衡比率, 包含适当的风险溢价. α 代表项目价值增值所占的比例, δ

是延迟投资建立该项目的机会成本. 如果股息率 $\delta = 0$, 那么持有该实物期权而不执行的话, 就没有机会成本, 那么投资者将永不投资, 不论该项目的净现值有多高. 如果 δ 趋于无穷大, 则等待期权的价值接近于 0. 这种情况下唯一的选择就是现在投资或者永远不投资, 那么标准的净现值法则适用.

下面回到投资机会评价及最优投资规则上来. 我们令 $F(V)$ 表示企业投资期权的价值. 运用第 5 章所介绍的风险中性期权定价的方法来决定最优的投资机会的价值 $F(V)$. 通过构建一个无风险的投资组合, 决定其预期回报率, 并令预期回报率等于无风险利率.

考虑这样的一个证券组合: 持有延期投资的期权, 其价值为 $F(V)$, 并卖空 n 单位的该项目, 我们选择何时的头寸 n, 使得该组合是无风险的. 该组合的价值为

$$\Phi = F - nV.$$

在非常小的区间 $(t, t+\mathrm{d}t)$ 内, 这一组合中的每一空头头寸的持有人将获得收入或利润流 $V\mathrm{d}t$, 持有该项目多头的投资者要求总的回报为 μV, 其中一部分为资本收益 αV, 另一部分为现金流 δV. 而每个空头头寸单位的持有人必须向相应的多头头寸持有人支付相当于后者本应获得的股息或便利收益的金额 $\delta V\mathrm{d}t$, 否则任何一个理性的投资者将不会持有这项交易的多头. 因此, 运用伊藤公式, 可得该投资组合的价值满足

$$\mathrm{d}F(V_t) - n_t\mathrm{d}V_t - n\delta V_t\mathrm{d}t$$

$$= F'(V_t)\mathrm{d}V_t + \frac{1}{2}F''(V_t)\left(\mathrm{d}V_t\right)^2 - n_t\mathrm{d}V_t - n\delta V_t\mathrm{d}t$$

$$= F'(V_t)V_t\left(\alpha\mathrm{d}t + \sigma\mathrm{d}W_t\right) - n_tV_t\left(\alpha\mathrm{d}t + \sigma\mathrm{d}W_t\right) - n_t\delta V_t\mathrm{d}t + \frac{1}{2}F''(V_t)\sigma^2(V_t)^2\mathrm{d}t$$

$$= \left(\alpha F'(V_t)V_t - \alpha n_tV_t - n_t\delta V_t + \frac{1}{2}F''(V_t)\sigma^2(V_t)^2\right)\mathrm{d}t$$

$$+ \left(F'(V_t)V_t\sigma - n_tV_t\sigma\right)\mathrm{d}W_t.$$

我们选择卖空头寸 $n_t = F'(V_t)$, 上式中的 $\mathrm{d}W_t$ 项将消失, 没有了随机因素的作用, 该投资组合变成无风险的. 此时该投资组合的收益率变为

$$\left(\frac{1}{2}F''(V_t)\sigma^2(V_t)^2 - \delta F'(V_t)V_t\right)\mathrm{d}t. \tag{6.9}$$

由风险中性定价理论, 为了避免套利情形的存在, 该投资组合的预期回报率必须等于

$$r\Phi\mathrm{d}t = r\left(F(V_t) - n_tV_t\right)\mathrm{d}t = r\left(F(V_t) - F'(V_t)V_t\right)\mathrm{d}t,$$

即

$$\left(\frac{1}{2}F''(V_t)\sigma^2(V_t)^2 - \delta F'(V_t)V_t\right)\mathrm{d}t = r\left(F(V_t) - F'\left(V_t\right)V_t\right)\mathrm{d}t, \tag{6.10}$$

两边都除以 $\mathrm{d}t$, 整理得

$$\frac{1}{2}F''(V_t)\sigma^2(V_t)^2 + (r - \delta)\,F'(V_t)V_t - rF(V_t) = 0. \tag{6.11}$$

此外, $F(V)$ 还必须满足下面的边界条件:

$$F(0) = 0, \tag{6.12}$$

$$F(V^*) = V^* - I, \tag{6.13}$$

$$F'(V^*) = 1. \tag{6.14}$$

条件 (6.12) 表明, 若 $V = 0$, 则 $F(V)$ 会一直为 0, 因此延迟投资的期权无任何价值. 条件 (6.13) 和 (6.14) 是从最优投资决策的角度考虑的. 当 V 达到 V^* 时, 投资者的最佳选择就是现在进行投资, 也就是执行这个期权或者说是这个投资机会, 那么此时期权的价值就是项目的价值 V^* 减去投入的成本 I. 条件 (6.14) 说明在 V^* 处, $F(V)$ 与 $V - I$ 曲线相切, 且 $F(V)$ 在 V^* 点处连续. 如果不是这样的话, 投资者就可以在其他更佳的点上执行期权, 而不是 V^* 点.

为找到 $F(V)$, 我们需要求解二阶常微分方程 (6.11), 满足约束条件式 (6.12)~(6.14). 通过研究该方程的形式, 可以推测其解应该具有以下的形式:

$$F(V) = AV^{\beta_1}, \tag{6.15}$$

其中, A 为待定的常数; $\beta_1 > 1$ 为已知的参数, 其数值取决于方程 (6.11) 中的其余参数.

将式 (6.15) 代入约束条件 (6.13) 以及 (6.14), 可得

$$V^* = \frac{\beta_1}{\beta_1 - 1}I, \tag{6.16}$$

$$A = \frac{V^* - I}{(V^*)^{\beta_1}} = \frac{(\beta_1 - 1)^{\beta_1 - 1}}{(\beta_1)^{\beta_1}\,I^{\beta_1 - 1}}, \tag{6.17}$$

式 (6.15)~(6.17) 给出了该投资机会的价值及最优的投资规则, 即临界值 V^*. 在临界点 V^* 处, 该投资是最优的. 由于 $\beta_1 > 1$, 从而有 $\dfrac{\beta_1}{\beta_1 - 1} > 1$, $V^* > I$. 因此

简单的净现值法则是错误的. 不确定性及不可逆性使得该投资项目在临界值 V^* 与 I 之间存在一个乘子, 该乘子的大小等于 $\dfrac{\beta_1}{\beta_1 - 1}$.

该投资机会的价值 $F(V)$ 及最优的投资规则 V^* 均依赖于参数 β_1 的具体表达形式, 下面我们将更加详细地讨论其表达式.

可以看到二阶齐次微分方程 (6.11) 对因变量及其导数都是 1 次的, 由微分方程的相关理论可知, 齐次微分方程 (6.11) 的一般解可以看作任意两个独立解的线性组合. 我们设 $F = AV^\beta$ 是其一个根, 将其代入方程 (6.11), 可以发现参数 β 满足下列方程:

$$\frac{1}{2}\sigma^2\beta\left(\beta - 1\right) + \left(r - \delta\right)\beta - r = 0. \tag{6.18}$$

该方程的两个根为

$$\beta_1 = \frac{1}{2} - \frac{r - \delta}{\sigma^2} + \sqrt{\left(\frac{r - \delta}{\sigma^2} - \frac{1}{2}\right)^2 + \frac{2r}{\sigma^2}} > 1, \tag{6.19}$$

$$\beta_2 = \frac{1}{2} - \frac{r - \delta}{\sigma^2} - \sqrt{\left(\frac{r - \delta}{\sigma^2} - \frac{1}{2}\right)^2 + \frac{2r}{\sigma^2}} < 0, \tag{6.20}$$

那么二阶齐次微分方程 (6.11) 的一般解具有下列形式:

$$F(V) = A_1 V^{\beta_1} + A_2 V^{\beta_2}, \tag{6.21}$$

其中 A_1, A_2 是待定的参数. 由约束条件 (6.12) 可知 $A_2 = 0$.

定理 6.1 随机情形下, 该投资机会的价值及最优投资规则为

$$\begin{cases} F(V) = AV^{\beta_1}, \\[2mm] V^* = \dfrac{\beta_1}{\beta_1 - 1}I, \\[2mm] A = \dfrac{V^* - I}{(V^*)^{\beta_1}} = \dfrac{(\beta_1 - 1)^{\beta_1 - 1}}{(\beta_1)^{\beta_1} I^{\beta_1 - 1}}, \\[2mm] \beta_1 = \dfrac{1}{2} - \dfrac{r - \delta}{\sigma^2} + \sqrt{\left(\dfrac{r - \delta}{\sigma^2} - \dfrac{1}{2}\right)^2 + \dfrac{2r}{\sigma^2}}, \end{cases} \tag{6.22}$$

其中 I 为该项目的投资成本, r 为无风险的利率, σ 为该投资项目价值的波动率, δ 代表延迟投资建立该项目的机会成本.

6.3　最佳投资时机以及延迟期权价值的影响因素

本节我们介绍 $F(V)$ 及最优的投资规则 V^* 的影响因素, 这些因素通过影响到实物期权的价值和临界值从而影响到最佳投资时机. 从 $F(V)$ 与 V^* 的表达式 (6.22) 可以看出, $F(V)$ 与 V^* 的值主要受 σ, δ, r, I 的影响. 我们设定最初的状态是 $\sigma = 0.2, \delta = 0.04, r = 0.04, I = 1$. 图 6-3 ~ 图 6-8 分别表示其中一个变量变动, 而其他变量保持不变的情况. 图中的直线表示 $V - I$, 曲线表示 $F(V)$, 虚线所对着的 V 点为决策的临界点 V^* (即 $F(V)$ 与 $V - I$ 的切点), 一旦 $V \geqslant V^*$, 就立即投资, 投资机会的价值就是 $V - I$, 从图上看此时 $F(V)$ 与 $V - I$ 重合.

从图 6-3 不难发现, σ 越大, 则项目投资机会的价值 $F(V)$ 就越大, V^* 就越大. 未来的不确定性越大, 企业所拥有的投资机会的价值就越大, 但是正因为这样, 现实的投资将会减少. 因此, 即使企业减少投资, 企业的市场价值 (企业的市场价值可以看作各种投资机会所能带来的价值) 也将增加. 同时, V^* 也随着 σ 的增大而急剧上升. 无论 $F(V)$ 变化还是 V^* 变化都说明了随着不确定性的增加, 企业更倾向于延迟投资.

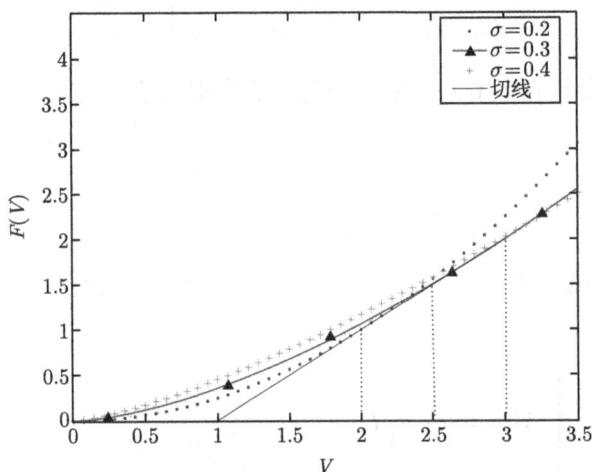

图 6-3　投资机会的价值 $F(V)$ 与项目的价值 V 之间的关系

图 6-4 和图 6-5 表明, δ 越大, $F(V)$ 就越小, 从而 V^* 也变小. 原因是, δ 越大 (除了 α 以外, 其他因素保持不变), V 的预期收益率 α 变小. 一方面 V 的价值增值变小, 另一方面持有实物期权的机会成本变大, 从而使持有实物期权不具有吸引力. 举例来讲, 某投资者持有购买某建筑物的实物期权, 该建筑总的收益必定等于经过风险调整的市场收益率, 该市场收益率由两部分组成, 一部分是现金收

入 (例如, 出租从而获得现金收益), 另一部分是预期的资本增值部分. 因此, 在市
场收益率不变的情况下, 现金收入越大, 则预期的资本增值就越小, 即该建筑物的
增值空间变小. 所以, 相对于继续持有该投资的权利, 立即投资拥有该建筑从而获
得现金收入显得更为有利.

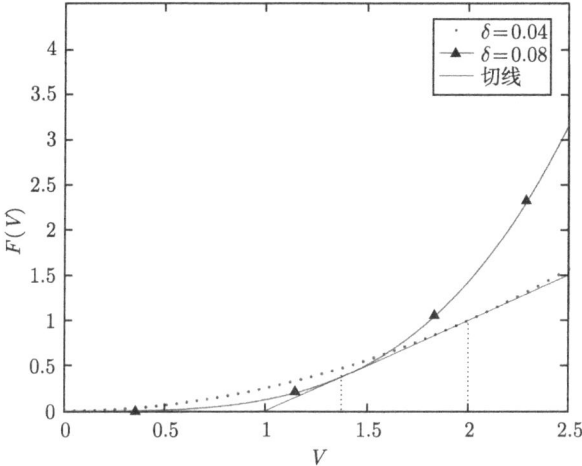

图 6-4   投资机会的价值 $F(V)$ 与项目的价值 V 之间的关系

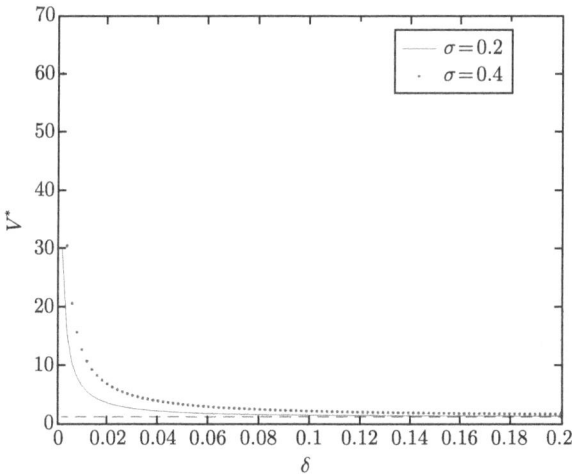

图 6-5   投资临界值 V^* 与 δ 之间的关系

r 越大, $F(V)$ 就越大, V^* 也越大, 如图 6-6 和图 6-7 所示. 原因可能是, 若在
时间 T 进行投资, 直接投资成本 I 的现值为 $Ie^{-\alpha T}$, 而该投资所带来的回报的净
现值为 $Ve^{\alpha T}e^{-\mu T} = Ve^{(\alpha-\mu)T}$. 如果 δ 不变, r 提高 (如图 6-6 和图 6-7 所示), 将
降低投资成本的现值, 而不会降低该项目所带来的回报, 因此, 提高企业投资期权

的价值. 这也导致该类期权执行的数量变少. 因此, 提高利率降低投资, 但是与标准模型相比, 是出于不同的原因. 在传统的模型里, 利率提高, 增加了投资的成本, 从而减少了投资. 这里投资的减少是因为利率提高导致期权价值增加.

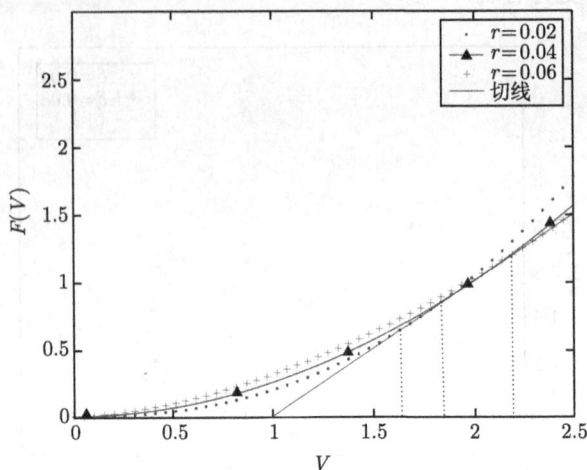

图 6-6　投资机会的价值 $F(V)$ 与项目的价值 V 之间的关系

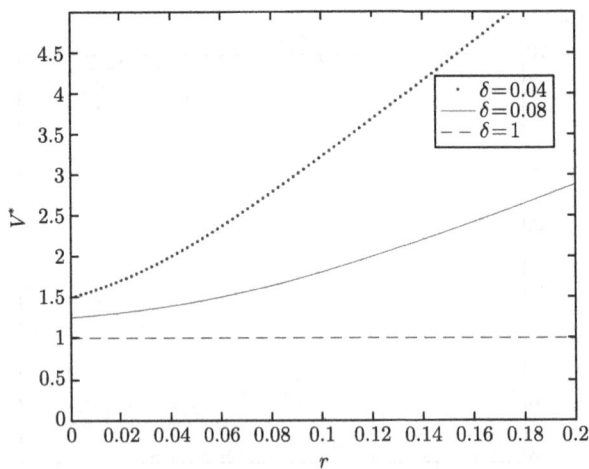

图 6-7　投资临界值 V^* 与利率 r 之间的关系

从图 6-8 中可以看出, I 越大, V^* 就越大, 说明越倾向于延迟投资. 但是, V^* 越大, 实物期权 $F(V)$ 的价值并没有变大, 反而是变小. 这是因为, 成本越大, 在未来收益的走势不变的情况下, 获得的净收益肯定是降低的. 因此, 投资期权的价值是降低的. 但是, 如果现在立即投资的话, 由于成本变大, 立即投资所带来的净收益同样也是减小的, 对于现在进行投资而言, 投资成本所带来的负面效应要大于带给将来投资的作用, 原因是将来投资的话, 这部分成本还要折现的. 因此, I 越大, 企业越倾向于延迟投资, 但是原因与上述三个影响因素的作用稍有不同.

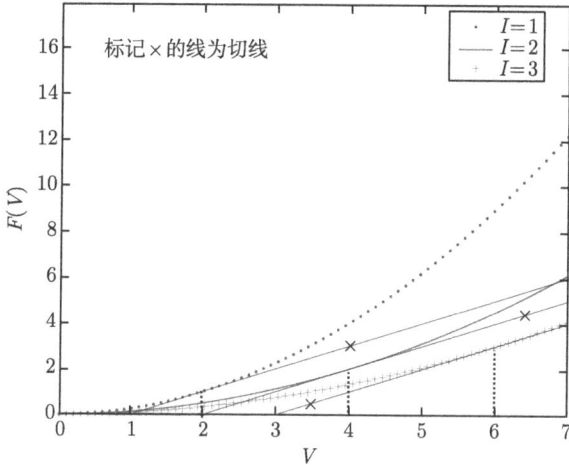

图 6-8 投资机会的价值 $F(V)$ 与项目的价值 V 之间的关系

以上分析的前提是投资是完全不可逆的, 并且投资是可以无限推迟的.

如果投资不是完全不可逆的, 而是部分可逆的, 情况应该是怎样呢. 投资若可逆必须满足两个条件. 一个是企业必须能够完全恢复它投入的物理性的资产, 如土地、机器设备等. 这些资产的可逆性依赖于它们的在市场上交易能力, 那些不会折旧的投资、有很多用处的投资, 或者可以在有效的二级市场上交易的投资的可逆性较大. 相反, 那些投向一些特定的并且很少有其他用途的资产的投资相对来讲是不可逆的, 或者投资的资产进行交易的二级市场不够有效或者根本就无法在二级市场进行交易的投资, 其不可逆性也是比较强的. 另一个是企业必须能够恢复它所投入的无形资产, 或者阻止这些无形资产的扩散. 如果投资是完全可逆的, 那么现在进行投资就不存在机会成本, 因为将来如果状况不好的话, 完全可以恢复成投资以前的状况. 那么延迟期权的价值为 0, 即 $F(V) = 0$. 在投资完全不可逆的情况下, $F(V)$ 可以按照上述方法求出. 那么如果投资是部分可逆的话, 就可以将成本投入 I 拆分为两部分来看待, 一部分是完全可逆的 I_1, 那么针对 I_1 部分的期权价值为 0, 而 I 的另一部分 I_2 则是完全不可逆的, 针对 I_2 部分的期权价值可以根据上述方法求出. 那么总体来讲, 拥有可以在未来的某个时刻投资 I 的权利的价值就是根据 I_2 计算出来的价值. 假设 $\dfrac{I_2}{I} = q$, 那么 q 值越大, 就意味着成本越大, 这部分投资就越倾向于延迟进行. 总的投资延迟进行的可能性就越大. 因此, 越是不可逆, 越可能延迟投资.

　　如果投资不是可以无限推迟的, 而是有一定期限的, 情况又将如何呢? 有的投资是不能延迟的, 比如替换性投资 (replacement investment), 企业必须立即替换必要的资产, 而不能等待. 另外, 投资机会只能在一定的期限内才有效, 过了这段时间, 就失去了投资机会. 也就是进行投资的可延迟能力是有限的. 比如, 专利到期, 或者由于竞争者的存在而使投资者可以驻足观望的时间变短, 这里涉及一个先动优势的问题. 这就相当于到期期限对美式看涨期权价值的影响. 当期权的有效期限增加时, 美式看涨期权的价值会增加. 为了说明这点, 考虑其他条件相同, 但只是到期日不同的两个期权, 则有效期长的期权其执行的机会不仅包含了有效期短的那个期权的所有执行机会, 而且它的获利机会更多. 因此有效期长的期权的价值总是大于或等于有效期短的期权价值, 即投资可延迟的时间越长, 投资机会的价值就越大.

　　总而言之, 延迟投资期权的价值, 或者说是这样一个可以延迟的投资机会的价值, 就是现在进行投资的机会成本. 因此, 这样的机会成本越大, 现在进行投资的可能性就越小, 就越可能延迟投资. 我们可以得出这样的结论: 项目未来收益的不确定性越大, 企业越倾向于延迟投资; 项目的现金流越小, 企业越倾向于延迟投资; 无风险利率越大, 企业越倾向于延迟投资; 投资越是不可逆, 企业越倾向于延迟投资; 企业进行投资的可延迟能力越大, 则越倾向于延迟投资.

6.4　其他的随机过程——均值回归过程

　　在 6.2 节, 我们假定在任意 t 时刻该项目的价值 V_t 服从几何布朗运动, 但是在一些情形下是不适用的. 本节我们探讨项目的价值 V_t 满足其他形式的随机过程时投资机会的价值及最优的投资规则.

　　我们假定任意 t 时刻该项目的价值 V_t 服从如下形式的经典的均值回归过程:

$$\mathrm{d}V_t = \theta(a - V_t)V_t\mathrm{d}t + \sigma V_t\mathrm{d}W_t, \tag{6.23}$$

其中 θ, a, σ 均为常数. 项目的价值 V_t 的期望变化率 $\dfrac{1}{\mathrm{d}t}E\left(\dfrac{\mathrm{d}V_t}{V}\right) = \theta(a - V_t)$.

　　为了找到最优的投资规则, 我们令 μ 代表该项目经风险调整后的期望回报率, $\delta = \mu - \theta(a - V_t)$ 是调整后的期望回报率与原期望回报率的差额, 是项目价值 V_t 的函数.

　　类似于 6.2 节中的办法, 我们仍然构造这样的一个证券组合: 持有延期投资的期权, 其价值为 $F(V)$, 并卖空 n 单位的该项目, 我们选择合适的头寸 n, 使得该组合是无风险的. 而每个空头头寸单位的持有人仍然必须向相应的多头头寸持有人支付相当于后者本应获得的股息或便利收益的金额 $\delta V\mathrm{d}t$.

因此, 运用伊藤公式, 可得该投资组合的价值满足

$$\mathrm{d}F(V_t) - n_t\mathrm{d}V_t - n\delta V_t\mathrm{d}t$$

$$= F'(V_t)\mathrm{d}V_t + \frac{1}{2}F''(V_t)(\mathrm{d}V_t)^2 - n_t\mathrm{d}V_t - n\delta V_t\mathrm{d}t$$

$$= F'(V_t)V_t\left[\theta(a-V_t)\mathrm{d}t + \sigma\mathrm{d}W_t\right] - n_tV_t\left[\theta(a-V_t)\mathrm{d}t + \sigma\mathrm{d}W_t\right] - n_t\delta V_t\mathrm{d}t$$

$$\quad + \frac{1}{2}F''(V_t)\sigma^2(V_t)^2\mathrm{d}t$$

$$= \left((a-V_t)(n_t - F'(V_t))V_t - n_t\delta V_t + \frac{1}{2}F''(V_t)\sigma^2(V_t)^2\right)\mathrm{d}t$$

$$\quad + \left(F'(V_t)V_t\sigma - n_tV_t\sigma\right)\mathrm{d}W_t.$$

我们选择卖空头寸 $n_t = F'(V_t)$, 上式中的 $\mathrm{d}W_t$ 项将消失, 没有了随机因素的作用, 该投资组合变成无风险的. 此时该投资组合的收益率变为

$$\left(\frac{1}{2}F''(V_t)\sigma^2(V_t)^2 - \delta F'(V_t)V_t\right)\mathrm{d}t. \tag{6.24}$$

由风险中性定价理论, 为了避免套利情形的存在, 该投资组合的预期回报率必须等于 $r\Phi\mathrm{d}t = r\left(F(V_t) - n_tV_t\right)\mathrm{d}t = r\left(F(V_t) - F'(V_t)V_t\right)\mathrm{d}t$. 即

$$\left(\frac{1}{2}F''(V_t)\sigma^2(V_t)^2 - \delta F'(V_t)V_t\right)\mathrm{d}t = r\left(F(V_t) - F'(V_t)V_t\right)\mathrm{d}t, \tag{6.25}$$

两边都除以 $\mathrm{d}t$, 将 $\delta = \mu - \theta(a-V)$ 代入上式, 整理得

$$\frac{1}{2}\sigma^2V^2F''(V) + [r - \mu + \theta(a-V)]VF'(V) - rF(V) = 0. \tag{6.26}$$

此外 $F(V)$ 也同样必须满足下面三个边界条件:

$$F(0) = 0, \tag{6.27}$$

$$F(V^*) = V^* - I, \tag{6.28}$$

$$F'(V^*) = 1. \tag{6.29}$$

式 (6.26) 与式 (6.11) 相比, 由于我们假定该项目的价值 V_t 服从均值回归过程, 项目的期望变化率不是固定的常数, 而是依赖于当前的价值 V_t, 这就使得该项目的机会价值 $F(V)$ 所满足的常微分方程变得更加复杂, 特别是一阶导数项前面的系数中 V 的次数为 2.

通过研究该方程的形式, 可以推测其解应该具有以下的形式:

$$F(V) = AV^\beta h(V), \tag{6.30}$$

式中 A 以及 β 是待定的参数. 将式 (6.30) 代入 (6.26), 并整理可得

$$V^\beta h(V)\left[\frac{1}{2}\sigma^2\beta(\beta-1)+(r-\mu+\theta a)\beta-r\right]$$

$$+ V^{\beta+1}\left[\frac{1}{2}\sigma^2 Vh''(V)+(\sigma^2\beta+r-\mu+\theta a-\theta V)h'(V)-\theta\beta h(V)\right]=0. \tag{6.31}$$

对任意的 V, 上述等式成立, 从而有

$$\frac{1}{2}\sigma^2\beta(\beta-1)+(r-\mu+\theta a)\beta-r=0, \tag{6.32}$$

$$\frac{1}{2}\sigma^2 Vh''(V)+(\sigma^2\beta+r-\mu+\theta a-\theta V)h'(V)-\theta\beta h(V)=0, \tag{6.33}$$

求解式 (6.32), 得

$$\beta=\frac{1}{2}+\frac{\mu-r-\theta a}{\sigma^2}+\sqrt{\left(\frac{r-\mu+\theta a}{\sigma^2}-\frac{1}{2}\right)^2+\frac{2r}{\sigma^2}}. \tag{6.34}$$

为了求解 (6.33), 令 $x=\dfrac{2\theta V}{\sigma^2}$, 令 $h(V)=g(x)$, 则式 (6.33) 可以改写为

$$xg''(x)+(b-x)g'(x)-\beta g(x)=0, \tag{6.35}$$

其中 $b=2\beta+2\dfrac{r-\mu+\theta a}{\sigma^2}$, 式 (6.35) 称为库默尔 (Kummer) 方程, 其解为

$$g(x;\beta,b)=1+\frac{\beta}{b}x+\frac{\beta(\beta+1)}{b(b+1)}x^2+\frac{\beta(\beta+1)(\beta+2)}{b(b+1)(b+2)}x^3+\cdots, \tag{6.36}$$

从而可得项目的机会成本满足

$$F(V)=AV^\beta g\left(\frac{2\theta V}{\sigma^2};\beta,b\right). \tag{6.37}$$

最后将式 (6.37) 代入约束条件 (6.28) 以及 (6.29) 可以得到参数 A 以及该点最优投资的临界值 V^* 的表达形式.

课 后 练 习

1. 名词解释: 净现值; 布朗运动; 风险溢价; 卖空.

2. 某大型厂将上马一条新的生产线, 假设投资该生产线的成本 C 是 115 万元, 不考虑建设周期. 生产线建成后, 每年可生产 1 个单位的某种产品, 一直进行下去, 且没有运用成本. 假设当前时刻该产品的价格为 30 万元, 明年该产品的价格是不确定, 以 0.5 的概率上涨到 50 万元, 以 0.5 的概率下跌到 10 万元. 假设从明年开始后, 该产品的价格不变. 无风险利率 $r = 0.1$.

(1) 该项投资的净现值为多少?

(2) 投资的直接成本 C 从 115 万元下降到 95 万元, 该投资机会的价值变成多少呢?

(3) 投资的直接成本还是固定在 115 万元, 初始价格 P_0 仍然为 30 万元, 但在下一时刻, 该产品的价格 P_1 以 0.5 的概率上涨 50%, 或以 0.5 的概率下跌 50%, 则该投资机会的价值变成多少呢?

(4) 投资的直接成本还是固定在 115 万元, 初始价格 P_0 仍然为 30 万元, 但在下一时刻, 该产品的价格 P_1 以 0.6 的概率上涨到 50 万元, 以 0.4 的概率下跌到 10 万元, 则该投资机会的价值变成多少呢?

参 考 文 献

曹凤岐, 刘力, 姚长辉, 2013. 证券投资学. 3 版. 北京: 北京大学出版社.

胡金焱, 2021. 证券投资学. 4 版. 北京: 高等教育出版社.

郎荣燊, 裘国根, 2021. 投资学. 6 版. 北京: 中国人民大学出版社.

李贤平, 2010. 概率论基础. 3 版. 北京: 高等教育出版社.

茆诗松, 程依明, 濮晓龙, 2019. 概率论与数理统计教程. 3 版. 北京: 高等教育出版社.

欧阳光中, 李敬湖, 1997. 证券组合与投资分析. 北京: 高等教育出版社.

苏中根, 2016. 随机过程. 北京: 高等教育出版社.

唐凌, 林文玲, 2019. 证券投资学. 2 版. 南京: 南京大学出版社.

吴晓求, 2020. 证券投资学. 5 版. 北京: 中国人民大学出版社.

吴臻, 刘杨, 王海洋, 2017. 现代最优控制简明教程. 北京: 高等教育出版社.

严加安, 彭实戈, 方诗赞, 等, 1997. 随机分析选讲. 北京: 科学出版社.

雍炯敏, 楼红卫, 2006. 最优控制理论简明教程. 北京: 高等教育出版社.

张宗新, 2020. 投资学. 4 版. 上海: 复旦大学出版社.

周佰成, 等, 2017. 投资学. 2 版. 北京: 清华大学出版社.

Black F, 1986. Noise. The Journal of Finance, 41(3): 529-543.

Bodie Z, Kane A, Marcus A J, 2017. 投资学. 10 版. 汪昌云, 等译. 北京: 机械工业出版社.

Brigham E F, Houston J F, 2018. 财务管理. 14 版. 张敦力, 等译. 北京: 机械工业出版社.

Chopra N, Lakonishok J, Ritter J, 1992. Measuring abnormal performance: Do stocks overreact? Journal of Financial Economics, 31(2):235-268.

De Bondt W, Thaler R H, 1985. Does the stock market overreact? The Journal of Finance, 40(3):793-805.

De Bondt W, Thaler R H, 1987. Further evidence on investor overreaction and stock market seasonality. The Journal of Finance, 42(3):557-581.

Dixit A K, Pindyck R S, 2013. 不确定条件下的投资. 朱勇, 等译. 北京: 中国人民大学出版社.

Eatwell J, Milgate M, Newman P, 1996. 新帕尔格雷夫经济学大辞典. 北京: 经济科学出版社.

Jegadeesh N, 1990. Evidence of predictable behavior of security returns. The Journal of Finance, 45(3):881-898.

Jegadeesh N, Titman S, 1993. Returns to buying winners and selling losers: Implications for stock market efficiency. The Journal of Finance, 48(1):65-91.

Lakonishok J, Shleifer A, Vishny R W, 1994. Contrarian investment, extrapolation, and risk. The Journal of Finance, 49(5): 1541-1578.

Lehmann B N, 1990. Fads, martingales, and market efficiency. The Quarterly Journal of Economics, 105: 1-28.

Markowitz H M, 1952. Portfolio selection. The Journal of Finance, 7(1): 77-91.

Markowitz H M, 1959. Portfolio Selection: Efficient Diversification of Investments. New York: Wiley.

Øksendal B, 1998. Stochastic Differential Equations: An Introduction with Applications. New York: Springer-Verlag.

Pardoux E, Peng S G, 1990. Adapted solution of a backward stochastic differential equation. Systems & Control Letters, 14(1): 55-61.

Peng S G, 1990. A general stochastic maximum principle for optimal control problems. SIAM Journal on Control and Optimization, 28(4): 966-979.

Poterba J M, 1988. Venture capital and capital gains taxation. Tax Policy and the Economy, 3:47-67.

Ross S A, Westerfield R W, Jaffe J F, et al., 2017. 公司理财. 11 版. 吴世农, 等译. 北京: 机械工业出版社.

Ross S M, 2007. 概率论基础教程. 郑忠国, 等译. 北京: 人民邮电出版社.

Rouwenhorst K G, 1998. International momentum strategies. The Journal of Finance, 53(1): 267-284.

Sharpe W F, J. Alexander G J, Bailey J V, 2013. 投资学. 5 版. 赵锡军, 等译. 北京: 中国人民大学出版社.

Shiller R J, 1979. The volatility of long-term interest rates and expectations models of the term structure. Journal of Political Economy, 87(6): 1190-1219.

Shiller R J, 1980. Do the stock prices move too much to be justified by subsequent changes in dividends? American Economic Review, 71(3): 421-436.

Statman M, 1995. Behavioral finance versus standard finance. AIMR Conference Proceedings(7): 14-22.

Statman M, 1999. Behavioral finance: Past battles and future engagements. Financial Analysts Journal, 55(6): 18-27.

Yong J M, Zhou X Y, 1999. Stochastic Controls: Hamiltonian Systems and HJB Equations. New York: Springer-Verlag.